此书系辽宁省教育厅2019年度科学研究人文社科重点项目
“积极心理学视域下贫困大学生生存状态及其改善路径研究”
成果。课题编号：2019JYT02。

贫困大学生
群体现状及扶助策略

王伟辰◎著

中国戏剧出版社
CHINA THEATRE PRESS

图书在版编目（CIP）数据

贫困大学生群体现状及扶助策略／王伟辰著．—北京：中国
戏剧出版社，2021.8
ISBN 978-7-104-04980-7

Ⅰ．①贫…　Ⅱ．①王…　Ⅲ．①特困生－大学生－研究－中国
Ⅳ．①G645.5

中国版本图书馆 CIP 数据核字（2021）第 123859 号

贫困大学生群体现状及扶助策略

责任编辑： 邢俊华
责任印制： 冯志强

出版发行： 中国戏剧出版社
出 版 人： 樊国宾
社　　址： 北京市西城区天宁寺前街 2 号国家音乐产业基地 L 座
邮　　编： 100055
网　　址： www.theatrebook.cn
电　　话： 010-63385980（总编室）
传　　真： 010-63383910（发行部）

读者服务： 010-63381560
邮购地址： 北京市西城区天宁寺前街 2 号国家音乐产业基地 L 座

印　　刷： 北京九州迅驰传媒文化有限公司
开　　本： 787mm×1092mm　1/16
印　　张： 15.75
字　　数： 258 千
版　　次： 2021 年 8 月　北京第 1 版第 1 次印刷
书　　号： ISBN 978-7-104-04980-7
定　　价： 98.00 元

前 言

随着我国高等教育的不断发展，大学生数量逐渐攀升，虽然教育的覆盖面积更广了，但是不乏家庭经济困难的大学生，并且这部分大学生的数量也在不断上升。当然，贫困大学生资助体系则尽可能地帮助这部分大学生群体，帮助那些家庭收入不足但上进心强渴望学习的学生正常完成学业。高校贫困大学生资助工作，在解决学生经济困难、学业困难以及就业困难上发挥了积极作用。

贫困大学生是指在国家招收的普通高校学生中，由于家庭经济困难无力支付教育费用，或支付教育费用很困难的学生。目前，由于高校扩招以及学费制度、地区差异等，在校贫困大学生比例较高。

关注高校贫困大学生的群体现状，构建贫困大学生的支持和帮助体系，改善贫困大学生生存现状，符合社会的公平正义原则，是政府、高校以及社会各界都应该为之努力的方向。目前，我国高校贫困大学生是一个不小的群体，除了经济困难，他们在学习、就业以及融入周围环境方面都面临着不容忽视的问题。本书针对贫困大学生的分布情况、经济状况、心理状况、就业情况等现状进行总结和分析，并且从资助体系、就业指导、思想教育、心理辅导等方面探讨贫困大学生救助工作的现状以及改善的途径。

加大对高校贫困大学生帮助体系的研究，是促进教育公平进而推动社会公平的重要举措。建立健全高校贫困大学生扶助体系，从制度上解决贫困大学生的求学问题，有利于促进教育可持续协调发展；建立健全高校贫困大学生资助体系，可保障和培养家庭经济困难学生成长、成才，为学生全面发展创造条件。丰富和深化相关研究，有助于实现各资助流程的规范化管理。深入研究贫困大学生认定方法和认定程序，有利于实现贫困大学生的精准认定与动态管理；进一步探讨贫困大学生资助与决策模式，优化当前高校贫困大学生资助体系，使贫困大学生资助在覆盖面、结构、资金分配、渠道均衡与优化等各方面达到最优，兼顾了公平与效率；在资助体系的基础上，深入探讨高校贫困大学生的思想政治教育、心理干预和心理健康教育，可以进一步帮助贫困大学生树立良好的人生观和价值观，培养优秀的心理素质，真正使他们摆脱贫穷所带来的深层困境；加强贫困大学生的就业指导，可以帮助贫困大学生顺利走上职场和社会。

本书共分为六个章节。第一章主要介绍现阶段贫困大学生群体的现状，主要从贫困大学生的群体分布状况、目前高校贫困大学生的认定体系和他们中大多数面临的具体困境这三方面进行论述。第二章主要介绍贫困大学生资助体系及执行现状，内容包括了奖学金、助学贷款、各种补助、学费减免政策以及其他社会资助体系。第三章探讨贫困大学生的思想政治和品德教育问题。第四章探讨贫困大学生心理健康教育与心理品质培养，内容主要包括贫困大学生的心理素质与心理健康状况分析，贫困大学生的心理问题对策及心理教育方式，探讨了如何构建贫困大学生心理健康管理体系的问题。第五章讨论贫困大学生就业指导工作。第六章总结了当前贫困大学生扶助体系的不足与问题，探讨了优化贫困大学生扶助策略，并探讨了新时期贫困大学生社会支持模式。

本书在写作过程中，参考了大量文献资料，结合了诸多案例，并紧扣时代背景，围绕当前贫困大学生的资助、贫困大学生的管理工作、贫困大学生的帮扶体系的优化等问题进行研究和论述，但由于笔者水平有限，资料不够丰富，难免有错漏之处，很多观点还不够成熟，欢迎广大读者和专家学者批评指正。

笔者

2020 年 10 月

目 录

第一章　贫困大学生群体现状

在本章内容中，我们将围绕贫困大学生群体现状问题展开论述，主要介绍三个方面的内容，首先是贫困大学生的群体分布状况，其次是贫困大学生的认定体系，最后是贫困大学生的现状及困境。

第一节　贫困大学生的群体分布状况

当前，我国地域间经济发展仍悬殊较大。一些较为偏远的山区，特别是西北山区和西南山区家庭的经济收入普遍较低，在这些地方出现了大量的贫困大学生。西北地区高校的贫困大学生与在校大学生的比率通常为30%以上，在某些地方甚至高达40%，远远高于中部和北京高校的贫困大学生比例。

国家人文社会科学研究“第九个五年项目”规划项目“高等学校教育收费与经济欠发达地区家庭教育投资研究”显示：“贫困大学生有多种类型，全国各地都有，但一般来说，来自经济欠发达地区的中西部地区家庭的贫困大学生和该地区高校在校生的贫困大学生数量相对较多。”北京高校贫困大学生与在校大学生之间的比率为15%；上海高校贫困大学生与在校大学生之间的比率为16%；山东高校贫困大学生与在校大学生之间的比率为25%，其中特困生占10%。权威资料表明，陕西和新疆特困生分别占在校生总数的10.51%、22.5%，西部八省区平均特困生所占比例为12.86%，青海省的贫困大学生所占比例为40%、特困生为14%，远远高于全国一般院校。

为了有机会获得高额奖学金、帮助家庭减轻经济负担，贫困大学生们通常都会报考一些收费较低、有国家补贴的冷门专业，如农林、地质、石油、冶金等。开设这些专业的高校中困难学生已占学生总数的30%，远高于其他院校。

第二节　贫困大学生的认定体系

为了有效帮助贫困大学生减轻经济压力，当前，我国政府已经建立起了多元化的经济困难学生资助体系，包括奖学金、国家助学贷款、勤工俭学、困难补助和学费减免，等等，这些资助政策使大部分贫困大学生顺利地完成了学业。但国家助学金的评定中也存在一些问题。

学校的奖学金数额和种类因各学校的实际情况不同而有所不同。教育部、财政部颁发的《普通高等学校本专科学生实行奖学金制度的办法》和《普通高等学校本专科学生实行贷款制度的办法》规定："学校可建立奖学金和学生贷款基金（简称奖贷款基金），其来源是从主管部门审核给高等学校的经费中，按原助学金标准计算的80%—85%转入奖贷基金账户。"各学校根据各自的情况制定奖学金标准，奖学金设置形式多样。由于各学校设置的奖学金最重要的评定依据是学生的成绩，故只要成绩达到评定奖学金的要求，就能够获得奖学金，如勤奋奖学金。这些奖学金的评定和家庭经济状况没有必然联系，只能将该政策作为扶助特困生的政策之一，其只能算是普遍意义上的学生资助政策。而更需要关注的是，在我们的调查中，更多的学生认为贫困大学生不容易获得奖学金。

一、我国高校奖学金制度中存在的主要问题

目前，高校一般采用两级奖学金评估方法，学校通常会根据奖学金提供者的要求发布通用的评估标准。在此基础上，各院系根据各自的具体情况制定运行评价规则，然后选择班级或年级为单位。但是，部门级别的选拔系统存在很多问题。例如，高等院校的选拔过程过于简单，有的甚至没有评价体系，只注重指标的某些方面。有的走"好成绩，一好百好"的路

线，有的在全班采用投票的方式。一些学生为了获得奖学金和助学金，试图走后门，建立人际关系，招待客人并赠送礼物。为了自己的利益，一些学生干部甚至寻求对他们有利的“关系门道”。最后导致一些本应该被评估的学生没有被评估，而不应该被评估的学生得到了评估。

二、贫困大学生认定存在的问题

（一）贫困证明容易开

贫困证明存在真假难辨的问题，这是一个普遍现象。调查中学生反映：

“开证明的民政部门不负任何责任，存在贫困大学生不贫的现象。”

“到村（居）委会开个家庭经济状况证明非常容易，新生报到时几乎每个学生都有困难证明。”

“当地乡镇村都乐意开证明，反正不要出钱，这个事情谁都会做。”

“判断是否是贫困大学生主要靠到村（居）委会、乡镇和县里开的证明。一般来说，都是学生本人填写家庭经济情况，村（居）委会等负责盖章。”

学校在判断贫困大学生的标准上完全靠一张证明。还有的学生为了得到助学金，喜欢在班主任、辅导员那里诉苦；而真正贫困的学生，他们不喜欢张扬，有些贫困大学生出于各种原因不愿意出来说自己是贫困大学生，不愿意别人知道他们家庭贫困。因此，一部分困难补助也评给了非贫困大学生。

（二）学习生活用品各异

一方面，贫困大学生的标准是看学生所拥有的资金是否可以满足生活的基本需求，以及他们是否有基本的生活必需品。在这一点上，大学生的评价是不同的。让我们以手机和计算机为例。手机和计算机是生活中的基本必需品吗？在调查中，我们发现西北地区和西南地区拥有高端消费品的学生要比中部地区和东部地区少得多。手机和电脑已成为奢侈品。在中部地区和东部地区，移动电话和计算机已基本成为日常必需品。一些学校明确规定，不能对拥有计算机的学生进行助学金评估。

（三）老师、干部的感觉

为了获得奖学金，一些学生经常去辅导员或班主任的办公室报告他们的家庭状况。一些辅导员和班主任将评估奖学金的任务分配给班干部，班干部将评估奖学金和助学金。在评估过程中，一些干部会向与他们关系密切的学生提供奖学金和助学金。一般来说，只要学业成绩良好并且遵守学校的规章制度，就可以参与助学金的评估。

（四）家庭人均收入

在评定贫困大学生时，一般都要填写家庭人均收入状况，现在很多学校都以家庭人均收入作为标准。但这种方法不尽合理，如两个家庭都是五口人，而且总收入也是一样的，家庭总收入 1000 元/月，那么，人均收入就是 200 元/月。可是，A 家庭成员是 1 个读书的孩子，还有父母、爷爷奶奶生病，而 B 家庭成员是 2 个读书的孩子，1 个打工，父母种田，实际上他们的贫困程度相差很远。

（五）小班评议存在的问题

长期以来实行的小班评议制度也备受争议。某大学评定的规定是：小班成立以班主任为组长，学生干部、学生代表为成员的评议小组（6—8 人），对学生申请进行评议。主要评议申请学生是否属于经济困难家庭，及其相对困难的程度。有些学生不愿公开自己贫困大学生的身份，不主动申请，尤其是女学生。另外，一些学生可能由于人际关系不好、不善表达而无法通过评议。这样就可能导致需要资助的贫困大学生成为“被遗忘”的人，而另外一些人缘好、能说会道的非贫困大学生则有可能获得资助。某学校的学生说，她所在的班上就有一位贫困大学生，不爱和别人沟通，没有主动申请贫困补助。通过班干部的了解和反思，这位学生得到了补助。

在小班评估中很难达到完全公平和公正的前提下，我们只能将希望寄托在班主任和班长身上，他们似乎有更大的权力来分配资金额度。对于贫困大学生的评估工作，班主任的工作可以更详细。如果学生自闭不愿透露自己的贫困状况，则班主任应主动关心或从学生的反馈中了解真相，并积极寻求解决方案。

如果班主任责任心不强，就可能导致名额分配时的随意，或者班主任以公谋私，或者学生故意巴结老师。无论是相信小班评议，还是相信班主任，成绩不好的“双贫生”似乎都不讨好。因为，社会舆论普遍是主张奖励和同情“品学兼优”的贫困大学生。可问题是，成绩不好的贫困大学生就不值得我们关心和帮助吗？因此，在助学金发放过程中，应采取“班主任认定+小班评议+知情学生认证”三者相结合的方式进行，并且延长评审结果的公示期。也就是说，到底谁可以获得贫困助学金，小班评议结果仅仅作为重要参考，并不一定全部按照小班评议结果发放。此外，班主任、辅导员要多方调查，特别是要重视个别知情学生提供的信息。通过调查，我们收集了一些有代表性的看法和意见：“学校奖学金大多为学生干部或者成绩突出者获得，贫困大学生获得奖学金的比较少”；“学校各项奖学金主要是根据学生考试成绩评定的，即使是贫困大学生也不一定能够获得奖学金”；“因为贫困大学生一般都来自贫困地区，学生文化课相对较差，只有极少数贫困大学生能拿到奖学金”；“国家奖学金、国家励志奖学金、国家助学金，学校各项奖学金的实施，确实给贫困大学生缓解了巨大的压力，但这些都侧重于优秀学生，对成绩不理想的贫困大学生来说只能享受国家助学金”；“奖学金评定的标准是品学兼优，贫困大学生相对而言学习成绩优秀的不多，现今的情况是那些学习成绩优秀的同学每次都想评奖学金。所以，真正的贫困大学生不一定能够得到奖学金”。

（六）国家奖学金名额比较少

在调查中我们还发现一些问题：学校设置的国家奖学金名额比较少。国家奖学金一般的名额比例为2%，一个100人的系也就2个指标。由于教师评分标准有差别，有的老师严格一些，有的老师宽松一些，因而给学生的分数有差别，学生的成绩也就有差别。

（七）班级在执行中存在变通现象

有的学校在评定国家奖学金时，单纯以学习成绩作为唯一标准，而忽视了学生的综合素质。有时，国家奖学金符合条件的学生比较多，很难协调，有一些班存在几个同学共同分享国家奖学金的现象。

（八）富裕的贫困大学生和贫困的富人

贫困大学生获得资助，需要出示由地方民政部门认定的家庭贫困证明，以及由学生自己填写的家庭情况说明。在大多数情况下，这将是他们是否贫困的唯一证据。“这样的证明很容易开出，绝大多数都没有当地政府对学生家庭境况的详细描述，只是简单的一两句话，没有可信度和可比度。”某学生说。其实，学生填写家庭年收入也具有很大的随意性。如果没有诚信作保障，老师和班干部对其甄别的难度就非常大。有一个班，一共35个人，有33人都交了贫困证明，而且每个人都说自己很贫困。学生的贫困证明材料根本无法确定真假。大学第一年，大家相互不熟悉，主观因素占的分量大。第二年学生之间熟悉了，老师对学生了解也更深入了，贫困大学生的认定就要客观一些了。甚至在学生中存在着一种“比贫困”的现象。在部分学生看来，国家助学金不拿白不拿，于是出现极少数贫困大学生在领取了助学金后请客吃饭、购买高档消费品的情况。与此同时，真正贫困的学生则不愿意被别人了解，因为种种原因得不到助学金。由此，极端的现象便可能出现：富裕的贫困大学生与贫困的富人并存。实际上，可以借助贫困大学生的认定，培养学生为人处世的能力，树立团结和谐的班风，让学生学会如何去爱别人，这对于他们将来走向社会都是非常重要的。

第三节　贫困大学生的现状及困境

一、贫困大学生的家庭经济状况

在我国高等教育迅速发展的过程中，由于种种原因，高校经济困难学生人数也迅速增加，呈逐年快速增长的趋势，贫困大学生增加的现象日益突出。高等教育不再是原本由国家全包的免费教育，而是个人需要承担一部分学费。尽管这在一定程度上减轻了国家的负担，但也大大增加了贫困家庭的负担。

（一）高校学费高

对于大多数家庭来说，供养一个消费为5万—10万元人民币的大学生是难以忍受的，特别是有困难的农村家庭。父母说，从初中，他们就开始为孩子攒学费。

来自湖南醴陵的新生家长陈先生，专程送孩子到中山大学报到。他说早就打听过了，一个大学生4年下来，学杂费最少要5万元。陈先生是一家国有企业的员工，已下岗两年，现在打工，妻子已退休，夫妻俩月收入不到1000元，他们从孩子进中学起就开始一点点为孩子积蓄学费。

说到高校学费增长，2000级学生最为敏感。华南某大学一位理工科学生说，本校1999级的学费是3900元/年，2000级却突然涨到5160元/年。有的学生说，他们付出的学费和他们从学校获得的不成正比。很多学生认为，学费上涨，但学校的教学条件、住宿条件并没有得到太大改善。学校的校园建得越来越漂亮，图书馆、实验室等的功能建设和改造却相对滞后。还有一些普通高校的学生认为，他们的学费与重点大学学生的学费差不多，可是两者的品牌效应、教学质量和教学环境却相差甚远，这对他们不公平。广州某大学新闻系2008级一位学生说，他来自广东山区，他们那里地少人多，十分贫困，村里人主要靠出外打工谋生；他父母都已上年纪，只能在家养猪；他有个姐姐嫁到山外较富裕的地方，他上学主要靠姐姐资助，但是毕竟有限，他每到学期末都要跟同学借钱，寒暑假给人当家教赚了钱再还上。这类学生并非个别，据国家统计局调查表明，有半数以上居民认为家庭教育支出增长过快。

来自中国河南的40岁李女士和她的丈夫在北京石景山区的向丰农贸市场卖菜。李大姐负责展位，她的丈夫负责购买。她从早上7点开始设置摊位，在晚上8点关闭摊位。她的丈夫有时每天进一次货，有时每两三天进一次货。在进货时，必须在凌晨两三点起床，踩着踏板车，然后去岳各庄进货，来回走三四十公里。一个月能赚多少钱？她说："干得好，我一个月能挣一千多元。现在到处都有蔬菜贩子，路边也有，钱不好挣。"她的儿子今年21岁。去年，他被湖南某大学录取，学习艺术四年。学费为每学年8000元，每月收到父母从北京寄来生活费1000元。李女士也有一个女儿，今年19岁，初中毕业，两年前来到北京，学习计算机。

调查表明，贫困大学生中有70%以上来自农村，其中又有57.6%的学生来自经济落后地区。在造成家庭收入低下的原因中，来自中西部边远地区占71.7%，来自经济落后地区占37.7%，家庭人口多占15.2%，家乡遭受自然灾害占14.7%，有家庭成员下岗占8.9%，这表明，多数贫困大学生来自“老、少、边、穷”和经济欠发达地区。近年来，城镇居民中下岗人员大幅度增加，居民收入减少，消费不断上涨，部分城镇家庭无力供养大学生读书。有资料显示，1996—2006年，农民平均收入只从900元增加到2000元，年均增长6%，远远低于大学收费的增长。贫困地区的农民收入要在平均水平之下，供一个大学生上学意味着一家人不吃不喝要劳作六七年。受传统观念的影响，农村家庭普遍有两到三个孩子，这样就大大减少了家庭的收入。家庭收入的减少导致贫困农民子女丧失学习机会，从而不利于我国国民整体素质的提高。

据调查，25.5%的家庭因负担不了上大学的费用而不愿送孩子进大学读书，除艺术类、医学类等收费高的专业外，一个普通专业大学生的一年学费加生活费约1.2万元，4年学费近5万元。近5年来，一般农民人均纯收入最低为1287元，最高为2280元。也就是说，一个三口之家的农户不吃、不喝、不穿、不用，要奋斗10年，才能基本供养一个孩子读四年大学，何况有的农民家庭还要供养两三个。调查中我们曾听到家长的心声：

“学费重如山，除天和地以外，能借贷的都借遍了。”

收到高校录取通知书对许多贫困家庭，特别是农村家庭来说，是一件既高兴又忧愁的事。高额学费成了许多贫困家庭难以跨越的门槛，即使能跨过这道门槛，贫困家庭仍然不能轻松喘口气。近年抽样调查显示，在国家级贫困县贫困家庭中，因教育支出返贫的家庭占50%。一个贫困大学生读四年书，足可以使一个贫困家庭家徒四壁、负债累累。

50多岁的颜老汉到现在还住着低矮的土坯房，家具只有一张桌子和一张床，家里靠卖鸡蛋、菜籽一年收入不到600块钱。为了替儿子筹学费，连盖房子的木头也卖光了。颜老汉的老伴双目失明，一想起儿子的去向，眼泪哗哗地流，她想不通啊：“儿子前年文秘专业毕业，没找着工作在家闲了一段，被人说闲话，有天悄悄走了。两年多没跟家里联系了，不知能不能吃饱穿暖？家里付出这么大代价读书还就不了业，孩子没脸回来啊。

考上大学时多荣耀，戴红花，全村人送。现在就是在外面当乞丐也不会回来了。”

据调查，参加工作后的大学生，多的每年给家庭回报1000元，少的三五百元，有的甚至没有一分钱的回报。其实，只要小孩能找一个比较稳定的工作，父母也没有要回报的意思，小孩真正回报父母大约要20年时间，那时父母已经老了，走不动、喝不下、享受不了了，有的可能“子欲养而亲不待”，父母早已不在人间。这些“天之骄子”的父母们几乎都用同样的语言回答，儿女有儿女的难处，虽然工作了，可还要结婚、生孩子、买房子，城市里用钱地方多。他们为了孩子的未来，用自己弯曲的脊梁，默默背起了一座承载着一生全部意义的大山，他们是普通的，更是伟大的。

（二）大学生贫困家庭无力支付高等教育费用

如表1-3-1所示，贫困大学生学费的主要来源为：从亲戚家借款的占60.86%，通过国家助学贷款的占41.3%，靠家里积蓄的占30.86%。近年来，国家助学贷款已经成为贫困大学生学费的主要来源。当然，还有11.3%的贫困大学生的学费来自学校的各类奖学金。但有4.78%的贫困大学生的学费来自高利息贷款，他们背负着沉重的心理压力和巨大的经济负担。就大一新生来说，贫困大学生学费来源较为单一，因为大一新生不能享受国家助学贷款，第一年的学费必须自筹或在生源地贷款。

表1-3-1　贫困大学生学费来源（调查230人）

学费来源	人数	百分比/%
家里积蓄	71	30.86
从亲戚家借得	140	60.86
高利息贷款	11	4.78
国家助学贷款	95	41.3
社会资助	19	8.26
各类奖学金	27	11.30
其他途径	21	11.74

（该项调查为多选，百分比总数超过100%）

如表 1-3-2 所示，贫困大学生生活费来源主要是勤工助学，占 54.34%。这充分说明，学校的勤工助学基本上能解决贫困大学生的生活费。贫困大学生通过勤工助学，工作经验得到了不断丰富，社会适应能力也在不断加强。

大部分贫困大学生来自农村，父母靠种地为生，收入较低，3.6%的贫困大学生最担心大学期间的学费和生活费。数据分析表明：家庭年收入在 3000 元以下的贫困大学生中，凑不齐学费的比例为 72.1%，收入在 3000—5000 元的，比例为 70.8%，收入在 5000—6000 元和 6000—7000 元的，比例分别是 45.9%和 40.6%。从中可以看出，家庭收入越低，供养大学生的能力也越低。

表 1-3-2　贫困大学生生活费来源（230 人）

生活费来源	人数	百分比/%
家里积蓄	84	36.52
从亲戚家借得	106	45.08
高利息贷款	3	1.3
国家助学贷款	20	8.7
社会资助	16	6.95
各类奖学金	34	14.78
勤工助学	125	54.34
其他途径	38	16.52

（该项调查为多选，百分比总数超过 100%）

贫困大学生的家庭收入主要来自农作物和外出务工。前者所占比例高达 56.1%，后者所占比例为 43.9%。众所周知，农作物的收入只能解决农民的温饱问题，更不足以支付孩子的学费。贫困的学生家庭必须负担其子女的所有教育费用，包括生活费用。每个贫困大学生家庭的子女的平均年教育支出约为 10780 元，大大高于家庭的平均总收入。根据调查，超过 2/3 的家庭无法维持生计，家庭总收入的 81.0%不足以支付子女的教育费用，有 10.2%的家庭，其教育支出占家庭总收入的 79.8%。这表明贫困大学生家庭贫困的主要原因。微薄的收入导致家庭很难帮助孩子完成九年义务教育并完成高中，而上大学的费用则更加高昂，对家庭困难群体而言无疑是雪上加霜。2009 年 6 月 2 日，在教育部举办的高考简报会上，教育部大学生系副主任姜刚透露了一组统计数字：1020 万人报名参加了 2009 年的高考，这个数字比去年减少了 30 万人，其中实际参加高考的应届高中毕业生是 750 万人，2010 年的高中毕业生总数为 834 万人。依此推断，有 84 万应届高中毕业生放弃了高考，而这些学生中有很大一部分是因为家庭负担过重而放弃了上大学的机会。

二、贫困大学生的消费状况

消费是指促进消费者的身心健康和全面发展的一种消费观念和行为等要素的集合。大学生作为一个特殊的社会群体，他们是新型消费的倡导者。当前大学生在消费观念和行为上，已经形成了严重的消费误区。调查显示：有明显消费计划的学生只占 6.4%，37.5%的大学生不知道自己每学期要花多少钱。许多学生在消费过程中表现出最明显的特征是从众心理。从服装发型到饮食习惯，很多大学生模仿别人的消费方式。有的贫困大学生为爱情花费了一大笔钱，26%的大学生每月的人情消费超过了 100 元，48.9%的大学生每月总消费在 100 元以上。贫困家庭经济收入低是贫困大学生经济困难的根本原因，兄弟姐妹读书多造成家庭经济困难的占 37.39%，亲人生病造成经济困难的占 53.04%。在城（镇）的贫困大学生中，父母下岗、无稳定收入是造成城镇学生贫困的主要原因。贫困大学生借款交学费占大学生的 67.35%。贫困大学生每月生活费平均支出 200 元，其中伙食费开支所占比例约 63%，用于培训及学习的费用为 7.4%，资料费占 11.2%；27%的贫困大学生表示缺少必要的学习资料，73%的贫困大学生表示不敢买新衣服。

（一）贫困大学生消费现状分析

1. 贫困大学生个人月消费水平及其构成

调查表明：大学生月均总支出 333 元，其中主要是吃饭支出，占 66.54%（见表 1-3-3）。无论从消费总额看，还是从消费结构看，绝大部分大学生的消费基本上是合理的。

如表 1-3-3 所示，吃饭支出在大学生消费中占有较大比重。目前，大学生的学费和生活费基本上由家庭提供，只有少数学生靠自己打工赚得生活费。据调查，从家庭收入来看，贫困大学生家庭的平均年收入在 4000 元以下，家庭月收入不超过 330 元的占近 2/3，一半以上贫困大学生家庭每月提供的生活费在 101—300 元，还有 17%的家庭不能提供生活费。现在每生每年学费在 5400 元左右，还不包括日常生活费。贫困大学生的生活费平均每月只有 217 元，在大城市，这 217 元不能满足学生的吃饭等基本需求，而贫困大学生周围的同学有 3/4 的人每月开支在 500—700 元，平均 576 元，是贫困大学生的两倍，少数同学每月的开支达到 1000 元以上。贫困大学生的月消费在 100—200 元的占 45.55%，随着年级的增高，月消费水平也略有增长，但月消费小于 100 元的也占 9.7%。

表 1-3-3　学生消费水平及其构成（335 人）

消费构成	吃饭	衣着	学习	娱乐	其他	月总额
平均支出/元	221	28	38	25	21	333
占总支出/%	66.54	8.37	11.34	7.47	6.28	100

如表 1-3-4 所示，贫困大学生的月消费在 200—250 元的占 46.09%，这是主流部分；小于 150 元的占 6.52%。笔者认为在扶贫助学工作中应重点对这一部分贫困大学生给予特殊的照顾和帮助。

表 1-3-4　贫困大学生个人月消费水平（230 人）

月消费/元	人数	百分比/%
小于 150	15	6.52
150—200	55	23.91
200—250	106	46.09
250—300	45	19.57
300 以上	11	4.78

2. 贫困大学生每学期日常消费

如表 1-3-5 所示，家庭经济困难的学生，日常消费中排在前三位的是吃饭、购买学习用品和生活用品，其次就是购买衣服和同学交际等。贫困大学生一学期的消费有时还比不上富裕家庭同学一个月的消费。

表 1-3-5　贫困大学生每学年日常消费项目排序

消费项目	平均消费/元
吃饭消费	963.25
学习用品	111.81
生活用品	95.25
购买衣物	92.11
同学交际	33.31
娱乐消费	0
其他	19.97

（二）贫困大学生的消费特点

1. 贫困大学生在生活上比较节俭

调查中，6.52%的贫困大学生月生活费在 150 元以下，在现有的消费水平下，日平均不足 5 元的消费水准体现了贫困大学生艰苦的生活状况。与此同时，大学生月平均消费在 150—200 元的也占到了 23.91%。

调查问卷中，贫困大学生在回答“您的消费主要用于哪些方面”这一问题时，高达 80.1%的同学选择了“解决基本生活需要”这一项，而选择“购置学习用品”和“购置生活用品”的分别仅占 8.4%和 11.1%。

在回答“学费来源”这一问题时，有 86%的贫困大学生是选择通过国家贷款或父母借债筹集，加上拖欠未交的 11.5%的贫困大学生，这两项已高达 97.5%。

由此可见，广大贫困大学生背负着相当重的经济债务，他们的家庭长期处在贫困和还贷重压之下。

在回答“您购物时考虑的主要因素是什么”这个问题时，高达 77.5%的同学选择了“价格”这一项，有 19%的同学选择了“质量”，而选择“品牌”和“款式”的分别只占 1.6%和 2.0%。

在回答“您对社会最近流行的事物的态度”这一问题时，56.2%的同学选择了“无动于衷”。选择“有选择地尝试”这一项的占 28.3%，选择“反感”的占 10.6%。

在回答“您的生活受时尚潮流的影响程度”这一问题时，选择“较小”和“很小”的分别占了38.4%和26.8%。

2. 贫困大学生靠勤工俭学补贴生活费

调查显示：37.3%的贫困大学生有靠勤工俭学补贴生活费的经历。他们无奈地表示，经常奔波打工挣钱会对正常的学习造成不良影响。26.1%的贫困大学生靠亲友的资助完成学业，还有3%的贫困大学生的生活费靠学校、社会爱心人士的资助来解决。

贫困大学生的月生活费约为普通学生月生活费的二分之一，甚至更低。他们必须时刻限制各个方面的花费，时常陷入窘境，有时连学习用品都买不起。调查中发现，有63.91%的贫困大学生因需要解决生活困难状况和减轻家庭负担正在从事勤工助学工作（比例分别为82.31%和80.95%），有53.74%的贫困大学生想得到更好的锻炼而从事勤工助学工作，有67.07%的贫困大学生因勤工助学工作岗位竞争激烈，没有机会获得岗位。这说明目前勤工助学工作岗位仍供不应求，同时也有少数贫困大学生认为，自己学习任务重，学习时间不够，没有时间和精力从事勤工助学工作。

3. 有的大学生高消费

（1）同学聚会

大学生感情比较丰富，友谊也比较真诚，同学之间来往比较频繁，聚会也比较多。某大学附近的一家火锅店，每到周末中午，还没到就餐高峰，店内已是“高朋满座”，大学生源源不断地来吃火锅。吧台的服务员介绍说：“到我们这里的顾客大多数是附近高校的学生，他们一般都是一群一群地来，消费最少也是七八十元，最多200元左右，也有一些穿着很一般的学生。”某农大的大四学生小毛说：“一个月的伙食费倒是花不了多少钱，也就200元左右，加上其他的，每个月要花掉400元，偶尔和老乡也到附近的饭馆改善一下。”小毛家在农村，父母都是农民，家里的经济情况不怎么好。“平时也不怎么去，也就开学、同学生日、获得奖学金的时候和同学出去吃顿大餐，不过都是100元左右，每人各自出钱，花不了多少钱，可是同学多了，也是一笔开销。”来自某师大化生系的一名大四女生这样说。她还委屈地说：“我知道对家里来说挣钱非常不容易，可是我生活在这个环境中，不花钱怎么办?”

（2）超前消费

有些大学生虚荣心很强，很要面子，为了在同学面前说得起话，他们打肿脸充胖子。某师范大学的学生说："我们宿舍的一名贫困大学生拿着贫困大学生助学金买了套西装，还买了个包，自那以后，我们都不愿意帮他了。"调查发现，在一些贫困大学生中，确实存在着令人担忧的消费趋势。"我都不知道这学期末该怎么办？实在过不去，就向我哥再要点钱。"某农业大学大一的贫困大学生叹了口气说，"如果我不花 600 元买手机，这个学期的费用是没有问题的，现在有些后悔了。"该同学来自贫困县的农村，他的学费还是家里借的，开学总共带了 6000 多元，学费缴了 3500 元，书本费 620 元，其他杂费用大约 800 元。

（三）消费压力与行为方式方面存在的主要问题

消费压力是指消费主体在所处消费环境中或者说维持其消费方式的过程中出现的心理上的不平衡感和压迫感。对贫困大学生来说，消费压力不仅直接影响他们的精神状况，还影响他们学业的顺利完成。因此，探讨大学生贫困问题时，可以引入相对贫困这一概念，把存在消费压力的同学视作处于相对贫困状态。在被调查的 219 位贫困大学生中，感觉到有消费压力的有 62 人，这样，就有 28.3%的大学生处于相对贫困状态。

贫困大学生的消费行为缺乏科学性和理性，主要表现为：（1）兴趣爱好单一。也许是因为他们没有太多的特殊才能，或者他们正面临太多的财务压力。为了解决生活费用，他们花更多的时间工作和赚钱，几乎没有时间参加课外活动，因此他们的大学生活相对简单。（2）生活习惯有待改善。长期的农村生活方式使他们养成一些与大学生活不一致的学习和工作习惯，例如缺乏效率意识和其他现代观念。此外，少数贫困的农村学生行为不端，具有比较和虚荣心。为了满足自己的时尚需求，他们甚至冒险并走上了盗窃和欺诈之类的非法道路。（3）学习方法不当。尽管他们努力学习，但他们并没有过多地关注学习的方式方法和自我学习能力的培养。特别是高校实行学分制后，要求学生具有较强的自主学习能力。许多贫困大学生没有适应大学的教学模式，并且在课程和学习时间上有不适当的安排，特别是在英语和计算机等课程上，并且他们常常为是否可以通过考试而焦虑。

三、贫困大学生的学习状况

为了全面了解贫困大学生的学习现状，更好地帮助他们解决学习生活上的困难，我们针对贫困大学生的学习状况开展了问卷调查。调查发现，贫困大学生学费已成为贫困大学生家庭最重要的一笔开支，这种状况直接影响了贫困大学生的学习效果。我们从贫困大学生的学习入手，对他们的专业知识和课外学习情况进行了全面分析。

（一）贫困大学生的学习目的及成绩

1. 多数贫困大学生学习目的明确

调查中，81.8%的贫困大学生表示学习的主要动力是将来能找一个好的工作以改变贫困现状，18.2%的贫困大学生表示家人的期望是自己学习的主要动力，他们树立了坚定理想信念，好学上进，积极投身到社会实践中去，把个人的命运与祖国的命运紧密结合起来，全面提升自身素质。可见，面对来之不易的学习机会，他们一般都有较准确的自我目标定位，即通过读书摆脱贫穷，这不仅是自己的目标，也是家人的殷切期望。因此，他们普遍具有刻苦学习、发奋学习、积极上进的特点，不迟到、早退、旷课，志向高远，立志考研、考博。虽然经济条件艰苦，但大多数贫困大学生并未因此影响学业，他们自强自立，奋发向上。有的贫困大学生获得过各类奖学金，有的贫困大学生从入校开始就刻苦学习，积极向上，表现出良好的综合素质。学校设立的优秀贫困大学生专项奖学金，对贫困大学生发挥了激励作用和资助作用。

来自河北农村的石同学，父母都是农民，父亲生病常年吃药，上学前家中已欠下了不少债。石同学最高兴的是上大学没有要父母亲缴学费。4年来，石同学从没向家里要过一分钱，还给在上大学的妹妹资助了5000元学费。她在上大学的4年里，以优异的成绩获得包括国家一等奖学金在内的各类奖学金2.1万余元，加上做家教的7000多元收入，她的个人收入达3万元有余。大四的时候，她先后联系了15份家教，最多一个星期做9份家教。石同学感慨地说：“我的家庭很贫困，可我并没有因此而自卑。虽然在物质上比别人差一点，但在精神上我并不贫困，自立自强让我一样快乐。”

2. 多数贫困大学生成绩较为优异

贫困大学生普遍经济艰难，但他们却很珍惜来之不易的学习机会，自力更生，努力学习，希望通过掌握知识来实现自己的理想。调查显示，有75.6%的贫困大学生获得了各种奖学金和助学金，并获得了“杰出团员”“杰出学生领袖”“三好学生”等荣誉称号，这反映出较高的整体素质和良好的精神面貌。一般来说，贫困大学生群体是一个活跃的学生群体，他们是在大学校园里努力学习、节俭生活的优秀学生，很多人被学校树立为学习典型。

（二）学习上存在的问题

1. 贫困大学生的学习压力较大

面对新的学习环境和新的人际关系，一些贫困大学生无所适从。如今，大学的人才培养模式侧重于学习能力的培养，尤其是注重知识的全面性和综合性。例如，大学通常实行学分制，并提供选修课和公共必修课。这与中学课程有很大的不同。大学生只有提高学习能力，才能进一步培养思维能力和创新能力。在学校教育中，不仅有正规的组织，例如班级和年级，而且还存在与学生的家庭背景和文化差异有关的非正式组织，这对学生的学习产生了深远的影响。大多数贫困大学生认为学习是减轻贫困的重要方法，因此他们将业余时间用于学习，这给他们施加了很多额外的压力，当他们没有完成预期的学习目标时，压力就会更大。如果贫困大学生不能及时将压力转化为动力，将会对学习产生负面影响。另外，人际交往也给他们带来了很大的思想压力。由于贫困大学生的经济状况、生活经历和生活方式与其他人不同，因此他们在人际交流中经常遇到困难。

2. 学习技能、特长相对欠缺

大部分贫困大学生在时间分配上较为单一，除学习之外，他们因经济条件有限而尽量压缩娱乐休闲消费，从不搞高消费。他们把主要时间都用在学习上，即使在课余时间里，有55.1%的同学表示会在图书馆发奋读书，他们成才的愿望十分强烈，认为除了学习成绩之外，拥有特长和技能极为重要。调查中，当问及贫困大学生有什么个人特长时，一般大部分贫困大学生都回答说“没有”，特别是在演讲、交际、球类等活动中没有独特的优势；当问及贫困大学生对计算机的了解和应用程度时，50%的同学说除了上课之外平时接触很少。此外，61%的贫困大学生平时很少上网，很少参加课外活动。他们在经济上负担不起，在时间上分配不过来，从而导致他们在特长技能方面存在明显的欠缺，这对贫困大学生今后的就业将产生不利影响。

3. 学习成本高

在教育资源方面，大多数的农村贫困大学生对学习用书的购买非常谨慎。据绵阳师范学院学生现状调查课题组对四川 8 所大学的学生调查，51%的贫困大学生认为学习用书能够借的尽量借，60.2%的贫困大学生认为只有急需的学习资料才会考虑购买，11.1%的贫困大学生只购买与专业有关的大学英语、计算机资料，20.6%的贫困大学生认为不是必需的书籍资料他们就不购买。这样，贫困大学生该买的、该用的书籍资料没有及时购买，给学习带来了不便，部分等级考试中他们因没有购买资料而没有拿到大学期间的相关证书。搞好学习，买资料要花费很多钱。据调查，大学生考英语四级需要 150 元购买资料，报考英语六级需要 250 元左右，报考研究生需要 500 元，报考托福、雅思则需要更多的资金。这还不包括参加各种培训班的费用，如果再报考考研辅导班，就要投入更多的资金，考研辅导班一般为 500 元（政治、英语），托福、雅思的辅导班为 800 元，有的班办在省城，他们还要到省城去听课。几年前，雅思辅导班是 35 个人开一个班。现在，一个雅思辅导班多达 500 多人，新东方培训学校一个暑假就要办 30 多个这样的班。贫困大学生为发展自己、充实自己，纷纷加入考研队伍中来。相当一部分贫困大学生因四处奔波打工而无法保证充裕的学习时间，因生活困顿而无法集中精力学习，致使学业受到影响。

四、特殊群体的生存现状

（一）城市贫困大学生群体的生存现状

1. 城市贫困大学生的基本情况

（1）贫困大学生的特点

贫困大学生有几个重要特征：性格内向，有强烈自卑感，不善于交际。一份有关首都高校贫困大学生状况调查资料表明，有60%的贫困大学生因贫困而感到羞愧难当；22.5%的贫困大学生感到很自卑，他们不愿意让别人知道自己的生活处境，也并不希望得到别人善意的同情；42.2%的贫困大学生不愿在因特网或其他媒体上公开求助，不主动与人交往，性格相当封闭；40%的贫困大学生缺乏参与社会活动的热情；近20%的贫困大学生由于贫困而对社会有抵触情绪。大部分非贫困大学生乐观外向、性格直率、沉着自信、独立性强。

贫困大学生在个性特征上表现为内向，兴奋性和幻想性低；在行为上表现出节制、拘谨、循规蹈矩等特点。贫困大学生还承受着来自同学群体的压力。家庭富裕的同学出手大方，交友广泛；而贫困大学生既要学习，又要为生计奔波，没有经济实力和时间进行人际交往及参与校园文体活动。长期下来，贫困大学生与非贫困大学生之间就产生了一道感情上的鸿沟。

①低收入。通过对问卷调查的统计，贫困家庭收入为1405元/年，还有的特困家庭月人均收入仅为112.7元，甚至有3个特困生家庭收入为零。

②负债率高。特困家庭借债的原因大多为生计、子女上学和治病。调查的778个城镇特困生家庭中，负债率达到了35.2%。负债原因排在第一位的是因病住院，每户平均负债为44%；排在第二位的是教育负担，占22%；排在第三位的是生活费用，占18.6%。在所调查的特困大学生中，家庭负债率高达71.1%，平均每户负债118元。

③消费支出高。恩格尔系数是指家庭消费中食物支出与全部生活消费支出额的比率。按国际标准，恩格尔系数在60%以上为赤贫，59%—51%为勉强度日，50%—40%为小康，39%—31%为富裕。在其他条件相同的情

况下，家庭收入越低，食物支出的比重就越高。在778户特困生家庭中，恩格尔系数高达71%，他们的收入绝大部分用来满足基本的生存需要。

（2）特困家庭分析

在贫困家庭中，特困家庭成员为下岗的占20%，无业的占14%，重病的占8.46%，残疾的占7.23%。可以看出，造成贫困的最主要原因是就业不足和身体有病残。在调查中，母亲下岗失业、病休的占76%，父亲下岗失业的占72%，父母一方有正常收入的占51%，双方均无正常收入的为50%；离异家庭占24%，丧偶和父母双亡的占20%，还有2.1%的贫困大学生和继父继母生活在一起，7.0%的贫困大学生由祖父母抚养，特困生生活在单亲家庭和其他患病家庭的也多。同时，特困生父母离异后未再婚的占83.9%，离异后一方不给抚养费的占64%。在特困生家庭中，父母亲有残疾、慢性病、重病的约占41%。相关研究表明，下岗失业时间越长，重新工作的可能性就越小。可以说，没有其他帮助，贫困家庭所面临的困难是长期的。7.2%的特困生来自县镇，父母亲下岗失业、病休者比例分别占7%和35%，15.6%的贫困大学生来自丧偶或离异家庭，84%的贫困大学生生活在双亲家庭中。贫困大学生因家庭成员生病致贫比例最高，38.1%的家庭成员生过大病，21.3%的家庭成员有两人生过大病。家中子女多也是家庭贫困的重要原因。

2. 贫困大学生分布不均匀

我国地区经济发展不平衡。边远山区特别是西北、西南一些山区的经济收入普遍较低，这些地区的贫困大学生较多。西北地区高校贫困大学生普遍占30%以上，有的地方高达40%以上，高于中部和北京高校贫困大学生比例。

国家人文社会科学研究“九五”规划项目“高等学校教育收费与经济欠发达地区家庭教育投资研究”调查表明：“贫困大学生有多种类型，全国各地都有，但一般来说，来自经济欠发达地区的中西部地区家庭的贫困大学生和该地区高校在校生的贫困大学生数量相对较多。”北京高校贫困大学生与在校大学生之间的比率为15%；上海高校贫困大学生与在校大学生之间的比率为16%；山东高校贫困大学生与在校大学生之间的比率为25%，其中特困生占10%。权威资料表明，陕西和新疆特困生占在校生总数的比例分别为10.51%和22.5%，西部八省区平均特困生所占比例为

12.86%，青海省的贫困大学生所占比例为40%、特困生为14%，远远高于全国一般院校。

贫困大学生为了能够有机会获得高额奖学金，一般都报考收费较低、国家有补贴的冷门专业，如全国农林、地质、石油、冶金等。开设这些专业的高校中困难学生已占学生总数的30%，远高于其他院校。

（二）贫困女大学生群体的生存现状

2005年，中国扶贫基金会公布的《贫困女大学生调查报告》显示：38.1%的特困女大学生每个月从家中得到的生活费在100元以下，每个月生活支出在100元以下的贫困大学生占28.7%，25.3%的特困女大学生来自独生子女家庭，15.7%的来自城市家庭。受2008年世界金融危机的影响，城市下岗失业人群进一步扩大。中部地区和西部地区的特困女大学生一样贫困，她们都需要社会的关爱。贫困女大学生有三难：求学难、勤工俭学难、找工作难。在就业问题上，2.8%的贫困女大学生没有考虑过将来就业的问题；6.7%的贫困女大学生对个人将来就业感到茫然；47.4%的贫困女大学生认为通过自己的努力，毕业后会找到一份称心的工作。大多数贫困女大学生认为上大学是她们儿时的梦想，现在终于圆了梦，进了大学，就有了接受良好教育、提高综合素质、锻炼适应社会的能力的机会，她们会珍惜这来之不易的机会，努力学习，掌握各种知识，培养各方面的能力。尽管目前生活困难，面临各种压力，但她们相信自己会找到一个好的工作，为社会奉献青春年华。

1. 高校贫困女大学生大部分人均消费水平低

在调查的学生中，大一学生370人，大二学生206人，大三学生63人，大四学生46人。其中，文科学生339人，理科学生141人，工科学生51人，管理类学生23人，其他类学生121人。调查表明，11%的大学生家住城市，23%的大学生家住城镇，66%的大学生家住农村；家庭人口在7人以上者占17%，5人以上者占31%，4人以上者占52%；家庭年纯收入在2万元以上者占8%，1万元到2万元的占27%，1万元以下者占65%。通过以上数据我们可以看出，在调查对象中，多半以上的学生来自农村，将近一半的学生家庭人口在5人以上，一半以上学生家庭每月纯收入在840元以下，按家庭人口5人算，每人的月消费低于168元。50%以上的农民家庭收入偏低，支付学费及生活费用有困难，这在很大程度上影响了贫困女大学生的生活和学习。

贫困女大学生的生活消费水平都很低，在校期间基本生活费用难以达到学校所在地的最低生活标准，没有能力缴纳学费和购置必要的学习用品。

调查显示，这些学生的月生活费约为普通学生月生活费的1/2，甚至更低，有的连最起码的吃饭问题都无法解决。此次调查的贫困女大学生中，有45.6%的贫困女大学生经济紧张，只能靠勤工俭学来弥补；有42.2%的贫困女大学生，手中的钱必须用心计划，才能勉强维持；还有6.6%的贫困女大学生生活特别困难，一个月总计花费几十元。

贫困女大学生们的消费及收入状况大致如下：47%的贫困女大学生每月实际消费300元以下，38%的贫困女大学生每月实际消费301—500元，12%的贫困女大学生每月实际消费501—800元，3%的贫困女大学生每月实际消费在800元以上。60%的贫困女大学生除家庭供给的生活费外，无其他收入来源，20%的贫困女大学生的其他收入来自学校助学金，13%的贫困女大学生的其他收入来自家教，12%的贫困女大学生的其他收入来自兼职，3%的贫困女大学生的其他收入来自经商。

在调查的贫困女大学生中，45%的贫困女大学生每月伙食费比较固定，每月伙食费占月实际消费10%以下的有40人，10%—20%的有62人，20%—30%的有87人，50%的有123人，50%—80%的有245人，90%以上的有133人；每月用于购买学习用品、书籍等的费用占月实际消费10%以下的有217人，10%—20%的有216人，20%—30%的有142人，30%—40%的有11人；每月休闲娱乐消费（旅游、交际等）的费用占月实际消费10%以下的有493人，10%—20%的有135人，20%—30%的有54人，30%—40%的有2人；每月在衣饰、化妆品、理发等方面的支出费用占月实际消费10%以下的有507人，10%—20%的有109人，20%—30%的有61人，30%—40%的有3人。从这些数据中我们可以看出，贫困女大学生每月实际消费主要属于生存资料消费，而其发展资料消费和享受资料消费很少。同时，她们消费理智而谨慎，且有较好的理财能力，因为她们中83%的人购物标准为“经济实用”，8%的人购物标准为“其他”，仅9%的人购物标准为“时尚流行”。对贫困女大学生的调查显示：有45.6%的贫困女大学生生活困难，只能靠勤工助学勉强维持；有 42.2%的贫困女大学生生活紧张，手中的钱必须精心计划，才能勉强维持生活；还有 6.6%的贫困女大学生生活特别困难，无法继续上学完成学业。84.7%的贫困女大学生承受着家庭经济困难的压力，60.2%的贫困女大学生承受着高额学费的压力，48.5%的贫困女大学生承受着生活费上升的压力，42.0%的贫困女大学生承受着学习紧张的压力，28.1%的贫困女大学生承受着考试不理想的压力，还有少数女同学害怕与同学谈论钱方面的事情。

贫困女大学生为了学费和生计，不得不利用课余时间甚至上课时间外出打工挣钱。在课余时间的安排上，有 66.2%的贫困女大学生的业余活动是勤工俭学，有 83.8%的贫困女大学生的课余活动是学习，只有 9.6%的贫困女大学生参加休闲等娱乐活动。她们主要选择在校内勤工俭学，或从事家教，所占比例分别为 50.3%和 45.5%。挣钱只是为了解决基本生活问题，没有多余的钱购买书籍资料等学习用品，更没有钱用来美容美发。

2. 贫困女大学生的人际交往状况

调查显示，66.8%的贫困女大学生与同学之间的关系融洽，30.2%的贫困女大学生与同学关系平淡，只有 3%的贫困女大学生与同学关系紧张；38%的贫困大学生认为自己有好朋友 2—3 人，40%的贫困女大学生认为自己有好朋友 4—5 人，13%的贫困女大学生认为自己有好朋友 6—7 人，10%的贫困女大学生认为自己的好朋友有 7 人以上；28%的贫困女大学生结交朋友的方式是通过朋友介绍，14%的贫困女大学生交友是通过上网，26%的贫困女大学生交友是通过聚会，32%的贫困女大学生交友是通过其他方式，10%的贫困女大学生主要通过写信和朋友联系，30%的贫困女大学生交友是通过打电话，20%的贫困女大学生交友是通过发短信，35%的贫困女大学生交友是通过上网聊天，5%的贫困女大学生交友是通过登门拜访；1.5%的贫困女大学生与寝室同学关系非常好，52%的贫困女大学生和寝室同学关系比较好，44.5%的贫困女大学生和寝室同学关系一般，1.5%的贫困女大学生和寝室同学关系不太好，0.5%的贫困女大学生和寝室同学关系比较紧张。从这些数据中我们可以看出，贫困女大学生性格大多随和，能与同学、室友和睦相处，都有一些知心朋友，交友方式及朋友联系方式都呈现多样化，新的交际方式正在慢慢融入贫困女大学生的日常生活。

调查显示，53%的贫困女大学生认为自己性格好、宽容，能很好地处理和同学之间的关系；40%的贫困女大学生认为要针对具体的人才能决定是否宽容、控制冲动；7%的贫困女大学生完全不能宽容，不能控制住冲动。这说明绝大部分同学能理智地、冷静地处理人际关系。

57%的贫困女大学生认为交朋友是为了使自己生活愉快，16%的贫困女大学生交朋友是为了寻求精神寄托，11%的贫困女大学生交朋友是为了能够帮自己解决问题，6%的贫困女大学生交朋友怀有其他目的。这显示了贫困女大学生的三个主要择友条件，反映了同学之间的友谊能够增强她们对生活的满意感。贫困女大学生觉得读大学时同学或朋友之间的关系要比中学时代更加亲密，49%的贫困女大学生在交友方面更加理性化；11%的贫困女大学生认为和中学时代差不多；30%的贫困女大学生认为比不上中学时代，显得更加虚伪、封闭；10%的贫困女大学生心里并不清楚。这反映出大学时代的友谊或同学之间的关系呈现出两大趋势：一是由于所受教育程度的提高，同学间或朋友间的关系向成熟化、理性化；二是由于自身素养的提高，大学生们都开始有不同程度的自我或个性意识，更加注重自我发展的独立性。由于社会在某种程度上对其成员有隐藏自我的要求，大学生在一定程度上开始适应这种社会规则，并在同学、朋友交往中不自觉地应用，致使同学或朋友之间的关系表现出虚伪的一面。

贫困女大学生和陌生人交往时，15%的贫困女大学生一般主动和别人打招呼，10%的贫困女大学生要别人主动打招呼，54%的贫困女大学生兼具前两种情况，19%的贫困女大学生很少与陌生人交往。可见，贫困女大学生一般不主动与陌生人交往，这反映了她们性格内向、交际谨慎的一面。

贫困女大学生和家人在交流产生分歧时，49%的贫困女大学生能换位思考，冷静分析问题原因；35%的贫困女大学生偶尔会换位思考，冷静分析问题原因；7%的贫困女大学生从不这样做。另，9%的贫困女大学生和家人在交流时从没产生过分歧。当老师错怪自己时，62%的贫困女大学生事后能够找老师解释，13%的贫困女大学生当面与老师争辩，12%的贫困女大学生对这些问题不置可否，13%的贫困女大学生没发生过这种事。这反映出大部分贫困女大学生能冷静、正确地处理矛盾冲突，为人处世比较稳重，但也有一小部分贫困女大学生性格过于偏激或懦弱。

因为经济贫困，谈恋爱对贫困女大学生来说是一件奢侈的事。调查显示，仅有4.1%的高校贫困女大学生持赞成态度，34.7%的贫困女大学生认为谈不谈恋爱无所谓，26.8%的贫困女大学生不赞成谈恋爱，还有34.4%的贫困女大学生甚至没有想过谈恋爱这个问题。

3. 贫困女大学生的人生观、世界观、价值观

调查发现，绝大部分贫困女大学生有正确的世界观、人生观和价值观，能够投身到中国特色社会主义建设事业中去，但也有13%的贫困女大学生把成名、成家作为人生目标，24%的贫困女大学生把财富作为人生目标，7%的贫困女大学生把权力作为人生目标，56%的贫困女大学生把“做个对社会有用之人”作为人生目标，31%的贫困女大学生把财富、权力作为人生目标。从这些数据可以看出，这些贫困女大学生成才愿望强烈，其人生观的形成在很大程度上受社会风气的影响。此外，她们中有27%的人认为贫困影响一个人成才，但也有11%的人持反对态度，而62%的人认为贫困的经历有助于一个人成才。

面对社会的爱心帮助，5%的贫困女大学生认为捐款方式效果最好，74%的贫困女大学生认为搞勤工俭学做兼职最有效，21%的贫困女大学生认为要结对交流，给予心灵安慰最有效。在贫困女大学生的成长过程中，22%的贫困女大学生认为具有自强自立的品格最重要，46%的贫困女大学生认为具有艰苦奋斗的精神最重要，32%的贫困女大学生认为社会的关爱与帮助对她们来说更重要。20%的贫困女大学生会接受民间个人资助，29%的贫困女大学生不会接受民间个人帮助，51%的贫困女大学生要根据具体情况来决定是否接受民间资助。20%的贫困女大学生不会因经济困难而放弃学业，75%的贫困女大学生盼望在校内有一个勤工俭学的岗位，14%的贫困女大学生在校外做兼职，31%的贫困女大学生什么兼职也没有，55%的贫困女大学生想兼职但没找到合适的工作。

五、贫困大学生的心理状况

贫困大学生成长在竞争激烈的时代，他们承受着学习、人际交往、情感、就业等方面的压力，这些压力大大超出了他们的承受能力。因承受的压力过大，贫困大学生容易产生心理疾病和心理障碍。近几年来，大学生的心理问题变得更为复杂和特殊，有心理障碍的贫困大学生逐年递增，贫困大学生的心理问题已引起了社会的广泛关注。在竞争日趋激烈的今天，社会需要具有良好的个性心理品质和自尊、自爱、自律、自强优良品格的高素质人才。教育部颁布了《关于加强普通高等学校大学生心理健康教育工作的意见》，充分体现了国家对贫困大学生的高度关注。高校把培养贫困大学生的心理调适能力作为高等教育的培养目标，这是促进大学生全面发展的重要手段。

大学校园里还存在一定数量的有心理问题的贫困大学生，这些学生承受着极大的精神负担。常见的异常心理问题主要包括自卑、焦虑、过度自尊、嫉妒、抑郁、孤僻自闭、敏感多疑、叛逆等。这些心理问题必将严重影响他们的成长。因此，高校要高度重视贫困大学生的心理问题，切实采取有效措施，使他们消除心理压力，坦然面对挫折和烦恼，保持愉悦的心情，从而促进其人格健康发展。

极少数贫困大学生在多重压力下，产生了心理障碍，以致难以完成学业。因此，应准确把握贫困大学生的心理特点，及时为贫困大学生进行心理危机干预，提供心理援助，进行心理疏导，使他们真正走出困境。

（一）贫困大学生承受心理压力情况分析

大学生心理健康已经成为不容回避的社会问题，贫困大学生的心理健康问题尤为突出。因为文化资本的差距，一个从穷山沟里出来的学生要想改变自己的命运，融入现代社会生活中去，要比其他孩子付出更多的努力。这使一些贫困大学生常常感到迷茫和困惑。如果这些问题不及时解决，容易使他们在精神上产生贫困。总的来说，一个人拥有的文化资本越多，积淀的综合素质就越高。因此，那些早年从家庭中接受丰厚文化资本熏陶的人更易于增加宝贵的精神财富，不管是在学业上还是在事业成就上。富裕家庭和阶层搞高消费的目的是为了获得更多的文化资本，贫困家庭因家庭贫困无法获得文化资本，富裕学生与贫困大学生的文化资本差距越拉越大。同样，高节奏、高效率的城市生活被认为是现代文明生活，因而得到社会的认同，这就迫使贫困大学生要接受被认为是能体现现代文明的城市生活习惯。而这种生活习惯是建立在一定的经济基础上的，贫困大学生进入高校后面临的第一个考验就是能否融入现代文明。学校理应采取措施缩小贫困大学生与其他学生的文化资本差距，这个问题却常常被忽视，以致在毕业时，他们之间的文化资本差距不但没有缩小，反而扩大了。由于贫困，他们在求学期间必须要寻求自救途径，如千方百计地做家教、推销、服务等。这些可能会挤压学习时间，也不能使学习条件得到改善，购买一些新的学习工具如电脑等更无从谈起。文化知识如果得不到足够的积累，贫困大学生与非贫困大学生之间就会出现更大的知识差异，进而增加了知识转为文化资本进一步转化成财富的难度。因此，关注贫困大学生的心理健康，帮助他们克服心理障碍，促进健康成长，是大学教育的重要任务。高校要采取一系列措施帮助贫困大学生认识到：贫困不是可耻的事情，贫困是短暂的，贫困的出路是自强不息、坚强、自信。

贫困大学生既是一个承载家长高期望值的特殊群体，也是一个承载社会高期望值的特殊群体。可近年来，大学里出现了令人担忧的现象，苦闷、彷徨、焦虑、偏执、脆弱的贫困大学生增加了，休学、退学、轻生和自杀现象在大一、大二年级的贫困大学生中也产生了。这些非正常的现象严重影响了大学生的成长成才，也将影响和谐社会的构建。

1. 观念问题带来的压力

随着市场经济体制改革的逐步深入，深层次的矛盾日渐暴露出来，在这个转型时期，大学生要勇于冲破旧观念，树立新观念，要在矛盾中努力寻找自己的人生目标和生存方式。

2. 生活、学习、就业三重压力

（1）生活压力

①经济压力。随着人民生活水平的普遍提高，大学生的消费支出也在逐渐增长，这增加了家庭的经济负担。家庭的供给是贫困大学生最重要、最直接的经济来源，家庭无力供给对贫困大学生造成了很大的压力，在贫困地区还出现了贫困大学生拖垮全家的现象。国家扶贫助学资金在一定程度上帮助了贫困大学生，但这种帮助是有限的。一年中，只有22%左右的贫困大学生能够获得国家奖学金、励志奖学金或国家助学金。

②自理自律压力。目前，多数大学生是独生子女，从小受到高考“指挥棒”的影响，生活自理能力较差。面对新的校园环境，很多人不会独立生活，不会进行人际交往，缺乏相应的自我调节能力。他们认为学习就是生活的全部，其他能力无关紧要，以致他们的自理自律能力得不到提高。

（2）学习压力

学习是贫困大学生的基本任务。由于贫困持续的时间很长，贫困对学习的影响不可低估。很多贫困大学生为了适应社会激烈竞争的需要，进一步提高竞争实力，他们从大一开始就不得不加入考研的队伍中，有的贫困大学生参加了各种技能培训班，目的是努力获取各种有分量的证书。因此，过多的学习头绪、过重的学习任务给他们带来巨大的精神压力。

（3）就业压力

连续多年的扩招加大了大学生就业的竞争力度，2021 年将有 909 万毕业生从高校走向社会。受国际金融危机的影响，社会需求进一步萎缩，农村剩余劳动力涌入城市，城市下岗职工大量增加，他们和毕业生竞争工作岗位，这就使得高校毕业生的就业问题变得更为突出。据“天津网讯”报道，在 2010 年度中央机关及其直属机构公务员录用考试中，共有 100 万人参加考试，虽然和当初通过报考资格审查的 135 万人数相比，减少了 30 多万，但还是创下了历年报考人数的新高。2010 年度中央机关及其直属机构公务员录用考试，共有 130 多个中央机关及其直属机构和参照公务员法管理的单位面向社会公开招考，计划招考 1.5 万余人。有数据显示，10 年间报考公务员的人数激增了 6 倍多。根据人力资源和社会保障部公布的招考简章统计分析，和 2009 年相比，2010 年国家公务员考试在招考职位和招考人数上，都有较为明显的增长。2010 年招考职位数为 9275 个，比 2009 年增加了 1720 个；招考人数为 15526 人，增加了 1960 人。招考职位和招考人数均创下历史新高。人民网 2009 年 10 月 15 日发起的一项调查显示，在“希望社会地位和待遇有一定提高”这一选项上有 42.4%的投票率，这显现了毕业生报名国家公务员考试的最主要原因。

（二）人际交往压力

贫困大学生生活拮据，他们为生存不得不长期在外奔波。有很多贫困大学生从小就形成了内向的性格，不善于表达自己的思想，很少和别人进行交往。而家庭经济条件好的同学身穿名牌、经常进出饭店，交友广泛，出手大方，人际关系密切，在校园里“风光无限”。相比之下，贫困大学生承受着巨大的经济压力和精神压力：60%的贫困大学生感到羞愧难当；22.5%的贫困大学生感到很自卑，不愿意让别人知道自己的贫困处境。他们不愿意主动和人交往，生活相当封闭，40%的贫困大学生参与社会活动的热情受到了打击，20%的贫困大学生由于贫困容易产生冲动，8.5%的贫困生认为校园出现违法行为与家庭贫困有关。

（三）来自社会上的心理压力

伴随我国经济的发展，高等教育就业制度发生了变迁，大学生不再由国家统包统分，他们必须进入人才市场进行双向选择。这给贫困大学生增加了前所未有的就业压力。特别是来自农村的贫困大学生，他们没有社会关系背景，大多被拒绝在“关系”之外，他们认同竞争，赞成双向选择，但又担心竞争机会不均会让自己找不到合适的工作。其实，心理素质差是心理健康的无形杀手。因此，培养大学生良好的心理素质刻不容缓，全社会要给贫困大学生以精神上的关怀与疏导，帮助他们从心理上彻底脱贫，能以健康的心态完成大学学业，成为国家的有用人才。

（四）贫困女大学生的心理状况

因为贫困，女大学生们承受着巨大的压力，她们的课余生活相对单调。调查显示，84.7%的贫困女大学生承受着家庭经济困难的压力，60.2%的贫困女大学生承受着学费、书费上升的压力，48.5%的贫困女大学生承受着生活费上升的压力，42.0%的贫困女大学生承受着学习紧张的压力，还有28.1%的贫困女大学生承受着考试不理想的压力。

调查表明，贫困女大学生虽有手机，但消费极低，一般很少有主动呼叫。这在一定程度上反映了部分贫困女大学生的心理贫困现状。她们中有23%的贫困女大学生谈了恋爱，这从侧面反映出她们渴望关爱和帮助的心理。在面对贫困时，10%的贫困女大学生有严重的自卑感，48%的贫困女大学生有自卑感，近60%的贫困女大学生面对贫困无可奈何，57%的贫困女大学生因无力为父母、家庭解难有很大的愧疚感，63%的贫困女大学生经常为生活费、学费来源无保障而发愁，58%的贫困女大学生因学校催缴学费而时常感到焦急、不安。这些心理现象都值得关注。高校的思想政治教育工作者、辅导员、班主任要从内心深处去同情、体谅她们，多深入她们生活中去了解情况，及时消除不利于她们心理健康发展的因素。

在与家庭条件好、各方面非常优秀的大学生交往时，55%的贫困女大学生感觉到自己在各方面存在很大的不足，愿意虚心向别人学习，保持适度的自尊，和其他同学经常保持一定的距离；40%的贫困女大学生不经常与她们交往，不刻意讨好；5%的贫困女大学生不愿意与她们交往，担心受歧视。这反映了大部分贫困女大学生在交际过程中表现得较为谨慎，在生活中懂得该如何提高自我，如何培养较强的自我意识和自尊精神。但也有少部分学生不能积极、主动地开展正常的交际活动。22%的贫困女大学生对生活不满意，58%的贫困女大学生经常感到孤独和空虚，20%的贫困女大学生认为生活对自己不公平。这反映了她们希望与同学交往，渴望被老师理解和关爱，同时也反映出她们奋斗目标不明确，内心充满着迷茫与无助，存在自怨、自叹、自暴自弃的心理。

什么是自己遭受的最大挫折？28%的贫困女大学生认为是学习成绩不理想，8%的贫困女大学生认为是恋爱不成功，30%的贫困女大学生认为是和寝室里的同学一起生活，28%的贫困女大学生认为是就业竞争太激烈。这说明成绩不理想、恋爱受挫、就业竞争激烈是贫困女大学生产生心理负担的主要因素。

面对挫折时，70%的贫困女大学生能冷静对待；18%的贫困女大学生不知所措；4%的贫困女大学生不能正确对待，怨天尤人；4%的贫困女大学生绝望沮丧。这反映了大部分贫困女大学生基本能冷静对待，但也有30%的贫困女大学生不能正确面对。在生活中遇到困难时，28.2%的贫困女大学生不愿让别人知道自己的心事，36.8%的贫困女大学生喜欢向中学时代的同学倾诉，31.4%的贫困女大学生喜欢向关系密切的同学倾诉，28%的贫困女大学生向家人倾诉，17.4%的贫困女大学生愿意向学校教师倾诉。这说明贫困女大学生在面对困难时，选择求助对象呈现多样性，老师和家人是最佳的求助对象。由于家长受教育程度普遍偏低，他们对孩子的关爱太少，很多贫困女大学生不愿选择父母作为求助或倾诉对象。另外，老师对贫困女大学生承受心理压力了解不够，导致贫困女大学生对老师信任度降低。42%的贫困女大学生愿意选择知心朋友作为倾诉对象；8%的贫困女大学生把压力憋在心里，不对任何人说，这可能造成她们孤僻古怪的性格，甚至产生心理疾病。在调查“学校为贫困大学生所做工作满意度”时，贫困女大学生对学校贫困大学生工作不满意的有 140 人，认为学校贫困大学生工作一般的有 325 人，认为还不错的有 171 人，认为很好的有49人。她们对学校为贫困女大学生所做工作的满意度仅为33%，因此，学校还要千方百计地为贫困女大学生排忧解难。

86.1%的贫困女大学生在遇到困难时，希望得到他人的捐助；82.5%的贫困女大学生希望减免学费；40.3%的贫困女大学生希望在生活费上得到帮助；38.2%的贫困女大学生希望在技能方面得到培训；24.2%的贫困女大学生希望得到老师的心理指导；60%的贫困女大学生愿意接受心理咨询；36%的贫困女大学生认为自己正常而不愿意去；4%的贫困女大学生因怕受歧视和暴露自己的隐私而不愿去。这说明绝大部分贫困女大学生愿意接受心理咨询这一观念，而有40%的贫困女大学生不愿接受心理辅导。因此，学校思想政治工作者要多与她们进行思想交流，沟通感情，积极引导她们正视生活，自强自立，想办法解决自己的心理问题。

六、贫困大学生的自卑心理分析

在心理学上，自卑属于性格上的一个缺点。自卑，即一个人对自己的能力、品质等做出偏低的评价，总觉得自己不如人、悲观失望、丧失信心等。在社交中，具有自卑心理的人孤立、离群，抑制自信心和荣誉感，当受到周围人们的轻视、嘲笑或侮辱时，这种自卑心理会大大强化，甚至以嫉妒、自欺欺人的方式表现出来。自卑是大学生中最常见的心理问题，主要表现在自我评价过低，行为回避、性格怪异等方面。面对经济贫困、生活困难的现实，贫困大学生常常会感到自己无能为力，从而丧失挑战困难的勇气和信心。在心理上，他们采取了逃避、退却的应对方式，很少与同学交流，很少参加集体活动，用消极的态度对待人生，用消极的眼光看待生活中的现象，常常自惭形秽，郁郁寡欢。在校园里，他们一看到其他同学生活无虑、衣食无忧，就联想到自己的贫困处境，觉得自己低人一等，矮人一头，于是他们的声音变小了，和同学们接触少了，和别人交流也少了，距离拉远了，集体活动也不参加了，过着孤僻的生活，更不愿在公共场合露面。

自卑心理在贫困大学生中是普遍存在的，这种心理还会诱发其他不良心态，如孤僻、自负、自轻、自贱、多疑等。这不仅会影响他们的学习、生活，而且会影响他们将来的发展。因此，贫困大学生要积极克服自卑心理，保持健康的心态。深入剖析大学生的自卑心理，找出矫治的方法，以有利于提高大学生的心理素质，促进大学生的健康成长。

贫困大学生的自尊心比非贫困大学生要强。调查发现，相当一部分贫困大学生在接受扶贫助学的过程中，宁愿贷款、搞勤工俭学，也不愿接受社会、个人的资助，他们认为人情债很难还。当他们面对贫困大学生补助、特困生基金时，常常表现出想接受而又羞于接受的困窘。贫困大学生这顶帽子重重地压在他们的心头上。作为贫困大学生，经济上的窘迫是他们不愿提及的，也是最怕同学怜悯和看不起的隐痛。贫困大学生自尊心很强，很容易采取自我保护措施，常常表现为敏感、偏执和过激。他们在处理与自己相关的事情时，强烈的情绪和情感反应总会伴随出现，以致与同学相处时，难以掌握分寸，给人一种难以接近的感觉。

贫困大学生因家庭贫困而自卑，但作为一个自我意识已经成熟的个体，他们又有强烈的自尊要求，他们在人际交往和群体活动中存在不同程度的困难，表现出明显的不确定性和不稳定性。一方面，他们有融入群体的强烈愿望，但又常因自身性格特点而和同学产生矛盾和冲突；另一方面，他们有得到周围同学支持的心理，却不愿接受他人的同情和怜悯。不少贫困大学生因害怕被别人看不起而自我封闭，难以与群体中其他成员沟通、交往和合作。

（一）大学生自卑心理的主要表现

大学阶段是人实现社会化进程的重要阶段，是人的心理和生理快速发展期，也是青少年心理变化最为显著的时期，心理学家称这一时期为矛盾冲突期。调查显示，自卑心理已成为大学生人生路上的绊脚石。每个人都有先天的生理或心理缺陷，这就决定了人的潜意识中都有自卑心理存在，只是他们存在的程度和表现形式不同。在现实生活中，自卑心理有以下几方面的表现：

①自我评价过低。自我评价是指一个人对自身各方面的表现特征做出准确的判断。部分大学生对自己认识不足，自我评价过低。他们不能准确分析自己的能力，产生一种强烈的情绪体验。自己瞧不起自己，不敢参与任何竞争，采取逃避行为，不愿意承担任何风险。即使遇到伤害，也逆来顺受。他们过于敏感，处处退缩，自尊心容易受到伤害，常把别人无意的

言行视为对自己的轻视。

②行为回避。贫困大学生一般不喜欢与别人交往，不参加集体活动，担心在交往中别人看出自己的缺陷和不足，害怕别人的评价与批评，觉得没有脸面。大部分人喜欢独来独往，经常游离于班级、集体活动之外。在学习、生活和活动中，他们瞻前顾后，缩手缩脚，缺乏应有的胆量和气魄，在公共场合不善于展示自己，非常拘谨，表现出闭锁性格。

③性格怪异。部分贫困大学生表现出他们具有强烈的自卑感，自尊感却一点也没减弱反而愈加强烈。为了掩盖自己的缺点或不足，他们往往不切实际地吹嘘自己的优点和长处，给人一种非常明显的做作感觉。有些贫困大学生往往表现出轻视、贬低同学和老师的倾向，具有表里不一的傲慢心理。

（二）影响自卑心理产生的因素

贫困大学生作为一个特殊的群体，已经受到社会和学校的广泛关注。经济困难是贫困大学生产生心理问题的直接原因，当然还有主客观原因，这些原因影响着贫困大学生的心理健康。大学时期是大学生心理发展逐渐走向成熟的重要时期，也是一个人成长的困惑期。他们在这一时期的心理发展具有两重性的特点：一方面，要在知识能力方面进一步完善；另一方面，他们阅历浅、经验少，在社会适应方面存在很大的盲从性。贫困大学生既有理想又容易脱离实际，既热爱生活又容易悲观失望，既思维活跃又容易偏激，既自我意识强烈又难以对自己进行准确定位，这些特征同他们的心理发展过程密切相关。针对这种情况，学校要开展心理培训和心理干预，积极引导贫困大学生进行心理调整。当前，国际国内形势深刻变化，这使大学生的思想政治教育工作既面临有利条件又面临严峻挑战。国际敌对势力与我国争夺下一代的斗争更加尖锐复杂，大学生面临着大量西方文化思潮和价值观念的冲击，某些腐朽没落的生活方式对大学生的影响不可低估。随着对外开放的不断扩大，社会主义市场经济的深入发展，我国社会经济成分、组织形式、就业方式、利益关系和分配方式日益多样化，人们思想活动的独立性、选择性、多变性和差异性日益增强。这些虽有利于大学生树立自强意识和创新意识、成才意识和创业意识，但也带来了一些不容忽视的负面影响。

1. 社会环境因素

贫困大学生虽然生活在校园中，但也会受到社会环境的影响。社会上的不良现象和不良风气一直影响和困扰着他们。国家实行的“双向选择，自主择业”就业政策，给贫困大学生带来了发展机遇，但部分贫困大学生因知识能力的欠缺而没有找到合适的工作，他们会把这种无奈看成是社会对他们的不公，于是产生了埋怨心理。社会环境因素是形成异常人格的关键因素。行为主义心理学家认为，人格障碍是社会环境影响的结果，通过观察、模仿，可以获得情绪反应和行为方式。

①社会分层使贫困大学生处于弱势地位。现阶段，社会各阶层的收入差距逐步扩大，造成了贫富悬殊。贫困大学生一般都来自农村贫困家庭或城镇下岗职工家庭，生活非常困难，进入大学后又要交纳数额不菲的学费、住宿费、书费等，这无疑加重了贫困大学生的经济负担。对临近毕业的贫困大学生来说，受家庭背景和社会关系的影响，他们在就业问题上明显处于不利地位。这使贫困大学生形成紧张、焦虑和自卑的心理，如果这些心理问题得不到化解，就会导致心理问题。

②社会风气加大了贫困大学生的心理负担。受市场经济的影响，社会上出现了不良风气，如享乐主义、拜金主义、人际关系冷漠等。这些使一部分贫困大学生的心理蒙上了阴影，使他们对金钱产生了欲望，从而更加看重物质利益的作用。这种矛盾、冲突，会加剧他们的心理困扰，从而使他们产生强烈的自卑感和焦虑感。

③助困与育人脱节。在政府和社会各界的支持下，学校采取对贫困大学生进行困难补助、提供勤工助学岗位等措施，力求解决贫困大学生的根本问题。由于国家和社会财力有限，一部分本应得到资助的贫困大学生没有得到资助，即使得到了一定的资助，也并不能彻底解决贫困大学生的根本问题。

④缺乏管理上的协调与配合。做好贫困大学生工作的一个重要前提就是要及时、准确地掌握贫困大学生的有效信息，让应该得到扶助的贫困大学生得到及时的扶助。然而，在现实生活中却很难做到这一点，一是因为学校没有完全摸清贫困大学生的底细，缺乏协调与配合；二是由于学校与贫困大学生家庭缺乏有效的联系。

⑤缺乏教育的针对性和系统性。少数学校对贫困大学生工作重视不

够，缺乏一套系统的有针对性的心理辅导措施，贫困大学生的心理问题没有得到有效解决。

⑥社会上开展的一些资助活动无意中加大了贫困大学生的心理压力。社会上开展形式多样的资助贫困大学生工作，对贫困大学生来说本是一件大好事，但由于资助者没有完全了解贫困的心理特点，在公开场合举办资助活动，公开了贫困大学生的隐私，部分贫困大学生虽然在物质上得到了资助，但在心灵上受到了伤害，这样反而加重了贫困大学生的抑郁心理。

2. 生活环境因素

①父母的态度影响子女人格的发展。父母过于严厉，子女往往会形成焦虑、胆怯的性格；父母过于溺爱，子女往往会形成脆弱的性格。此外，家庭婚姻结构不稳定，父母离婚，对子女的遗弃、虐待、溺爱、纵容，都可能使子女形成异常的人格。长期以来，学校在教育学生过程中习惯采用灌输教育方法，片面重视智力教育，忽视学生心理素质的培养，忽视学生健康人格的培养。在家庭教育方面，一部分家长多采用简单、粗暴的教育手段。这种专制的教育方式容易使子女形成敏感多疑、自卑易怒、抑郁焦虑、偏激敌对的性格。大学生的心理健康状况与学校的教育观念、家庭教育方式密切相关。相当多的家长在子女考入大学后，更多地为小孩提供经济支持，而对子女的成长问题关注不够。大学阶段的家庭教育是各阶段教育的延续，但有其特殊性。这体现在大学生的家庭教育主要是进行非智力因素的教育，配合学校、社会加强综合素质培养，这就要求家长要密切关注他们的心理特点，做好调节和疏导工作。

②教师对学生人格发展的指导作用。教师的人格特征、行为模式与思维方式对学生影响很大。每个教师都有自己独特的教学风格，这种风格为学生设定了一个特殊的教育环境。因此，教师的教学风格不同，学生就会表现出不同的学习行为，如教师的公平公正性会直接影响学生积极向上的态度。学生非常看重教师的公平公正性，教师的不公平做法会导致学生学业成绩和道德品质的降低，导致学生对教师的不信任。

③同伴群体对学生人格发展的作用。学校是青年群体学习的场所，同伴群体对学生人格的发展会产生巨大的影响。班集体是学校的基本组织单位，班集体的班风、学风和其他学生的评价对学生人格的发展具有重要作用。此外，青年学生对色情暴力的关注也容易导致大学生精神颓废。

3. 个体因素

个体心理素质是影响贫困大学生健康成长的内在因素。部分贫困大学生由于对自我认识不足，自我评价偏低，看不到自己的优点和长处。这种自我认知偏差使他们往往过分贬低自己，进而难以找到自己合适的目标。

个人生理因素是指先天发育不良所导致的生理缺陷，它是内在的、客观的、长期的、稳定的。在大学里，贫困大学生的学习、能力培养尤为重要，面对新的环境，贫困大学生会全面审视自己，强烈的失落感会让他们的优势难以发挥。同时，贫困大学生在身高、外貌等方面也存在劣势，这些条件无形中影响了他们正常的社交活动，使他们感到外部环境的压抑太大，表现出谨小慎微、畏首畏尾的心理。大学期间是大学生知识、能力形成的关键时期。和高中生相比，大学生的理想自我和实际自我差距较大，即大学生对实际中的自我的评价往往不能达到他们期望的理想自我标准。每个人都有理想的自我和实际的自我，而实际的自我包含有主观的自我和客观的自我。自己对自己的评价就是主观的自我，别人对自己的评价则是一种客观的自我。如果主观的自我远低于客观的自我，那么这个人就会缺乏自信，就会对自我产生认识不足，过低估计自己。当某种能力与缺陷受到周围人的轻视、嘲笑或侮辱时，他就会产生自卑感，以畸形的方式表现出来。如某学院的一位贫困大学生说："家里贫困让我感到很自卑。自卑让我觉得低人一等，不敢正面看人，不敢发表自己正确的见解，不敢和别人交流，更不敢和老师对话，人多的场合，我就会偷偷地逃离。"

①缺乏人生目标。广大青年学生是实现国家富强和民族复兴的主力军，一定要把握时代脉搏，树立为实现这一伟大历史使命而努力奋斗的远大理想和坚定信念，为在21世纪中叶把我国建设成为富强、民主、文明、和谐的社会主义现代化强国而奋发拼搏，一定要把实现自身价值与国家命运、民族利益切实结合起来，在市场经济的大潮中经受住物质、金钱的考验。广大大学生青年要以全面建设小康社会的宏伟目标为历史使命，努力学好科学文化知识，不断提高全心全意为人民服务的本领。许多优秀大学生的成长成才之路告诉我们，一个人的远大理想只有和奋斗结合起来才可能实现。远大理想植根于现实的土壤之中，真正有理想的表现是知行统一。对于在校大学生来说，要实现自己的远大理想必须刻苦学习，全面提高自己的素质。今天，我国正处在全面建设小康社会、努力构建和谐社会

的关键时期，时代赋予了当代大学生崇高而神圣的使命。大学生们正逢盛世，应该有高度的历史责任感，为实现中华民族的伟大复兴而刻苦学习，这是大学生实现远大理想的必由之路。部分贫困大学生失去了对目标的追求，生活没有动力、没有目标或目标太低，缺乏对生命意义的深刻领悟。被动是由于目标不是自己主动制定的，没有获得内心的认同，只是为学习而学习，为考试而考试，在学习生活中缺乏主动性和创造性。因此，贫困大学生要树立远大的人生目标，努力实现自己的人生价值。

②缺乏勇气和信心。部分贫困大学生在困难面前常常缺乏勇气和信心，没有明确的学习态度，害怕承担责任，不敢冒险，不敢坚持原则，千方百计回避困难，逃避责任；常常抱怨自身的不幸，宁愿忍受痛苦，不主动改变现状。辅导员、班主任要鼓励他们积极应对生活中的挫折，善于发现自己的优点，树立自信心，变被动为主动。

③环境适应能力不强。部分贫困大学生在学习目标、人际关系、异性交往等方面表现出强烈的失落感、孤独感，部分贫困大学生适应环境能力较差。在环境构成要素中，人是最重要的要素，个体受环境的影响，也在不断地改变环境，因此，大学生要多了解自己所处的环境，培养自我调节的能力，要做到主动地适应环境。

④虚荣心作用。心理学认为，虚荣心是一种扭曲了的自尊心，是自尊心的过分表现，是一种追求虚荣的性格缺陷，是人们为了取得荣誉和引起普遍的注意而表现出来的一种不正常的社会情感。虚荣心往往与自尊心、自卑感紧密联系。虚荣心强的人一般性格内向，情感脆弱，自尊敏感。部分贫困大学生存在自卑心理，担心别人伤害自己的尊严，过分在意别人的评论，喜欢抬高自己的形象，他们捍卫的是外表的、脆弱的自我。克服过强的虚荣心，首先，要引导他们认清虚荣心的危害性；其次，要教育他们树立正确的世界观、人生观和价值观，正确看待自己的优点与不足，做到扬长避短；最后，要帮助他们树立正确的荣辱观，充分表现自己的能力，勇于面对个人得失与他人的评价。

第二章 贫困大学生资助体系及执行现状

本章针对贫困大学生资助体系及执行现状和政策进行阐述和研究。本章将从五个部分展开研究和论述，分别是：国家奖学金政策、国家助学贷款以及生源地信用助学贷款政策、勤工助学政策、特殊困难补助及减免学费政策和社会资助以及其他资助政策。

第一节 国家奖学金政策

一、奖学金政策研究

依照我国现在实行的奖学金制度，现设立的国家奖学金有以下几种：①本、专科生奖学金分为三种：优秀学生奖学金、专业奖学金、定向奖学金。②研究生奖学金分为两种：研究生优秀奖学金、研究生普通奖学金。③国家奖学金。除以上国家出资设立的奖学金外，目前在中国高校中奖学金的种类形式还有学校自行设立的各种奖学金，以及经有关部门批准由社会各界设立的奖学金等（主要是资助经济困难的学生或者吸引人才）。

我国的教育体制改革的标志之一就是设立高等学校奖学金制度，这是基于人民助学金的制度演变而来。在 1986 年，原国家教委和财政部发文在部分普通高等院校开始实施“奖学金制度”试点。1987 年 7 月，原国家教委和财政部颁布《普通高等学校本、专科学生实行奖学金制度的办法》，规定在 1987 年入学的本科普通高等院校的新生中全面实行奖学金制度，专科学校是否实施，由各省、自治区、直辖市人民政府和中央学校主管部门决定。1991 年开始在普通高等学校中试行研究生奖学金制度。1994 年，原国家教委、财政部颁布了《普通高等学校研究生奖学金办法》；1996年又颁布了《国家教委、财政部关于提高普通高等学校研究生奖学金标准的通知》。国家奖学金制度是2002年9月开始在普通高等学校中实行的，主要对象是贫困大学生。

每个学校的奖学金金额与类别会针对该学校的实际情况进行明确的制定。原国家教委、国家财政部《普通高等学校本、专科学生实行奖学金制度的办法》和《普通高等学校本、专科学生实行贷款制度的办法》规定："学校可建立奖学金和学生贷款基金（简称奖贷基金），其来源是从主管部门核给高等学校的经费中，按原助学金标准计算的80%—85%转入奖贷基金账户。"各学校会根据自己的情况制定奖学金标准。

（一）奖学金设计千差万别

一所北京的全国重点高校设有"综合奖学金"，"分为一、二、三等，奖金分别为每年6000元、5000元、3000元"。由于该学校实力在全国很强，奖学金金额相当高。

北京某政法类大学的奖学金分为三等：一等3000元/年，二等1500元/年，三等1000元/年。

北京另一所大学的"人民奖学金"分为四等，分别为1000元/年、800元/年、500元/年、300元/年。这个奖学金比较容易获得，每个班级就按学习成绩的排名，有1/3以上甚至1/2的学生能够获得其中的一项。一般平均成绩在85分以上的学生就能够获得一个或者更多的"特种奖学金"。特种奖学金是指以一些公司的名义设立的或者社团、个人设立的奖学金。每种数目不多，奖金数额也不相等，2000—3000元的居多，也有8000元的，这些奖学金是针对专业而设立的，只要成绩达到85分以上，一般就能够得到其中的一种，但同时得到几种的可能性很小。

我们在对一些学校的学生和教师进行采访后，有些人表示道：

"我们学校设立的奖学金有很多种，奖学金的金额也是多种多样的，但是这些奖学金大致可以分为三类：企业奖学金、学生奖学金、贫困大学生奖学金（含国家奖学金）。其中前面两项是以成绩为评定的最主要依据。企业奖学金，金额一般每年2000—3000元，学习成绩十分突出的同学才可以获得，对成绩要求很高，一般是专业第一名，一个人只能获得一项，不能多得。然后是学生奖学金，每年600元、800元、1000元三等，面比较广，大概是学生总人数的40%左右。”

有的学校奖学金明显要少一些。

湖北的一所师范院校设立的优秀学生奖学金：一等奖每年500元，获得者占学生总数的10%；二等奖每年300元；单项奖每年50元；师范生专业奖学金每年200元。

天津的一名同学告诉我们：

“我们学校的奖学金分一、二、三等，一等（奖）是每年200元，二等（奖）是每年100元，三等（奖）是每年50元。”

兰州的一名大学生说：

“我校特等奖学金每年1400元，一等奖学金600元，二等奖学金500元，三等奖学金400元，四等奖学金300元，获奖面46%。”

由此可见，奖学金制度在各个学校都有，然而执行的标准却千差万别，各个学校根据自己的情况进行奖励设计，这是我们在调查中最明显的感觉。

（二）奖学金获得者的群体指向

奖学金获得者与贫困大学生群体之间的关系是评估奖学金帮助贫困大学生效果的重要因素。

来自被访对象的结论并不是完全一致的。有一些同学认为贫困大学生更容易获得奖学金：

“贫困大学生能够申请到奖学金的机会与其他学生没有太大差别，不过由于贫困大学生很多在学习上非常刻苦，所以他们拿到奖学金的金额会多一些。”“我们班的特困生学习都比较刻苦，基本都能拿奖学金。家庭情况好的同学学习没压力，反倒不及格，拿不到奖学金。”

然而，我们听到更多的却是相反的声音：

“校奖学金多为学生干部或者成绩突出者获得，贫困大学生所得甚少。”

“学校各项奖学金是根据考试成绩评定的，贫困大学生获奖面也不是很高，种类少、金额少。”

“因为贫困大学生一般都来自贫困地区，学生底子薄，也就很难拿到奖学金。”

“国家西部开发、学校各项奖学金的实施，确实给贫困大学生带来希望缓解压力，但这些都侧重于优秀学生，对成绩不理想的贫困大学生来说看不到希望。”

“奖学金评定的标准是‘品学兼优’，贫困大学生由于基础教育以及各种心理压力等问题，相对而言学习成绩不一定优秀，而今的情况是那些学习成绩优秀的同学‘一白遮百丑’，想当然地也认为品质优秀，所以，真正的贫困大学生不一定能够得到奖学金。”

我们在西北的一所民族学院调查发现，来自西藏的学生学习基础薄弱，根本无法与其他同学竞争奖学金。

由此我们能够知道，目前许多高校奖学金的标准是奖励优秀学生而不是扶助贫困大学生，得到奖学金的评判标准就是学生的成绩，所有学生只要成绩能够达到标准就能够有机会获得奖学金，这样就导致贫困大学生群体和奖学金群体是割裂的。所以，目前我国的奖学金政策并不是倾向于贫困大学生群体，而贫困大学生群体由于基础比较差，得到奖学金的机会比普通学生群体要小，这就使得这些贫困大学生群体在获取奖学金的层面处于劣势地位，特别是那些来自教育基础落后地区的同学。因此，将该政策作为扶助特困生的政策之一难免有所牵强，它最多只能算是普遍意义上的学生资助政策。

相关研究成果也支持了这个结论：学生平均获得奖学金资助金额随着家庭收入水平的提高有增加的趋势，最低收入户学生平均获奖学金金额为212元，低收入户、中等偏下收入户、中等收入户、中等偏上收入户和高收入户学生均获得奖学金金额为248元、278元、261元、265元和330元。亚洲开发银行研究项目《经济转型中的教育部门：中国案例研究报告》也指出：“中国目前兼顾高等教育成本回收和维护教育机会均等的措施是按学生成绩颁发奖学金……但是奖学金与学生家庭收入并无关系，对农村贫困大学生来讲，由于接受中等教育的条件差异，与城市学生相比获得奖学金的机会并不均等，因此，并不能真正解决问题。”

（三）关注贫困大学生的奖学金设计

为了能够将优秀学生奖学金在扶助贫困大学生中发挥出作用，在现存的奖学金制度上进行一些针对性的扶助改革是非常有必要的，一些学校的一些做法值得借鉴。

1. 扩大奖学金覆盖面

目前，很多高校的奖学金评判标准都是学生的成绩，但是也有些高校在此基础上进行拓展式的改革，这些改革使得奖学金的覆盖面扩大，在一定程度上加大了对贫困大学生的扶助力度。

2. 专门设立贫困大学生奖学金

在调查[①]中我们注意到，有少数的学校也设立了针对困难学生的贫困大学生奖学金，南宁的一名大学生告诉我们：

“我们学校有专门面向贫困大学生颁发的奖学金，如春雨奖学金，主要是按照贫困大学生学习成绩来颁发的。”

对于这样的设计，有的被访对象也提出质疑：

“我认为没必要单独列出，这样会给贫困同学带来更大的心理压力，而且从整体上来说，他们的学习还是比较刻苦的。”

（四）结论

总之，根据我们所调查出的结果，我们能够看到因为获得奖学金的学生群体与贫困大学生群体没有必然的关联，所以目前的奖学金制度与贫困大学生的扶助无法产生有效的联系。如果要扩大现有奖学金对贫困大学生的覆盖面，可以进行新的制度设计，这主要有两个途径：①扩大奖学金资助面，奖学金评定标准更为多元化，而不是仅仅依赖学习成绩；②进一步设计贫困大学生奖学金，专门资助贫困大学生中的学习成绩优异者，这样的奖学金可以从原有的奖学金中划出一块，也可以利用社会资助的奖金。然而，我们需要考虑的是，后一种做法能否合乎大学生的心理发展的需要，也许不把奖学金和贫困大学生去挂钩，而设立其他能让贫困大学生从心理上接受的资助方式是解决问题更为有效的办法。

---

① 吴庆：《公平述求与贫困治理——中国城市贫困大学生群体现状与社会救助政策》，社会科学文献出版社 2005 年版，第 54 页。

二、国家奖学金

为了完善中国高校资助经济困难学生的政策体系，帮助高校中经济困难的学生顺利完成学业，激励学生勤奋学习，努力进取，在德、智、体、美等方面得到全面发展，国家科技教育领导小组第十次会议研究决定：中国从 2002 年起在全国普通高校中首次设立国家奖学金制度，2002 年 4 月 16 日财政部、教育部颁布了《国家奖学金管理办法》（财教〔2002〕33 号），确定自 2002 年 9 月 1 日起正式实行。国家奖学金制度是对家庭经济困难、品学兼优的普通高等学校的在校大学生提供的无偿资助，这是中国自 1987 年以来首次设立的国家奖学金。

（一）政策体系

我国的中央政府每年会拨款 2 亿元用于国家奖学金，这些金额会定额资助 4.5 万名贫困大学生，扶助的对象包括全国普通高校中家庭困难、品学兼优的全日制本科、专科学生，这些学生可以是在校生也可以是当年考入的全日制本科、专科学生。国家奖学金分两个等级：一等奖学金发给特别优秀的学生，每年共有 1 万个名额，标准是每人每年 6000 元；二等奖学金每年共有 3.5 万个名额，标准是每人每年 4000 元。凡国家奖学金获得者，其所在学校均减免个人当年的学费。

申请国家奖学金的基本条件是家庭经济困难、生活俭朴、道德品质优良。在校生要求学习成绩优秀，当年考入的新生则要求参加全国统一高考考试成绩优秀。由于国家奖学金将免费发放，因此，接受资助的学生必须通过相关部门组织的评审，确实为品学兼优、家庭贫困者方可获得。国家奖学金将面向全国所有的普通高等学校，符合条件的大学本科生或研究生可获得奖学金。

同时，要求各省、自治区、直辖市及计划单位由本级财政安排专项资金，参照本办法设立本地区的政府奖学金，可称为“××省（市、区）政府奖学金”。具体资助人数及实施细则，由各省自定。目前，浙江、江苏、湖北、吉林、广西等地区都设立了政府奖学金来资助贫困大学生。

（二）政策执行

国家奖学金的发放是以国家的名义，是在我国高校中级别最高、奖励最丰厚的奖学金。所以国家奖学金受到了全国各大高校和学生的普遍关注。在执行过程中，各校都十分重视，并制定了相关的管理条例。

许多高校对国家奖学金的发放均采取了严格的管理办法。有的学校规定了获得高额国家奖学金的条件，除了具备家庭经济困难、品学兼优等硬性条件外，还不能抽烟、酗酒。

由于国家奖学金数额较大，对于获得国家奖学金的贫困同学，无疑有着极其明显的激励作用。

能够评上国家奖学金的同学只是少数，对刻苦学习的同学确实起到了极强的激励作用，节约了很多时间，毕竟到外面去做家教会影响学习。

（三）政策缺陷

国家奖学金实施的时间不长，在调查中我们发现，该奖学金的政策设计还存在一些问题，有的非常明显，有的还在争议之中，政府要采取进一步的措施进行改革。

目前反映比较突出的问题有：

1. 国家奖学金名额太少、金额太高

名额太少、金额太高是大部分被访对象反映的问题。名额太少也使该奖学金的救助面小，大部分同学不抱希望。

“在我看来，贫困大学生最需要的是助学贷款，而不是本来就为数不多的奖学金。”①

金额太高是我们在调查中反映最突出的问题。

“国家奖学金金额太高，让一些同学一下子暴富，容易形成新的贫富差距。”②

因为能够获取国家奖学金的学生在各个方面都比较优秀，所以该学生在获取国家奖学金的同时，有很大概率也可以获得学校提供的优秀学生奖

① 吴庆：《公平述求与贫困治理——中国城市贫困大学生群体现状与社会救助政策》，社会科学文献出版社 2005 年版，第 57 页。

② 同上。

金和学费减免等奖励，还包括勤工俭学所获得的资金。北京一位获得国家奖学金的同学告诉我们：

"我拿到国家一等奖学金，心里确实有些压力。我拿到奖学金之后，要求自己更加刻苦学习，另外再有什么困难补助的机会，我就不再申请了，这样可以让更多的同学得到资助。"①

正因为金额太高，有些学校在执行中进行了一定程度的调整。

"减免学费应该有，获得了国家奖学金的同学好像就要减免学费，只不过我们院是把国家奖学金分给了几个人，有的人就不减免学费了，这样挺好的，资助的人更多了。"②

2. 部分学校对该政策要求的做法有非议

有些学校认为国家奖学金政策及相关扶贫政策需要学校进行资金支持，导致学校经费困难，有的学校表示宁愿一个也不要。

"我们学校严格执行国家教委的文件，但由于要配套减免学费，我们感觉有些减免不起。"

类似于学校配套给予资助的政策以行政命令的方式执行却给各学校带来了压力，所以，有些学校在强硬的政策命令下采取了不同的变通方法，如减免一半或者干脆就不减免等多种措施。

关于这个问题，学校主管领导当然有自己的想法。有的领导认为国家教育主管部门在制定政策时存在不合理现象，这种情况不仅体现在贫困助学中，也体现在其他的政策中：

"如教委认定学校收补考费、重修费是乱收费行为，学校就认为不合理。"③

由此我们能够看出，在奖学金改革的过程之中，对于国家、高校和学生之间利益关系的处理是需要解决的重要问题。奖学金政策的改革需要在多方利益体之中寻找到平衡点，扶助贫困大学生的本质其实是利益分配的重组问题，假如改革后的政策无法使多方利益体共同接受，那么其在实施

---

① 吴庆：《公平述求与贫困治理——中国城市贫困大学生群体现状与社会救助政策》，社会科学文献出版社 2005 年版，第 58 页。

② 吴庆：《公平述求与贫困治理——中国城市贫困大学生群体现状与社会救助政策》，社会科学文献出版社 2005 年版，第 59 页。

③ 吴庆：《公平述求与贫困治理——中国城市贫困大学生群体现状与社会救助政策》，社会科学文献出版社 2005 年版，第 59—60 页。

时就会产生多方利益体的相互博弈，这种博弈最终会使改革后的政策偏离原来的轨道，或者受到多方的变相抵触。

3. 存在“名不副实”的问题

国家奖学金按名称来看，应该是大学中最高等的奖学金，应该是最优秀的人得到。但只能是困难大学生得，优秀学生就会有所不平衡，好像“越困难越光荣的样子”。

这个建议还是有一定的道理的。因为名称而带来的误解在社会上广泛存在。

4. 结论

总之，通过调查，我们认为，在国家奖学金名称及资助减免金额的设置上的确有进一步商榷的必要。为了使国家的资金真正达到扶困的目的，我们需要在实践中进一步完善国家奖学金政策。

第二节　国家助学贷款以及生源地信用助学贷款政策

一、国家助学贷款及政策执行

（一）国家助学贷款

国家助学贷款指的是经过国家指导，采用金融财政的方法对国家的教育事业进行扶助，最终能够帮助我国的教育能够良好、持续发展的一个教育项目。详细来说，它指的是国家使用财政补贴利息的形式，利用国家的权威性对金融机构（主要是银行）提出要求，使得这些金融机构能够贷款给那些因为家庭困难原因而不能上学的贫困大学生，让这些贫困大学生也能够进入到高校，接受高等教育。经过十多年的发展，我国国家助学贷款项目已经成为我国教育资助体系中最为重要的一部分。这对促进我国高等教育事业的发展起着重要的作用。

（二）政策执行

目前学界对政策执行的概念主要有两类。一类是以琼斯为代表的行动学派认为："政策执行是将一项政策付诸实施的各项活动，在诸多活动中，又以解释、组织和实施三者最为重要。所谓解释是将政策的内容转化为民众所能接受和理解的指令；所谓组织是指建立政策执行机构，拟订执行的办法，从而实现政策目标；所谓实施是由执行机关提供例行的服务与设备，支付经费，从而完成议定的政策目标。"在行动学派看来，政策执行是实现政策目标的一系列活动或者过程，在这一过程中，政策对行为起着导向作用。另一类是以斯诺和特里林为代表的组织理论学派，他们则认为："任何一项化观念为行动的行为都涉及某种简化工作，而组织机构正是从事这种简化工作的主体，是它们把问题解剖成具体可以管理的工作项目，再将这些项目分配给专业化的机构去执行。"在他们看来，政策执行是一种活动或者行为，它是动态的过程，并且非常强调组织在政策行动中的作用——通过执行发现问题，修正政策目标与政策行为。

综合上述两学派的研究，笔者认为政策执行是指政策执行者为了达到政策目标而建立专门的组织机构，充分调动各种资源，采取各种行动（包括政策解释、建立执行组织、政策实验、政策控制等一系列活动）将政策由观念形态转化为现实形态的一系列活动过程，它是达成政策目标的唯一渠道。政策执行作为政策活动的一部分，具有实现政策目标的中介作用，这种中介活动尽管是一种程序化活动，但是并非固定不变的；反之，它处于一种动态变化的过程中。也正是基于政策执行的存在，政策由观念形态转化为现实的结果才成为可能。

（三）国家助学贷款政策执行

国家助学贷款政策作为一种教育政策，怎样对其进行执行是需要进行一个清晰的界定的，对于该项政策，我们需要能够分清国家助学贷款的利益主体。国家助学贷款运行过程中主要有国家、银行、学校、贷款学生四类利益主体。在这四者中，国家是最为重要的主导者，它不仅是国家助学贷款政策的制定者，也是对政策进行不断完善的主体，更是助学贷款资金的提供者和补偿者。银行与学校同样作为该项政策的利益主体，其在国家助学贷款过程中也起着解释、组织与实施的作用，将国家的教育政策进一步由观念形态转化为现实形态，在国家助学贷款的过程中扮演着重要的角色。而对于政策执行最下层的贷款学生，政策到此并非意味着政策的终结；相反，贷款学生对政策实施结果的反馈对政策的修正起着重要作用。因此，我们将国家助学贷款政策执行定义为：为保证贫困大学生获得平等接受教育的机会，由国家主导，利用金融财政手段将银行、学校、个人等利益相关主体纳入统一的政策执行体系中来，将国家助学贷款政策由观念形态转化为现实形态，以满足贫困大学生接受高等教育的需要的一系列活动的总括。国家助学贷款政策执行首先通过解释宣传将国家助学贷款政策内容告知政策受益者，然后建立各种相关的组织机构，拟订国家助学贷款政策实施办法，并按照拟订的办法实施国家助学贷款政策，最终实现将观念中的政策转化为现实的可获得的政策结果。

二、国家助学贷款政策的执行现状

国家助学贷款是我国高校资助政策之中重要的一部分，该政策可以帮助贫困大学生有机会平等受到高等教育。属于我国高等院校的民族院校也能够在国家助学贷款政策之中获利，这对于少数民族地区的教育发展而言有着深刻而积极的作用。为了进一步了解高校国家助学贷款实施状况，我们选择以某民族大学为实例，进行了问卷调查，并对此做了实证研究与分析。

（一）调查设计

1. 调查对象

为使结论更具针对性，保证研究结果的可靠，调查对象限定为该校本科生。为保证调查结果的真实性，该论文将研究对象进一步细分，为此在调查对象的选取上包括已经获得国家助学贷款的学生和未获得国家助学贷款的学生。

2. 调查方法

调查采取随机抽样的方法，一共发放 500 份调查问卷，回收问卷 486

份，回收率达到97.2%，其中有效问卷469份，有效率达到96.5%。

3. 调查内容

调查内容包括被调查学生的基本信息；是否具有国家助学贷款申请意愿；国家助学贷款信息的了解程度与信息获取渠道；申请或者不申请国家助学贷款的原因；诚信评价；获得国家助学贷款的影响；国家助学贷款还贷压力与所学专业还贷预期；国家助学贷款的改进意见。

4. 统计工具

本次调查采用“统计产品与服务解决方案”软件（SPSS 17.0）对调查数据进行统计与分析。

（二）调查结果与分析

1. 基本情况介绍

基本情况包括性别、民族、专业情况。统计结果显示，被调查者当中男生占38.8%，女生占61.2%，汉族学生占到调查总数的52%，而少数民族学生占48%，其中文科类专业比例为41.2%，理工类比例为53.7%，艺体类比例为2.3%，其他专业比例为2.8%。

2. 申请意愿与实际获得贷款情况

在调查中，有申请国家助学贷款意愿的学生为216名，并且这216名学生之中有110名学生成功申请并获得了国家助学贷款，占到申请意愿人数的50.9%，另外递交了申请但是没有获得国家助学贷款的学生为33人，占15.3%，而从未递交申请的学生达到73人，占到样本比例的33.8%，这说明在该校国家助学贷款的实际需求要远远大于实际所供给。其中获得国家助学贷款的群体中农村户口占到74.5%，乡镇户口为14.5%，而城市户口为近11%，这也证明了国家助学贷款的主要受益群体还是农村的贫困大学生。

3. 申请贷款的原因和未申请贷款的原因

根据高等教育成本分担的原则，每个接受高等教育的学生必须支付相应的成本。对家庭困难的贫困大学生来说，国家助学贷款是一种较为良好的扶助方式。在216名有意愿申请国家助学贷款的学生之中，我们调查到有很大一部分的学生是由于自身家庭的经济较为困难，不足以支撑学生进入高校进行学习，或者勉强才能够支付学生的学费才选择助学贷款，这一比例占总数的78.7%。也有5.1%的学生是想经济上独立而考虑贷款，另外还有16.2%的学生是基于国家助学贷款是一种无息贷款，在读书期间无须支付利息，他们希望通过国家助学贷款满足自己某些非必需品的需求。这一方面说明国家助学贷款在很大程度上发挥了助困的作用，成为大多数贫困学子用以缓解经济压力的选择之一；另一方面也反映出国家助学贷款政策在实际的执行过程中确实出现了偏差，损害了部分贫困大学生的利益，影响到了政策的执行效果。

在对为什么不将国家助学贷款作为筹资方式的调查中，我们选取具有需求意愿但是从未递交申请的学生作为样本总量，通过统计发现，这些具有需求意愿的学生不将国家助学贷款作为首要资助方式的主要原因之一便是贷款手续烦琐。因为在国家助学贷款的申请过程中，无论是申请前的证明，申请中的认定，以及申请后的审核，手续都十分繁杂。每一道程序都是一个手印和一个公章，需要耗费了大量的时间与精力，并且一次申请年限仅为一年，之后需要申请时又需要再次进行相关的审核与认定（再次申请国家助学贷款需要提供申请者在上一个学年的成绩单并由学院出具加盖公章的品行表现证明材料），这让许多学生怨声载道，因此便放弃了贷款的念头。另外，一些学生觉得国家助学贷款名额有限、贷款年限太短、贷款的透明度不高，使得自己并没有希望能够争取到国家助学贷款，因此即便需要国家助学贷款帮助自己完成学业，他们也放弃选择国家助学贷款而转向其他渠道。

4. 贷款学生诚信问题

国家助学贷款是一种优惠性的贷款，需要申请人在贷款前进行资格认证，并且在贷款后的使用以及在最后的还款方面都需要申请人保持诚信。因此，我们在调查中使用第三方评价，将那些并没有申请到国家助学贷款的学生也纳入我们的调查样本之中，这样更能够反映出学生的诚信现状。通常情况下，我们认为调查时贷款的学生被其他学生认为是需要国家助学贷款的对象，那么就证明该学生并不存在“恶意”贷款的情况，该学生的诚信较高；如果其他学生认为国家助学贷款并没有给予最需要的人，并且申请人出现将国家助学贷款用于非学业用途的行为，则证明存在不诚信行为，学生诚信度较低。统计结果显示，有很多学生认为一些申请获得国家助学贷款的学生存在不诚信行为，他们将贷款用作非必需的学业行为。尽管大多数高校国家助学贷款基本以代扣学费的方式发放，但是有调查者反映一些学生，家长给了学费，但是他们将学费存在银行，而利用国家助学贷款缴纳学费，等到毕业后再将存入的钱取出来还贷，还可以获得四年的利息，而且他们可以将部分学费拿去做其他一些诸如炒股、小本创业的投资活动。这些都反映出国家助学贷款在实际操作过程中确实存在一定程度的学生不诚信行为。

5. 申请国家助学贷款对学生的影响

通过调查我们发现，大部分学生认为申请到国家助学贷款的学生经济压力变小，申请到国家助学贷款的学生能够以更好的精力投入学习中去，学习效率有着明显的提高。但是我们也发现，有很大一部分学生认为一些学生因为申请了国家助学贷款而担心还不起贷款或者怕经济隐私暴露而受到"有色眼镜"待遇感到压力很大。这也一定程度反映了国家助学贷款的宣传还不到位，让大家对国家助学贷款产生认识误区。另外，当代大学生的心理素质也待加强。

6. 国家助学贷款还贷压力与所学专业还贷预期

调查结果显示，申请贷款的学生中，认为还贷压力非常重的占 36%，还贷压力比较重的为 59. 1%，还贷压力一般的为 34. 5%，而认为还贷压力较轻的仅为 2. 7%。这说明大多数申请国家助学贷款的学生认为未来存在太多不确定因素，预期还贷压力比较重。另外，在所学专业还贷预期中，我们发现有 55 名学生认为自己所学专业在未来就业市场中存在较强的竞争力，还贷压力不是太重。而有 46 名学生觉得无法预估未来就业市场如何则持有保守态度，这反映出很大一部分学生对自己所学专业在未来就业市场中竞争力还是持有怀疑态度的。另外，我们发现在选择悲观与很悲观的学生中，文科学生人数为 7 人，远大于理科人数的 2 人。这说明相比理科生而言，文科专业的受助学生更认为自己在未来就业市场中竞争力不大，这大大增加了其还贷压力。

7. 国家助学贷款改进意见

我们在调查中发现，绝大部分的学生普遍认为国家助学贷款真正地帮助了贫困大学生解决无法受到高等教育的问题，是一项非常值得肯定的政策，但是在其实施的过程之中还需要不断完善和改进。这些意见一方面主要集中在要精简程序、延长还款时限、增加还款方式等制度条款的改进上；另一方面则主要表现在建议加强对贫困大学生的审核与认定，提高国家助学贷款执行中的公平性，防止出现有些学生边贷款边用“苹果”（注：苹果系列如手机、电脑等）的现象，也避免一些真正困难的学生出现没办法贷到款的情况。另外，在提高经办人员服务态度上也有不少学生提出需要提高服务质量的建议。

三、生源地信用助学贷款

2007 年 5 月，财政部、教育部和国家开发银行决定在部分地区开展生源地信用助学贷款试点工作。江苏、湖北、重庆、陕西、甘肃成为首批试点省、市。2009 年，全国学生资助工作会议提出，全国所有的省、直辖市、自治区都将全面开展生源地信用助学贷款，全面实现家庭经济困难学生贷款上学的目标，生源地贷款有很多好处，如：扩大了受助人的范围延长了还款周期，最长不超过 14 年；改变了利息的计收方式，学生在校期间的利息由国家财政给予补贴；增加学生家长共同贷款、共同承担还款的责任。同时，生源地信用助学贷款在身份认定、信用约束等方面优势突出。学生在当地贷款，当地银行比较容易调查学生家庭经济困难的情况，学生在当地就可以取得贷款，从而顺利报到入学；贷款发生在生源所在地，还便于跟踪和管理学生还款。

（一）生源地信用助学贷款概述

生源地信用助学贷款指的是国家开发银行向符合条件的普通高校的新生贫困大学生和在校生，如家庭经济困难的贫困大学生，所发放的、在学生入学前户籍所在县、市、区办理的助学贷款。贷款资金的主要功能是支付贫困大学生的学费以及在校期间的住宿费。生源地信用助学贷款是国家助学贷款的重要组成部分。2008 年以来，生源地信用助学贷款工作，继续以国家开发银行为主承办，同时鼓励其他银行类金融机构开展此项业务。

具体承办银行由各地财政、教育、银监部门与国家开发银行等金融机构协商。

1. 贷款主体及还款责任

生源地信用助学贷款主体为家庭经济困难的普通高校新生和在校生。生源地信用助学贷款为信用贷款，学生和家长为共同贷款人，共同承担还款责任。

2. 学生申请生源地信用助学贷款的条件

具有中华人民共和国国籍；诚实守信；遵纪守法；已被根据国家有关规定批准设立、实施高等学历教育的全日制普通本科高校，高等职业学校和高等专科学校正式录取，取得真实、合法、有效的录取通知书的新生或高校在读学生；学生本人入学前户籍、其父母户籍均在本县（市、区）；家庭经济困难，所能获得的收入不足以支付在校期间完成学业所需的基本费用。

3. 贷款申请及还款期限

根据生源地信用助学贷款的规定，每个学生每年申请的贷款原则上最高不得超过 6000 元，该资金的作用是支付学生的学费以及住宿费。如果高校在校生已经获得国家助学贷款，不可以同时申请生源地信用助学贷款；贷款期限，原则上按全日制本专科学制加 10 年，最长不超过 14 年。学制超过 4 年或继续攻读研究生学位、第二学士学位的，相应缩短学生毕业后的还贷期限。学生在校及毕业后两年期间为宽限期，宽限期后由学生和家长按贷款合同约定，按年度分期偿还贷款本息。

4. 贷款利率

生源地信用助学贷款利率执行中国人民银行同期公布的同档次基准利率，不上浮。生源地信用助学贷款利息按年计收，学生在校期间的利息由财政全额贴息，毕业后的利息由学生和家长（或其他法定监护人）共同负担。

5. 贴息和风险补偿金

①利息。贷款学生在校期间的利息全部由财政补贴。其中，考入中央部属高校的学生，其贷款贴息由中央财政承担；考入地方高校的学生，跨

省就读的，其贷款贴息由中央财政承担；在本省就读的，其贷款贴息由地方财政负担。贷款学生毕业后利息全部由学生及家长负担。

②风险补偿金。建立生源地信用助学贷款风险补偿专项资金，风险补偿金比例按当年贷款发生额的15%确定。

③贴息和风险补偿金管理。中央和地方负担的贴息及风险补偿金分别由全国学生资助管理中心和各省级学生资助管理中心负责归集。每年12月20日前，向开展生源地信用助学贷款的经办银行及时足额划拨，由经办银行实行专户管理，主要用于弥补贷款违约损失等有利于防范风险和加强管理的费用。

（二）生源地信用助学贷款特点

生源地信用助学贷款每个学生每年可申请6000元，最长可达14年。与以前相比，贷款期限更加合理，更加符合助学贷款的实际。与高校国家助学贷款一样，学生在校期间的利息由财政全额贴息，毕业后由学生和家长自负。财政部、教育部和国家开发银行决定，秋季开学前在甘肃、重庆、湖北、江苏、陕西等5省市开展生源地信用助学贷款试点工作。生源地信用助学贷款与原有的高校国家助学贷款相比有以下特点：

1. 在信用约束方面优势突出

为了能够使我国家庭困难的贫困大学生都能够接受高等教育、职业教育，中央决定从2007年的秋季开始，制定、完善一套家庭经济困难贫困大学生资助体系，加大扶助的力度，提高扶助的金额，力求从政策上解决我国家庭经济困难贫困大学生的高等教育问题。这是继全国全部免除农村义务教育阶段学杂费之后，促进教育公平的又一件大事。各级财政2007年下半年投入154亿元，2008年全年投入308亿元以上。目前，省、市所属普通本科高校、高等职业学校家庭经济困难学生获得国家助学贷款的人数占在校生总人数的比例相对较低，经办银行对有的学校要求较高，有的学校申请办理贷款的手续比较繁杂。教育部有关负责人指出，在新的资助政策体系中，生源地信用助学贷款是一个重要的内容，它是近年来一些地方在推进国家助学贷款过程中探索出的比较符合金融属性、能够可持续发展的一个助学贷款方式，其在信用约束、贷后管理等方面优势突出，是国家助学贷款政策的重要组成部分。本着审慎稳妥、逐步推进的原则，财政部、教育部和国家开发银行决定首先在5省市进行试点，待取得经验后，逐步在全国范围内推广。

2. 贷款方式更灵活，便于跟踪

在实行5省试点之前，已经有一些地区开始尝试进行生源地助学贷款，并且收到较好的反馈。根据这些地区的高校和办理的银行反馈，生源地助学贷款与国家助学贷款相比有如下几个特点：一是学生在当地贷款，当地银行比较容易调查学生家庭经济困难的情况，操作比较方便，成本较低；二是学生在当地就可以取得贷款，在入学前就可获得国家的资助，从而顺利到校报到入学；三是由于贷款发生在生源所在地，学生还款便于跟踪和管理，比原有高校国家助学贷款更加灵活。财政部，教育部和国家开发银行联合开展的生源地信用助学贷款试点将有利于进一步提高助学贷款的覆盖面，满足更多家庭经济困难学生的贷款需求。据江苏、甘肃等省学生贷款管理中心负责人介绍，以前他们自行开展的生源地贷款，必须要有担保人，但困难学生在乡村有时很难找到合适的担保人，最终享受不到贷款。因此，新的办法由担保贷款变为信用贷款，取消担保人，以贷款人的信用来作担保。

3. 县级资助管理中心至关重要

为推动这5省市做好试点工作，2007年8月1日，财政部、教育部、国家开发银行在北京联合召开会议，进行了紧急动员和部署。8月13日，三部门联合下发《关于在部分地区开展生源地信用助学贷款试点的通知》，对国家生源地信用助学贷款政策进行规定，对试点工作提出了要求。教育部负责人指出，各地县级教育局必须按照要求尽快成立学生资助管理中心。在县级教育行政部门成立资助中心，是做好生源地信用助学贷款试点工作的需要，也是贯彻落实新资助政策体系整体工作的需要。在整体资助工作方面，县级资助中心不仅在生源地信用助学贷款工作中承担了学生家庭经济状况的认定、贷款需求的编制、贷款的申请和初审以及将来的催还贷款等工作，而且还承担了中等职业学校国家助学金的管理、高校和中职学生家庭经济状况等基础信息的收集、整理、汇总等工作。

第三节　勤工助学政策

一、勤工助学政策的研究

勤工助学又被人们普遍称为勤工俭学，指的是高校在校生在高校之中的规定部门、组织的引导下利用课余时间或假期在校内外通过自己的劳动获取报酬的社会实践活动。关于勤工助学政策，从1990年1月20日起开始实施的《普通高等学校学生管理规定》中第三章“课外活动”中第三节就有很具体的说明，但当时用的都是勤工俭学的表达方式。其中第四十七条规定：“学校提倡和支持学生开展勤工俭学活动，依法保护学生以诚实和服务获得的收入。学生勤工俭学活动的主要内容是，与专业学习相结合的科学技术和文化服务；有利于培养劳动观念和自立精神的劳动服务。依照学校和工商行政管理规定，学生可以参加学校组织的各种勤工俭学活动。”第四十八条规定：“学生应树立劳动观念，虚心向工、农、兵学习。学校提倡学生积极参加公益劳动、生产劳动和假期社会实践活动。”第四十九条规定：“除商业和旅游类校（院）系科（专业）可举办实习商店外，学生个人不得从事经商活动。”

目前高校多数用“勤工助学”作为表达方式的原因是什么呢？笔者认为这其实是反映出观念的改变。在过去，这种行为是一种管理行为，是需要学生进行实践，政府去管理，学校需要去规范学生，但是并没有对特困生有特殊的照顾；现在的勤工助学更多地体现出政府的责任，是政府来帮助贫困大学生，虽然也可以理解为自助，但是政府、学校更应该尽到责任，勤工俭学与勤工助学虽一字之差，但却蕴含着一种深刻的变化。

现在，我国的高校生勤工助学政策体系的框架已经具有初步的规模，高校为在校生提供勤工助学的活动是我国高等院校改革收费制度举措中的一项重要项目。这项活动的目的在于不仅能够促进学生德、智、体、美全面发展，而且可以使学生通过参加劳动取得相应报酬，这是使广大学生，特别是家庭经济困难学生，安心完成在校学业的一种资助办法。为了规范该项工作，体现政府对贫困大学生的关心，教育部和财政部制定了相关政策，主要包括《国家教委、财政部关于进一步做好高等学校勤工助学工作意见的通知》（教财〔1993〕62 号）和《国家教委、财政部关于在普通高等学校设立勤工助学基金的通知》（教财〔1994〕35 号）。此外，1999 年，教育部、财政部在《关于进一步加强高校资助经济困难学生工作的通知》（教财〔1999〕7 号）中，对 35 号文件有关条文做了修改，规定："从今年（1999 年）9 月 1 日新学年开始，各学校每年须从学费中划出 10%（原文为 5%）的经费，专门用于勤工助学活动，适当提高勤工助学补助标准，加大对特殊困难学生的补助力度。原文其他内容继续执行。"这几个重要的文件基本上形成了关于在高校开展勤工助学的国家政策框架。

国家要通过勤工助学的形式使用资金去帮助贫困大学生上学，那么这些资金的来源是什么？我国对各大高等院校有明确规定，要求其设立"勤工助学基金"用来专门支付在校内勤工助学的大学生的报酬。"勤工助学基金"设立的目的是保证高等院校勤工助学活动的资金能够有稳定的来源，使这项工作逐步走向经常化、规范化，使家庭经济困难的学生，尤其是特困生得到有效资助，以完成学业。勤工助学基金主要有四个来源：①在教育事业费中，根据国家任务学生数，按照每生每月 3—5 元标准提取的经费；②从学费收入中划出 10%的经费；③从学校预算外收入中划出一定比例的经费；④基金增值。

经费如何管理？国家规定：①勤工助学基金应专项管理，集中使用，不得挤占和挪用，不得平均发放，并要指定专门机构和专人负责此项经费的管理与使用；②各高等学校要把勤工助学活动作为一项长期任务，把此项工作与学校综合改革结合起来，制定和完善勤工助学基金的筹措、使用与管理制度，报主管部门批准后执行。

勤工助学岗位如何设置？教育部同时规定，高等学校的勤工助学岗位可以为参加校内的助教、助研、助管、实验室、校办产业的生产活动和后勤服务及各项公益劳动的岗位，不得组织学生参加高空作业、严重污染、辐射等极易对人体造成伤害和危险的特殊行业和专业的劳动。各高等学校必须结合当前人事制度和校内管理体制改革的需要，积极推进研究生兼任"助教、助研、助管"工作，力争使 50%以上的在校研究生能够拥有"三助”岗位；积极引导经济困难学生参加勤工助学，努力开辟、增加新的勤工助学岗位。

如何给予学生报酬？教育部规定，学生参加勤工助学劳动报酬的标准要合理适当。高等学校可参照当地同类工种或岗位的酬劳标准，并结合学生的实际生活标准予以确定，原则上不低于当地同类人员的酬劳标准，也可适当提高，以充分体现资助经济困难学生的原则等。

勤工助学的政策如何执行？从政府部门来讲，由教育部门具体负责组织实施。根据教育部、财政部的相关精神，部分省、自治区、直辖市主管部门也出台了相应的管理办法。而勤工助学的具体执行机构是各学校勤工助学中心及类似部门。教育部规定，勤工助学活动作为一项主要的日常工作和深化高校改革的一项重要内容，学校要予以高度重视，并采取切实措施，积极加以组织领导，要充分发挥学校有关部门、党团组织、学生会等方面的作用，共同配合，积极推动，不断总结完善提高。高校还需要指派工作人员负责勤工助学部门的工作，要能够切实地实施勤工助学的政策，根据高校自身情况完善相关的制度加强管理。对于规模较大的学校，也可设立专门的机构和专人负责勤工助学的组织和管理工作。各高等学校应建立以学生工作部门牵头，由学校教务处、财务处、保卫处以及学生组织共同组成的学生勤工助学活动管理和服务的专门机构，并落实专职和兼职人员实施管理和提供服务。1995 年前后，全国高校纷纷成立勤工助学管理机构。至今大多数高校管理机构仍为勤工助学办公室，即学生处（部）下属科级行政办公室。各学校也制定了相应的管理办法，这些具体的办法与前面的国家和各地方的政策文件一起，构成了中国勤工助学的政策体系。

学校勤工助学中心的职责是：①在校内相关部门的配合下，设置校内勤工助学岗位，制定报酬标准，推荐和指导学生参加校内勤工助学活动，并负责报酬的发放和管理工作。②接受并审批学生参加校外勤工助学活动的申请，管理本校学生校外勤工助学活动，为学生和用人单位提供中介服务，维护学校、学生和用人单位在勤工助学活动中的合法权益。③切实做好学生的思想政治教育工作，指导学生在勤工助学活动中，正确参与，劳逸结合，促进德、智、体、美等方面健康发展。④对因参加勤工助学活动而影响专业学习或违反校纪校规以及协议的学生，有权调整或终止其参加勤工助学活动，问题严重者，可建议学校暂停或取消该生参加勤工助学活动的资格。⑤实施其他有关勤工助学活动的管理和服务项目。

学校在以下方面对勤工助学活动要加强服务、引导和管理：①学生个人自行到社会兼职工作或从事勤工助学，一般应限于假期。②学校应要求学生遵守国家法律、法规和学校的规章制度，不能影响学校教学、科研、生产、生活的正常秩序和校园校容、宿舍管理，要自尊自重，诚实劳动。③学校要帮助大学生学会提高法制观念，维护个人合法权益。④学校组织开展勤工助学活动时，要首先安排家庭经济特别困难的学生，然后再考虑其他学生，以体现国家和学校对部分学生的关心和照顾。⑤学校应要求用人单位和个人及时发放学生的劳动报酬，任何单位和个人不得克扣和拖欠学生的劳动报酬。⑥学校可对在勤工助学活动中表现突出或有贡献的学生给予表彰和奖励，对勤工助学工作成绩显著的单位和工作人员给予表彰和奖励，以推动这项工作的开展。

二、勤工助学政策的意义

勤工以明志，助学以致远。高校加大勤工助学体系建设力度，充分发挥勤工助学的解困助学、励志育人的双重功能，不仅是顺应教育改革发展形势的需要，也是服务于大学生成长成才的需要。

（一）促进教育公平的有效措施

教育公平是社会公平的重要基础，促进教育公平是我国最基本的教育政策。高校勤工助学体系是国家在高校建立“绿色通道”和“奖、贷、助、补、减”等多位一体的家庭经济困难学生资助体系的组成部分，是保障家庭经济困难学生享有平等接受高等教育机会和权利的有力举措，是促进教育公平的重要体现。

另外，伴随着知识和技能的价值越来越充分显现、社会主义民主法制不断完善、公民维权意识不断增强、群众文化生活日益丰富，社会对教育公平、教育质量更是关注，所以我们采取有效措施，加强高校勤工助学体系建设，着力建设好事关贫困大学生切身利益的民生工程，缓解他们的经济压力，回应社会关切，促进教育公平。

（二）强化思想政治教育的重要载体

加强和改进大学生思想政治教育事关广大青年学生的健康成长，事关国家和民族的前途与命运。社会实践活动是强化学生思想政治教育的重要举措，而勤工助学是社会实践的重要内容之一。高校将思想政治教育融入勤工助学活动，既能增强思想政治教育的渗透力，维护高校和谐稳定局面，又能提升勤工助学的工作水平，发挥勤工助学应有的作用。

目前，中国的总体国力、经济水平以及国际影响力正在不断提高，不过在这一过程中也出现了一些深层次的社会矛盾。我国的高等院校在社会制度不断变革的今天、在社会利益不断深化的当前、在教育观念与思想观念越发复杂的当下以及在教育发展与任务沉重繁杂的背景下面临着前所未有的全新问题和挑战。高校通过开展勤工助学活动，组织大学生走向社会参加生产劳动，实现理论教育与社会实践的有机结合，能帮助他们更加真切地了解世情、国情、社情、民情，增强社会责任感和使命感，加深对党的路线、方针、政策的理解，激发他们的爱国热情、危机感和责任心；能帮助他们更加自觉地培养劳动观念、自立自强意识和良好职业道德，锤炼健全的意志品质，促进思想道德素质、科学文化素质和身心健康素质协调发展。

（三）缓解家庭经济困难学生的经济压力

当前国家制定了高校如贫困大学生“奖、贷、助、补、减”等一系列帮助大学生就学的优惠政策和激励机制，资助力度大，效果明显。但从实际操作的过程中，可以看出，勤工助学是缓解学生经济压力的最好办法，贫困大学生通过参与勤工助学活动，通过劳动获取报酬，既能减轻父母经济压力又能帮助自己顺利完成学业。

目前，引发大学生家庭经济困难的因素有很多，归纳起来主要有：受历史和自然因素影响，地处经济欠发达地区或农村地区家庭的经济来源十分有限；家庭遭受变故，如天灾人祸、父母离异、下岗或丧失劳动能力等，造成经济极其困难，正常经济收入来源没有保障；父母文化水平低下，没有或缺少维持生计的能力等。从一定程度上看，越是来自这类家庭的学生，越是承载着家庭的希望。构建高校勤工助学体系，推动高校勤工助学工作，一方面能为大学生用实际行动回报父母养育之恩搭建平台、创造条件；另一方面能增强父母对学生自食其力、学习成才的信心，最终形成经济困难家庭摆脱困境的合力，共同努力改变家庭经济状况，渡过生活上的暂时困难。

（四）培养学生实践能力

育人是高校的首要任务。勤工助学不仅能让家庭经济贫困的学生通过自身的劳动缓解生活困难问题和精神困乏问题，提高贫困大学生自身解困能力和逆境成才能力，逐步实现贫困大学生由外部“输血”到自身“造血”的转变，还可以培养学生的自强自立意识，提高综合素质。具体地说：

一是有利于提高学生的社会适应能力。勤工助学是大学生深入社会、了解社会、认识社会的重要渠道，也是受教育、长才干、作贡献的重要载体。教育引导学生参与勤工助学活动，能促使学生根据所处的环境及时调整社会角色并承担相应的责任和义务，增强自身的社会适应能力、就业能力、竞争能力，提高社会责任感。

二是有利于提高学生的实践探索能力。勤工助学是大学生自我教育、自我管理的重要形式。大学生参与勤工助学的过程，不仅是把所学知识应用于具体实践的过程，而且是利用所学知识解决实际问题的过程。在这些过程中，既能促使他们增进对所学知识的理解、提高专业学习和知识应用的能力，又能促使他们在学与做当中不断思与行，充分发挥自身的潜能，找到解决实际问题的方法，提高实践动手能力。

三是有利于提高学生的心理承受能力。勤工助学是使大学生心理渐趋成熟的必要手段。大学生通过参加勤工助学活动，能树立起积极向上的人生信念、奋发的学习精神和正确的世界观、人生观、价值观，在学习、生活中调整好自己的心态、摆正自己的位置，主动建立起良好的人际关系，对社会、生活和他人产生积极的评价和态度，促使其形成健康的身心。

四是有利于提高学生的自我规划能力。勤工助学是实践过程与认识过程的统一。大学生参加勤工助学活动，在对社情、国情、民情深入了解的基础上，结合专业特点、知识结构、个性特征、兴趣爱好等，能对自身的发展方向、人生规划进行适当的设计、调整、完善，使个人发展能适应社会发展的需要，增强学生主动、合理规划个人职业生涯的意识和能力。

三、我国高校勤工助学的现状

（一）高校勤工助学工作主要成绩和优势

推进高校勤工助学的改革和发展是中国教育界的一项重要任务。从调查的访谈结果中可以清楚地看到，近十年来高校勤工助学的实践成果和发展前景。可以肯定地说，勤工助学活动实现了健康、稳步发展，基本解决了大学生顺利完成学业的后顾之忧。回首国内外高校勤工助学发展历程和勤工助学典型经验，我国老一辈无产阶级革命家给我们树立了光辉典范。高校勤工助学将不仅帮助大学生掌握系统的理论知识，提高实践能力，顺利完成学业，而且使他们把握在勤工助学过程中带来的契机，培养创新意识、凝聚创造能力，为将来就业创业打下良好的基础，成为建设现代化社会主义的栋梁之才。勤工助学作为素质教育的重要手段，作为社会实践的重要组成部分，早已得到并将一直得到国家政府和教育职能部门以及高校的高度重视和社会认可，它也逐步成为高校大学生的自觉行为。成绩的取得得益于政府和社会的支持，也得益于广大高校勤工助学管理人员的艰辛努力。

1. 党和国家高度重视，为高校勤工助学提供政策依据

新中国成立以来，党和国家一直高度重视高校勤工助学工作，研究和制定了一系列文件、政策、规定，为高校勤工助学稳步、健康发展提供了政策和制度保障。1993 年开始，国家教委、国家发展和改革委员会、教育部、财政部等部门下发了《关于进一步做好高等学校勤工助学工作的通知》《关于在普通高等学校设立勤工助学基金的通知》《关于做好 2005 年高等学校收费工作有关问题的通知》《关于进一步加强和改进大学生思想政治教育的意见》《中共中央国务院关于进一步加强和改进大学生思想政治教育的意见》《关于进一步做好大学生勤工助学工作的意见》等文件，要求高校把勤工助学活动作为“改革的配套措施”和“学校重要的常规工作”认真对待，要求“高等学校每年必须从学费收入中提取 10%的经费，专款专用，通过各种方式资助贫困家庭学生，帮助贫困家庭学生解决实际问题，确保其不因家庭经济困难影响入学或中止学业”，要求高校积极组织学生参加社会调查、生产劳动、志愿服务、公益活动和勤工助学等社会实践活动，引导学生深入社会、了解社会、服务社会，在社会实践中成长成才并实现社会化。

2007 年 6 月 26 日，教育部、财政部印发了《高等学校勤工助学管理办法》明确学生参加勤工助学的时间原则上每周不超过 8 小时，每月不超过 40 小时，规定校内临时岗位每小时不低于 8 元人民币，按每个家庭经济困难学生月平均上岗工时不低于 20 小时为标准，测算出学期内全校每月需要的勤工助学总工时数（20 工时×家庭经济困难学生总数），统筹安排，设置校内勤工助学岗位，不允许组织学生参加有毒、有害和危险的生产作业以及超过学生身体承受能力，有碍学生健康的劳动，并明确了组织机构、学校的职责，学生勤工助学管理服务组织的职责，校外勤工助学活动的管理和法律责任，规范了高等学校学生勤工助学工作管理，促进了勤工助学活动健康、有序地开展，为高校勤工助学工作提供了坚强后盾和政策保障。根据“高校勤工助学状况及效果问卷调查统计表”中“大学生对高校勤工助学的评价”和“您对国家勤工助学政策的满意度”的调查得知，表示满意的 1297 人，比例达 70%。

根据“高校勤工助学状况及效果问卷调查统计表”中“大学生对高校勤工助学的评价”和“您认为高校勤工助学有必要吗?”的调查得知，认为有必要的达 90%，人数是 1668 人，没有学生觉得没必要。

2. 高校积极探索，为高校勤工助学发展积累了实践经验

在党和国家对高校勤工助学的重视下，各高校纷纷制定了符合本校校情的高校勤工助学管理办法，成立了勤工助学领导小组，领导小组下设勤工助学服务（指导）中心，配备专职管理人员，确保勤工助学工作有序开展。近年来，通过高校勤工助学工作人员的不懈努力和广大学生的积极参与，高校勤工助学取得了很多成绩，积累了很多实践经验。笔者为更深入、更全面了解全国高校勤工助学现状，除了对中南民族大学进行调研以外，还通过各种途径走访、调研其他知名高校的勤工助学情况，得知：全国高校勤工助学工作领导重视，勤工助学服务中心积极探索、勇于创新，方法措施形式多样、秩序井然、成绩显著。

北京大学勤工助学是面向全校所有学有余力的学生，并在同等条件下优先考虑家庭经济困难的学生。学校鼓励有条件的学生参加勤工助学活动，学生资助中心将为学生提供帮助。北京大学的勤工助学主要有三个项目和形式。一是家教服务。建立全校性的家教人才库，统一组织管理北大学生家教，随时向社会提供各个层次各种形式的家教服务，并与学生或学生家长保持经常性联系，采用双向式管理体制，进行及时跟踪，保证家教质量并可承担与各国留学生的双向教学联系。二是礼仪服务。学校勤工助学管理中心已有一支高水平的大学生礼仪队，他们由一批素质高、修养好、精通外语和公关技巧的研究生与本科生组成，可以为各种会议、企事业单位和公司庆典提供礼仪小姐、礼仪先生。三是校内服务。为校内各多媒体教室推荐学生教室助管员，挖掘勤工助学岗位，为校内各单位提供各种形式的临时性服务。

清华大学承诺："绝不让一名勤奋而有才华的学生因家庭经济困难而辍学。"因此，多年来，形成了以"奖、助、贷、勤、补"等措施相互补充的经济资助体系，其中，勤工助学是资助体系中主导型的措施。特别从2006年8月开始实施的新资助体系目标的"两个全部，两个增加"就强调了"大幅度增加校内勤工助学岗位"。

清华大学长期以来坚持将勤工助学活动作为培养学生全面发展、教育学生自立成才的一个平台，从育人的高度出发，组织勤工助学活动，将其作为德育工作的一个方面，而不是作为单纯的经济活动。在强化勤工助学育人功能的工作思路指导下，同学们自我管理、自我服务、自我教育的能力和意识得到了锻炼和提高，近年来在勤工助学活动中涌现出来的优秀学生代表为学校建设和发展等各项工作作出了积极贡献。

3. 社会大力支持，高校勤工助学和谐健康发展

勤工助学活动以校内岗位为根基，但也离不开社会这个大环境的支持。各高校坚持"校内挖掘、校外拓展"的工作方针，大胆尝试，多方寻求勤工助学岗位。一是勤工助学市场化。各高校在增设校内固定岗位的同时，积极同校外单位和个人开展合作，推荐贫困大学生利用节假日、双休日和课余时间从事调查研究、文化宣传等勤工助学工作，大胆尝试走勤工助学市场化道路，有效地拓宽勤工助学信息渠道。二是推进勤工助学实体化。成立勤工助学服务公司，走实体化道路，由学校出资负责项目的运作，让学生参与其中，促进助学基金从"输血"到"造血"功能的转化。

三是勤工助学专业化。高校充分发挥专业优势，引导学生学以致用，将济困助学与学生专业实习、社会实践、就业教育与社会融为一体，促进勤工助学从“劳务型”到“智力型”的功能转化，让广大学生既能巩固专业知识和专业技术，又能获得经济报酬。四是勤工助学公益化。加大了对勤工助学功能的宣传力度，并对贫困大学生的勤奋求学、自强不息等感人事迹及毕业后对社会的贡献与回报进行介绍，吸引并接受社会公益机构的扶贫救助，全方位地争取社会资源的资助。五是勤工助学功能由单纯的“济困”向“济困育人”的方向发展，学生在勤工助学过程中既能获得经济收益，又能从劳动中体验其中的苦与乐，这正是中华民族培养人才的根本途径。根据“高校勤工助学状况及效果问卷调查统计表”中“大学生对高校勤工助学的评价”对“您认为勤工助学市场化程度怎样”的调查得知，认为“高”的只有185人，占10%的比例。

根据“高校勤工助学状况及效果问卷调查统计表”中“大学生对高校勤工助学的评价”对“您认为勤工助学是否具有育人功能”的调查得知，认为“是”的达98%，认为“否”的人数为0。

4. 学生积极参与，高校勤工助学的有效覆盖面不断扩大

在国家政策的有力保障下，高校勤工助学投入不断增加，社会参与面日益广泛，自愿参加勤工助学活动的学生由贫困大学生扩展到非贫困大学生，越来越多的学生是借助勤工助学活动，展现自身价值，缓解经济上的压力，并为全面了解社会实际，及时修正、调整人生发展方向和目标，更好地设计自己的未来，为步入社会做好心理准备。学生的积极参与不仅扩大了高校勤工助学的规模，增加了高校勤工助学的有效覆盖面，还进一步提升了高校勤工助学的感染力。

根据“高校勤工助学状况及效果问卷调查统计表”中“大学生对高校勤工助学的评价”对“您认为参加勤工助学活动是否会影响学业”的调查得知，认为“会”的只有10%，认为“不会”的达65%。

根据“高校勤工助学状况及效果问卷调查统计表”中“大学生对高校勤工助学的评价”对“您经常从事哪种性质的岗位”的调查得知，“劳务型”岗位占70%，“智能技能型”岗位占20%，“管理型”岗位占8%，“专业研究型”岗位只占2%。

（二）我国高校勤工助学现状中存在的主要问题

我国高校勤工助学工作发展势头良好，但是在发展前进过程中，因各种因素还存在一些亟待解决的问题。

1. 宣传力度不够，学生认识不全面

最近几年，我国的高等院校勤工助学政策在国家的关注之下取得了不错的成绩，也为国家培养出了很多水平高、专业性强、综合素质过硬的复合型人才。但仍然存在着国家对高校勤工助学的政策宣传力度不够，导致社会和部分学生对国家政策认识不全面、理解不到位的问题。学生是勤工助学工作的主体。目前，学生对高校勤工助学性质的认识不到位，对参加这项活动的动机不明确。有的盲目从之，缺乏理性的思考，不能正确处理学业与勤工助学之间的关系，导致学业荒于“勤”；有的草率为之，思想没有真正放到勤工助学上来，导致事业荒于“勤”；有的片面待之，在勤工助学的认识上有偏颇、行动上有偏差，片面地认为勤工助学就是为了赚钱，以致“勤商助学”；有的随意弃之，部分贫困大学生往往碍于面子，或动力不足，或吃苦精神不够，以影响学习为由，放弃一些参加勤工助学发展的机会。这些问题不解决，极易影响学生的身心健康和成长。

2. 勤工助学管理体制需进一步完善

目前，全国高校基本上建立了勤工助学管理机构，对大学生勤工助学活动实行统一的组织、管理和服务。但是，少数高校勤工助学工作的机构设置、人员配备、规章制度、管理机制、信息反馈、奖惩制度、监督机制等还不够健全，导致勤工助学的整体效益较差，资源共享、梯度开发等无法实现，无法朝着以开发大学生实践教育市场为导向，满足大学生实践需要为宗旨的方向发展，更无法实现勤工助学基地化、产业化的建设。

3. 勤工助学政策落实不力

教育部、财政部规定各高校每年都要从所收取的学费收入中提取10%的资金，用于发放参加勤工助学学生的报酬，以及开展其他有关资助工作。但是，在实际资助工作中很多高校都没能达到这一标准，有些高校投入勤工助学的经费只占学费总额的1%，甚至有些高校没有设立专项资金，这与国家相关规定相差甚远。教育部和团中央明确规定的最低标准：“学生参加勤工助学劳动的报酬原则上不低于8元/小时”，但是面对总经费投入不足和贫困大学生数量不断增加的矛盾，高校在不能满足贫困大学生勤工助学岗位需求的同时，甚至还降低了勤工助学学生的单位时间工作报酬，直接影响到提供岗位的数量和质量。

4. 勤工助学育人功能不够突出

在实际工作中，有些高校或工作人员片面地认为勤工助学是帮困助学的重要组成部分，一味地追求为贫困大学生提供工作岗位，有的甚至是仅仅提供简单、重复、技术含量低的劳务型工作岗位，没有深层次开发勤工助学的育人功能，没有发挥勤工助学学生主动参与高校事务管理的积极作用，没有把勤工助学与巩固学生专业知识、提高学识水平、培养开拓创新能力、提高综合素质有机结合，无法实现教育与生产劳动相结合的目标。

5. 勤工助学岗位供给不足

勤工助学的岗位不足、经费不充裕与学生需求之间的矛盾，是当前高校勤工助学工作中面临的突出问题。首先，由于勤工助学在高校推行的时间普遍不长，没有引起广大教职工乃至社会的足够重视，以及对实施勤工助学的现实意义和重要性的认识不够；其次，高校设立的勤工助学岗位有限、形式单一、层次不高、结构不合理，大多只限于家教、卖报、散发宣传资料、资料整理、卫生保洁等较低层次的工作岗位，与学生专业发展结合紧密的知识型、智力型的岗位严重不足；最后，缺乏切实可行的市场开发和对外联络，导致勤工助学信息来源渠道较为狭窄。

6. 学生权益缺乏制度保障

在勤工俭学的工作过程之中，政府有责任和义务对其进行监督管理，社会则是在勤工助学的过程中起到监督和协助的作用。因为高等院校内的勤工助学职位数量有限，所以很多勤工助学的工作延展到了校外展开，政府和社会对此的监督、管理、协助的力度就大不如学校，他们并没有认真地参与到校外的勤工助学之中，导致学生合法利益受损现象出现，比如，有的学生无法与用人单位签订劳务合同，在劳动时间和报酬等方面发生纠纷后，学生的合法劳动权益无法得到有效保障，容易陷入被动地位；有的商家利用学生渴望赚钱的心理，通过高薪引诱学生做违法事情，有的非法中介以帮助学生介绍工作的名义，收取高额手续费后，以种种借口拖延，或介绍与承诺不相符的工作，坑害学生，直接影响了勤工助学校外市场的开发与推广。一些中介公司或个人利用大学生急于寻找兼职工作的心态，往往以押金或服务费的名义向学生收取一定的费用，钱到手后马上销声匿迹。另外，一些雇用者利用大学生对劳动保护法规的不熟悉，把他们视为廉价劳动力，对其工作环境和安全问题不加考虑，并且任意克扣拖欠工资报酬。还有的学生不懂得学校统一组织的重要性，私自从事一些校外勤工助学活动，很容易出现安全等问题，校方又很难进行有效干预。不少的纠纷很难得到合理合法的解决，最终受伤的是学生。

（三）我国高校勤工助学问题的原因分析

1. 贫困大学生自身的主观原因

普通学生与贫困大学生和勤工助学学生与非勤工助学学生，无论是在生活、学习还是思想上都有很大的不同。有一些勤工助学的学生误认为“勤工”与“助学”是不相关的，片面地追求金钱利益；而有些贫困大学生则认为“勤工助学”会耽误学习，不愿意参加这项活动；还有一些贫困大学生因为自尊心对“勤工助学”存在偏见，不想让周围的人知道他们的真实情况，甚至不希望接受他人的资助，对学校提供的勤工助学岗位不屑一顾，尤其是对体力劳动岗位更是瞧不起；有部分贫困大学生思想意识存在偏差，认为国家有资助政策，于是对学校存在着“等、靠、要”的思想；还有一部分学生，身为独生子女，缺乏劳动观念，没有吃苦精神。如一位大三的学生刘某，男孩，独生子，家贫。在家他根本不帮父母做家务，在学校无自理能力，在消费方面也没有计划，更无劳动能力，勤工助学更不愿参加，经济上只能靠父母劳动和学校支持，诸如这样的学生，将来是很难适应社会生活的。

2. 学制的管理缺乏弹性

目前我国大多数高校实行的是学年学分制，亦即学生仍然编入自然班，有年级和班级限制，多数学校还保留有降、留级制度，对修业年限规定得也很死。课程设置一般分为必修、限选、任选三类。必修的内容太多，学生学习的自由度太小，管理较死板；修业年限限制得比较死，学位授予上没有体现学分制的指导思想。高校现行的管理体制，如学生的评价体系、学籍管理、学分制等都在一定程度上制约了勤工助学工作的拓展。

3. 勤工助学基地建设和实体开发力度不够

大部分高校勤工助学基地的建设还只是停留在开书社、办服务性商店、开办洗衣服务部等水平上。而这些基地限于客观因素的影响，既无法保持稳定性，也难以拓展勤工助学岗位，从而使勤工助学岗位难以增加，而且也难以使勤工助学基金变为资本进入生产领域，因而难以实现基金大幅度增值，最终制约了勤工助学工作的可持续发展。

4. 勤工助学缺乏法律保护，学生自身缺乏安全意识和自我保护能力

由于当前市场经济的影响，不少单位和个人以利益为主，把大学生等同于“民工”“打工仔”，或视之为一种单纯的廉价劳动力，从中获取高额利润，并不能营造出勤工助学的良好的外部条件。一些唯利是图之人，利用学生社会经验不足，进行欺骗敲诈活动。亦有极个别单位利用合同的缺陷欺骗学生，以不正当理由克扣或拒付学生应得的报酬，甚至还出现过用人单位殴打学生的违法现象。更有甚者，还有不少有名无实的中介所，动辄蒙骗不明真相上门求“职”的学生，从中赚取中介费。这是因为大学生勤工助学法律属性没有明确，相关部门对校外大学生勤工助学期间的权利、义务缺乏保护、规定和监管，使大学生勤工助学难以获得足够的保障。这里不排除学生缺乏自我保护能力和维权意识，说明学校对大学生的法律常识和维权意识的培养工作做得不够。

第四节　特殊困难补助及减免学费政策

特殊困难补助和减免学费政策都是高校学生资助政策的辅助性措施。和其他政策不同的是，这两个政策共同的特点都是无偿性资助。

一、政策概述

特殊困难补助是各级政府和高校对经济困难学生遇到一些特殊性、突发性困难给予的临时性、一次性的无偿补助。

《国家教委、财政部关于在普通高等学校设立勤工助学基金的通知》(教财〔1994〕35号)明确规定:"对通过勤工助学方式进行资助仍难以完成学业的学生，学校可按国家任务学生5%的比例、平均每生每月50元的标准从该基金中统筹一部分经费，根据特困生困难程度划分层次，进行不定期困难补助。"

当前许多高等学校中都会出现一些生活特别困难的学生（以下简称"特困生"），他们大部分来自农村和边远贫困地区，家庭经济困难，有些学生在校的月收入（包括奖学金、开展勤工助学取得的收入和各种补贴）低于学校所在地区居民的平均最低生活水准线。对此，必须采取补助办法，以保证这些学生顺利完成学业，这是深化教育体制改革、保证学校稳定的重要措施。

根据我们的调查，特困补助主要有两种发放方法：一种是统一发放，例如，特困补助原则上每学年发放一次，由学校根据情况向各系下达发放总额指标，各系按程序与条件确定发放名单和金额；另一种是个别发放，如遇特殊情况，学生个人可个别提出申请，按程序审核批准后，个别发放。对于那些在校月收入（包括奖学金和各种补贴）低于学生所在地区居民的平均最低生活水准线的本、专科学生、第二学士学位学生、硕士研究生及博士研究生，可以申请特别困难补助。对"特困生"的困难补助的标准可参照学校所在地所需的最基本的学习、生活费用标准，由学校研究确定。

特困补助发放程序一般是先由学生本人提出书面申请，并附家庭经济状况证明材料，然后通过班级民主评议，辅导员审查，所在系审核并公示(含名单和金额)，最后由学校学生工作部门审批发放。

具体的发放办法各个学校有不同的做法。由于这笔资金并没有定量上的规定，各个学校根据情况自己决定发放面和发放金额，因此，不同的学校无论从投入总量和程序上都有很大的差异。

兰州的一名大学生告诉我们：

"我们每年有一次40元的困难补助，得到者有6人左右，得到者仅占5%—6%。"

这完全是一种"象征性"补助，经过我们的访谈，还有学生们说：

"我们学校有对家庭极贫困的几个学生的'被子费'退还的政策。这个费用是390元，我所在的自动化系总共有150人左右，但只有3个名额。学校是根据学生到学校报到的时候所带的钱不够或者没有带钱的同学进行比较后确定这份补助的名单的。”

“我们学校的口号是不让任何一位学生因为贫困而辍学，我们有贫困补助金，每学年在每个班级里都有名额，分为一等、二等、三等，分别是1200元、600元、300元这几个级别。这项基金完全是为了补助那些贫困大学生的。就像前面那样，先将贫困大学生的名单拿出来，再分贫困程度、分等级。而且过年过节之类的学校也会给这些贫困大学生一些特殊的关怀。对有些特困生，学校还安排特殊的基金或者找到一个愿意帮助他的人来进行‘一帮一’的扶持。”

“我们学校对困难学生提供了一些补助，一般是在假期，如寒暑假期间不定期发放，每次200元。也许是为了避免在无意中伤害学生自尊心，名单的确定不会公开，补助金的发放一般也不会有过多人知道。由辅导员根据平时掌握的情况确定这些人，决定时由于名额有限，辅导员通常是让更多的人受益，比如这次补助了这些同学，下次机会则会更多地考虑其他还没得到帮助的学生。他觉得这种方式比较公平，毕竟各个学生的困难程度指导员无法具体了解，很难说谁是最贫困的。因为数量较少，学生得到补助之前对此也不知情，对他们来说更多的是一个意外的惊喜。”减免学费政策在《国家教委关于对普通高等学校经济困难学生减免学费有关事项的通知》（教财〔1995〕30号）中有着详细的规定。

随着中国普通高等学校招生、收费和毕业生就业制度改革的深入，普通高等学校中部分学生确因经济条件所限，交纳全部学费有困难。为帮助这部分学生（以下简称困难学生）不因此影响学业，国家规定在收取学费的普通高等院校中，对困难学生实行学费减免政策。

国家对部分确因经济条件所限，交纳学费有困难的学生，特别是其中的孤残学生、少数民族学生及烈士子女、优抚家庭子女等实行减免学费政策。其中在校月收入（包括各种奖学金和各种补贴）已低于学校所在地区居民的平均最低生活水准线，学习和生活经济条件特别困难的学生免收全部学费；对其他一般困难的学生可适当减收部分学费。具体减免办法由省级教育、物价、财政部门制定。为了认真执行劳动和社会保障部等六部门下发的《关于加强国有企业下岗职工管理和再就业服务中心建设有关问题的通知》(劳社部发〔1998〕8号)精神，对生活特别困难的下岗职工子女就学，经企业、街道出具证明，学校应酌情减免学费。

减免额度由各高等学校根据本地区省级教育行政部门的有关规定及本校的实施办法，结合学生本人表现及经济状况，在认真调查的基础上，逐一审核，研究决定，并可根据实际情况及时进行调整。①

为了能够更好地管理减免学费的工作，国家规定各大高校可以调查那些享有减免学费待遇的学生的家庭经济情况。一旦发现有虚假的情况，该学生不仅需要补交全部的减免费用，还会受到学校相应的纪律处分。各高等学校要在招生前向社会公布其包括减免学费在内的各类资助经济困难学生的有关规定，采取有效措施，向社会进行宣传，解除经济困难学生及其家长的顾虑，保证合格新生按规定入校学习。各校党、政、群组织要共同配合，做好困难学生的思想工作，鼓励他们努力学习，艰苦朴素，积极进取。减免学费是资助经济困难学生接受高等教育的一项重要措施，各高等学校应根据国家及本地区省级教育行政部门的有关规定，根据本校实际，制定本校的实施办法，与其他有关政策的统筹安排。

调查发现，对于这项政策，各校的落实情况有所差异，有相当多的学校没有执行该项政策。受访对象很多都不知道有该项政策，学校出于种种考虑而没有开展此项工作。受访回复如下：

“学费减免这一块，按照国家的规定，需要拿出学费的10%作为救助工作。我们学校都没有按规定实施。”

“我跟你们说说，别往上报就是了。我们学费减免这一块没有做，学校的经济压力太大了!”

“我们校内减免学费的种类是极少的，只是在保送研究生中有明确规定减免学费。”

二、模糊的资助对象

调查中发现，在执行特困生困难补助和减免学费政策时，资助对象难以界定是一个非常明显的问题。

---

① 吴庆：《公平述求与贫困治理——中国城市贫困大学生群体现状与社会救助政策》，社会科学文献出版社2005年版，第139页。

我们可以在理论上对特困生的标准进行清晰的解释，除了最低生活保障方面的标准，我们还能够通过该学生的固定生活资金情况进行评估，例如：学生的家庭遭受到不可抗拒的灾难，或者因为一些原因家庭成员遇到不幸，又或者是家庭成员有严重疾病造成了家庭经济困难；来自老少边穷地区家庭特别困难者等。同时考虑是否勤奋学习，德、智、体、美、劳全面发展的情况（如政治思想上积极要求上进；学习目的明确，态度端正，成绩优良，原则上无重修补考现象；生活节俭，遵章守纪，未受纪律处分等）。但在实践中要确定起来却有很大的困难。这一点在前面对贫困大学生的标准中已探讨过。

对于困难补助的发放来说，个别申请的学生一般困难情况比较突出，还比较容易操作，但是类似于统一发放的特困补助操作起来却有很大的难处。这一点在我们的调查中有突出的反映。如下：

"执行中有一些困难，因为很难确定哪位学生最困难。"

"我们的困难补助是和银行贷款同时办理的，办理它们的依据就是县里的证明。只要证明开了，都能办到。但是我们的困难补助有两个等级，一个是800元/年，另一个是500元/年。这就要确定谁拿800（元）的，谁拿500（元）的。我们学校的做法是这样的：每个人填写自己的家庭经济状况，看谁的情况更糟，就给谁高的。这肯定就出问题了。开始我觉得自己已经写得够惨了，可是拿别人的一看，才知道是小巫见大巫了。我一个同学，家里是开工厂的，写得那叫一个惨，我看了都要流泪了，后来看了是他写的，才知道自己被骗了。结果他拿了800元/年的，我反而拿了500元/年的。"

一个老师告诉我们：

"在操作上确实有难度。有些学生来找我申请困难补助，说家里发生了意外的变故，爸爸生了重病。在这个时候我是很矛盾的，因为不可能去具体调查，如何判断突发事件的真实性确实会有些问题。"

减免学费政策的执行同样也面临着减免对象难以确定的问题。

"在我们学校基本上就是自己申请，然后在家庭所在地打个证明，这样多少就有点'会哭的孩子有奶吃'。学校也没有办法查个清楚，只好把仅有的资金做个分配，申请的人要是多，得到的补助也就是杯水车薪了。"

一个学校的学生工作部部长告诉我们：

“减免学费学校每年都做，但不成熟，带来的负面效应太大。去年（2002年）减了24个，6万多元。这个工作很难做，减免对象不好确定，要是只是看申请，看提供的证明，谁都有，有人来了拿了一大堆证明，问我们要哪一级的，其实从衣着等来看，他们根本不贫困。减免学费不好操作，有些人不贫困但人家成绩好，不给人家也不合适，对于那些贫困地区过来的学生他们学习本来就有差距，要他们赶上来也不现实。”

“首先是提供金额本身不多，而贫困大学生面大，贫困大学生认定难，所以只能按比例给各系分配，而各系又按年级和班级分配，到每个人那里，金额就非常少了，达不到应有的效果。”

有的老师说：

“减免学费很难解决学生的真正困难，操作过程中最后变成平均分，撒胡椒面了，效果与初衷相违背。”

“减免学费的工作确实问题比较大，今年（2003年）我们班减免了10多个同学，一般都是300多元钱，很难确定谁更困难。”

虽然困难但又不得不为之，相应地就会带来一些问题，很多学生反映效果不是很好，由于是无偿性资助，大家争夺激烈。总之，主要是标准不清，而且需要学生主动去申请的工作都或多或少存在一些不太合理的情况。要么是失之公平，要么绝对平均化。

有的学校把补助按照人均分几次发给了系里，再由系里决定发放给学生的数额。

“在执行过程中流于形式，由于考虑到钱少、公平，所以平摊给大家。”①

“我们学校特困生补助，分为200元、300元、500元，一般一个学期一次。每次是每个班按照学校给的名额把名单报上去，一般是班级人数1/10的人能够拿到这种基金。如何划分这种补助的等级是按照辅导员的意见，也就是辅导员是这项补助的最关键的人，一旦名单确定，等级之分就是看辅导员对学生的评价了，在这一点上，困难补助的发放存在辅导员的人际关系的因素。辅导员根据的就是平时的表现和成绩，但这项奖金的发

① 吴庆：《公平述求与贫困治理——中国城市贫困大学生群体现状与社会救助政策》，社会科学文献出版社2005年版，第142页。

放标准——学习成绩还不是最重要的根据。”①

“班干部不知什么时候往上报了，贫困大学生一般都不知道。”

“执行过程中人缘比较好的同学最容易拿到，这就使那些不善交往的人很难获得。”

“许多高校往往只按学生的学习成绩发放困难补助，使一些真正贫困的学生根本得不到困难补助。”

“我们学校的学费也有一定的减免政策，但学校为了‘公平’起见，每个班级的数额是相等的，这个规定似乎存在不合理的地方。比如有的班级贫困的学生比较多，很需要学校在学费方面有适当的优惠，也有的班级可能只有几个学生的家庭经济情况不好，这就造成了资源的浪费。”②

“减免学费不是一个很好解决的问题，因为那样会带来很多执行上的不公正的行为。因为对两个贫困程度只有一点差别的同学来说，很难做到取舍。”③

这样的结果使得这两项政策的助困效果大打折扣。

“在如何划分贫困大学生的标准上比较混乱，一般都是以申请的形式。面对实实在在的人民币，同学们都纷纷申请，也很难说清楚到底谁比谁贫困，因此无偿性的补助并不能够理想地集中救助贫困大学生。而且，无偿性补助的结构不是很合理，存在重复的现象，本就紧张的补助金更失去了原有的效果。”④

“学校除奖学金之外，还有专门针对贫困大学生开办的贫困大学生助学金，贫困大学生可以通过申请，经过学校考察，通过这一渠道能为贫困大学生解决一定的困难。但据以往的工作来看，学校助学金的数量很有限，而申请的人又比较多，所以往往一个人得不到太多的资助，一般只能解决一两个月的生活费用，况且在政策执行的过程中，学校往往很难客观

---

① 吴庆：《公平述求与贫困治理——中国城市贫困大学生群体现状与社会救助政策》，社会科学文献出版社 2005 年版，第 142 页。

② 同上。

③ 吴庆：《公平述求与贫困治理——中国城市贫困大学生群体现状与社会救助政策》，社会科学文献出版社 2005 年版，第 142—143 页。

④ 吴庆：《公平述求与贫困治理——中国城市贫困大学生群体现状与社会救助政策》，社会科学文献出版社 2005 年版，第 143 页。

地评价哪些学生是贫困大学生，导致不能集中有效地解决贫困大学生的问题。”①

“减免学费操作比较困难，减免标准难以确定，最终造成资金分散化，金额小，达不到目的。”

“减免学费的程序较简单，就是每年每个班从老师那里分得大约5000元的学费减免额，然后班内同学自愿申请，填写申请表，在家庭所在地打张证明就可以了。主要问题就是大家都争着申请，最后使有限的金额丧失了原有的作用。‘会哭的孩子有奶吃’的问题主要就是发生在无偿性的补助上，因为学校与社会对学生的信息掌握不是很全，所以很多同学都会哭喊着自己穷，申请补助，学校和社会对此也只能是‘谁哭得惨帮助谁了’。”

相关的研究材料也证明，无偿提供的资金往往会演变成平均主义。“这种无偿提供的助学金，很容易导致发放范围扩大，资助标准提高，最后演变成平均主义。”

三、政策的副作用

特困补助和减免学费的最大特点是无偿补助，它在学生非常困难的时候确实能发挥雪中送炭的作用，但是在调查中同学们对这种补助方式所带来的依赖观念颇有微词。这需要引起政策设计者的注意。

“会哭的孩子有奶吃，而且很难达到平衡，容易滋长一些学生不劳而获的思想。”

“我们认为困难补助容易滋生人的惰性，使学生‘等、靠、要’，特困补助一个月就那么十来元，对于真正的贫困大学生来说也解决不了什么问题，对于那些不贫困的学生来说也没什么影响，所以我们就把它集中起来，通过勤工俭（助）学的方式发给那些贫困的学生。”②

“我觉得几乎所有的补助都强化了依赖观念，因为有的人生活过得有

① 吴庆：《公平述求与贫困治理——中国城市贫困大学生群体现状与社会救助政策》，社会科学文献出版社2005年版，第143页。

② 吴庆：《公平述求与贫困治理——中国城市贫困大学生群体现状与社会救助政策》，社会科学文献出版社2005年版，第144页。

滋有味了以后，就成了懒汉，听到过很多同学说：‘免费的钱不要白不要’。”

“我觉得减免学费对大学生来说是不必要的，治标不治本，只会增长某些同学的依赖性。”

“长期的贫困补助滋养了很多人的懒惰性、依赖心理。有困难找组织，一些人就是直接来要钱，没生活费了来要钱，买衣服来要钱，不好好学习，成绩不合格，交补考费也来要钱，不给也不对，给也不行，这就是长期的政策造成的。”

“由于这是一种无偿的补助，所以会造成一定的依赖性。”①

有的贫困大学生不愿意去申请困难补助就是出于这个原因，他们的心理接受不了。

“前两天叫我写特困申请我没有写，拿这个钱感觉挺不舒服的，如果是奖学金的话应该去申请，自己能解决就自己解决最好，再说了还有比我更困难的。”

“这个我没有申请，我觉得贫困救助不是光给钱就是了，那样会让我感觉欠人家什么。我有一个要好同学，他父亲来看他时也认识了我，了解了我的情况也知道了我的学习和为人后，要帮助我，给我钱，但我没要。我感觉那是一种施舍，尽管他是好意，但那不能真正帮助我，我希望通过自己的付出去获取。这也叫一种责任吧，得到了，我就要负一定的责任。像我给人做家教，我拿人家钱，我就有义务教好，一个小时的课，我可能要花两个小时去备课，这种感觉更好。”②

四、新的程序设计

针对这两项政策产生的副作用，许多学校在发放过程中进行了相应的改革。

---

① 吴庆：《公平述求与贫困治理——中国城市贫困大学生群体现状与社会救助政策》，社会科学文献出版社 2005 年版，第 144 页。

② 吴庆：《公平述求与贫困治理——中国城市贫困大学生群体现状与社会救助政策》，社会科学文献出版社 2005 年版，第 145 页。

（一）勤工助学补助

在发放困难补助和减免学费的过程中，要求学生进行一定的象征性的勤工助学活动。

“困难补助是根据勤工助学来给的，也就是说你参加了勤工助学，给了多少报酬，那么困难补助的金额就等于这些报酬的金额。不过困难补助是给贫困大学生的，也就是说参加了勤工助学还必须是贫困大学生的同学才能够得。所以贫困大学生参加勤工助学的报酬相当于 80 元/小时（双份）。”

“我们学校学工部在发放困难补助时都要求学生进行一定的义务劳动，当然只是象征性的，这样学生就不会觉得这笔钱是白得的。”①

在减免学费上，有的学校规定凡是不愿意参加勤工助学工作的学生，一律不能减免学费。

（二）公众评议

通过建立班级同学的监督机制，使困难补助和减免学费发放得更加准确，如许多学校采用了公示等方法，加大了监督力度。

“困难补助的发放，需要班级的公众评议，当然还是需要以贫困大学生在当地打的证明为基础。如果同学们发现某个学生平时穿的都是名牌，或者抽烟、喝酒，或是天天吃小炒，那么即便他的贫困证明打得很完美，也不会给他困难补助的。”

“减免学费可以通过自己报名，网上公示。”②

（三）追回政策

如果在困难补助发放完后发现一些不实情况或者出现了一些新的影响不好的情况，学校可以将困难补助追回。

例如，有的学校明确规定：“学生获得特困补助后，有下列情况之一

① 吴庆：《公平述求与贫困治理——中国城市贫困大学生群体现状与社会救助政策》，社会科学文献出版社 2005 年版，第 145 页。

② 吴庆：《公平述求与贫困治理——中国城市贫困大学生群体现状与社会救助政策》，社会科学文献出版社 2005 年版，第 146 页。

者，应立即追回特困补助金，并进行批评教育，严重者给予纪律处分：

①用所得款项请客吃喝，或发现以虚报家庭经济情况或其他弄虚作假手段取得特殊困难补助者；

②酗酒、抽烟者；

③触犯国家法律、法规或严重违反校纪校规受到纪律处分者。”

（四）建立信息救助系统

这是指建立综合的信息系统，将学生受到的救助较完整地记录，这样可以提高困难补助和减免学费的针对性和有效性。

比如在减免学费上，一名主管系里学生工作的老师说：

“没有办法确定谁更困难，所以只有都给一点，确实很难发挥真正帮助特困生的目标，现在我正在考虑如何建立一个综合体系，让老师都明了学生受到的救助总量是多少，使我们准确地掌握情况。”

第五节　社会资助以及其他资助政策

一、社会资助政策

社会资助和政府资助的渠道不同，它主要是指来源于社会力量（包括非营利性组织、社会团体和社会个人等）对大学贫困大学生的资助。由于这些资助不是政府行为，呈现出和前面所研究的政府资助政策不同的特点。值得注意的是，这一部分的研究和前面有的部分的研究有少许地方重合（比如在对奖学金和助学金执行效果的考察中，实质上有一些是来源于社会资助的），但在这里我们将从整体上来研究贫困大学生的社会资助政策。我们所关注的是：在现实中对贫困大学生社会资助的状况怎样？对贫困大学生资助的效果如何？在实际运转过程中有什么问题？社会资助的动力来源于哪里？社会资助的运转系统是否高效？政府对社会资助的管理是否到位？社会资助的未来发展趋势是什么？这些是我们要探讨的重点问题。

另一个需要说明的是，许多高校的社会资助是用在设立奖学金上，而不是专项针对贫困大学生，其对贫困大学生产生的效果和我们前面研究的奖学金效果基本一致，它对学生进行了普遍的资助，而和贫困大学生之间并没有直接的关系，故而缺乏对贫困大学生的针对性。因此，这里我们所关注的主要是针对大学贫困大学生的社会资助。

在研究中我们更关注那些集中的、连续的、带有一定时间长度的社会资助政策，而不是分散的、小型的、一次性的资助性行为，这些政策实质上是社会资源对贫困大学生资助的一种准则。

（一）社会资助的多元和分散

调查发现，社会对贫困大学生的资助呈现出多元性和分散性的特点。

1. 概述

多元性，是指社会资助渠道来源多样，设置方式不同，其监管也呈现出不同的特点。不同的学校得到的资助不尽相同，资助来源一般和学校的性质紧密相关。

分散性，是指从总体上来讲，对贫困大学生的资助呈现出时间、地域上的分散性，资助连续性不强，有的资助有时有，有时没有；在地域上呈现出各地各有特色，较大地域整合的资助较少的特点。这种分散还指不同的社会资助有不同的资助类别区分标准，有的是按照生源地，有的是按照专业，有的是按照性别，有的是按照身体是否残疾等。正是因为这种多元性和分散性，我们无法统计目前对大学贫困大学生社会资助的一个总额数字。

2. 社会资助的类型

社会资助有多种划分的方法，从来源看，目前对贫困大学生的社会资助有以下类型：

（1）来自个人的捐助

这主要是指教育家、企业家、行政官员、宗教界和其他社会知名人士等出于对贫困大学生的关注而给予的捐助。

“我们学校的‘曦之教育基金’是美籍华人欧阳启、刘锦銮夫妇为纪念早逝的爱子在 1986 年设立的教育基金，1997 年开始在我校资助贫困大学生。此奖学金主要用于奖励贫困大学生，同时对受助学生的思想品德、学习、专业等方面也有一定的要求。本年度全校一等奖学金2200元/年，新增25名；二等奖学金1500元/年，新增15名。具体评奖办法见‘曦之教育基金’奖学金评选办法。”

“香港周凯旋女士的12.5万元资助了50个2001级的女大学生。”①

个人捐助的动机根据捐助者生活经历的不同而有所不同，但他们似乎都有着“贫困大学生情结”或“母校情结”。

有的捐助人向有关部门、组织明确提出一些政治条件（如能否成为青联委员等），当然这只是捐助者中的少数，大部分的捐助者还是把从事社会公益活动作为体现自己人生价值的一种方式。

（2）来自企业的资助

这主要是指各类企业给予贫困大学生的资助。

“我们学校有工商银行的奉献基金：1998年有5万元，1999年有5万元，2000年有8万元，2001年有8万元，2002年有10万元，2003年有36万元。这个基金是工商银行的职工每人拿出100元钱用于救助贫困大学生的。光明证券去年（2002年）给了我们学校60多万元，这个对于师范类的学生每人奖励500元，非师范类的学生每人1100元，共资助了1000多个学生。”

“我们学校为学生集体上了保险，保险公司拿出一部分钱来建立‘保险奖学金’，奖励特困的成绩优异学生。”②

这样的例子还有很多，在此不再一一列举。

企业的资助有一定的商业广告目的，但更多的还是尽社会责任，通过自己公司的责任意识来扩大社会影响并获取顾客的信赖。

“社会资助的动力应该说含有很大的商业性目的，就拿这次活动来说，最大的赞助商就可以为这次活动‘冠名’。”当然很多企业是出于自己的公益心而给贫困大学生帮助的。公司、企业对贫困大学生的资助是应该给予一定的广告效应，但是也不应该把这样的活动办成主要是为了商业目的，

---

① 吴庆：《公平述求与贫困治理——中国城市贫困大学生群体现状与社会救助政策》，社会科学文献出版社2005年版，第148页。

② 吴庆：《公平述求与贫困治理——中国城市贫困大学生群体现状与社会救助政策》，社会科学文献出版社2005年版，第151页。

而要以资助广大贫困大学生为主要目的。①

“中海油贫困大学生助学基金”是企业赞助中比较大的一笔。该基金捐赠的1000万元是总公司撤掉广告牌后节余的资金。2001年、2002年中国海洋石油总公司（以下简称中海油）在北京的东三环、北三环、东四环及出京的各高速路上设立了展示企业形象的广告牌，每年支出费用1000万元。从2003年开始，中海油高层决定，撤掉各路边的广告牌，把节余的资金投向公益事业，并决定向宋庆龄基金会捐款1000万元，建立中海油贫困大学生助学基金。该基金将用于对清华大学、北京大学、石油大学、中国地质大学等重点大学部分在校贫困大学生的资助。

（3）来自政府及事业单位的捐助

这主要是指政府相关部门和传统的事业单位给贫困大学生的无偿支持。他们往往出于关注贫困大学生的公共责任或者出于维护青年学生的切身利益而进行无偿捐助。

“我们每年是市里的献血大户，市献血办返还给我们一部分经费，设立了爱心助学金。”

“我们学校设立了一种‘三晋’奖学金，是山西有关政府部门针对山西生源而设立的一种奖学金。等级分三等：1000元、2000元、3000元。获奖的要求也就是成绩，只要达到这项奖学金要求的在本系的排名，就可以得到这项奖学金，和获得者是否是贫困大学生无关。”

“南宁有些高校中有春雨奖学金，是政府设立的，一等奖1000元，二等奖800元，三等奖500元。成绩达到某个标准的特困生通过申请及考核，才可获得，名额有限，每次每班仅有两人获得。”②

（二）社会资助的不平衡

调查发现，社会资助存在着明显的不平衡，这种不平衡性表现在不同地区和不同高校接受社会资助额度上的差别。一般来说，经济与教育发达的地方获得的社会资助更多，重点高校获得的社会资助更多，而经济不发

① 吴庆：《公平述求与贫困治理——中国城市贫困大学生群体现状与社会救助政策》，社会科学文献出版社2005年版，第151页。

② 吴庆：《公平述求与贫困治理——中国城市贫困大学生群体现状与社会救助政策》，社会科学文献出版社2005年版，第152页。

达地区和一般高校获得的社会资助相对较少。

1. 不同学校之间的不平衡

不同学校所接受的社会资助的不同是非常明显的，对这一点，被调查对象的反应非常强烈。

“像奖助学金，普通学校都是常规的，而好学校都是来自社会资助，而且社会资助都成了大头，北大、清华社会上给的多，高考完就解决了(高考完后，这样的同学就得到了各方面的资助)，不用发愁。社会资助集中于某些院校，造成部分高校资金供过于求，而部分学校对这些社会资助却是‘千里难寻’。”

“在社会资助上存在着不平衡的现象，越有名气的学校，资助越多，越没有名气，资助越难。”

“我们学校在北京是小学校，非常羡慕一些大学校的同学，有很多赞助。”

“北京许多大的学校如北大、北理工、北交大，很容易拿到各种各样的奖学金，这些学校内部的最高奖还不如外面的一个专家奖。”①

一个重点大学的学生谈起他当初填报高考志愿时，说：

“考的大学越好，就越不用担心自己大学时候的用钱问题。所以，在填报志愿的时候就是想着一定要考上现在的这所大学，这样就能够比较轻松地获得比较多的资助，从而解决自己的经济困难。”②

事实证明，他是很有远见的。

这样的例子在北京是如此，在其他地区也有相同的规律，只不过是金额与受助程度不同而已。

相关调查资料也说明了这个问题。北京青少年发展基金会的李登峰在《首都高校贫困大学生状况调查》中指出：“在社会的捐助中，存在着名牌、重点高校和一般高校热门专业相对饱和，农、林、地、矿等高校和基础专业相对欠缺的现象。从20世纪90年代开始，清华大学每年社会和学校自筹的资金投入，就已超过国家的拨款。以1995年为例，清华大学的总

---

① 吴庆：《公平述求与贫困治理——中国城市贫困大学生群体现状与社会救助政策》，社会科学文献出版社2005年版，第161页。

② 吴庆：《公平述求与贫困治理——中国城市贫困大学生群体现状与社会救助政策》，社会科学文献出版社2005年版，第163页。

收入中，政府的事业费拨款只占29%，学校的社会资助与科研、生产、委培等的收入占70%多。而一些知名度低的高校，捐助者根本不去问津。造成这种现象的原因是多方面的，与捐助者希望扩大社会影响的心态有关，也与各高校自身筹款工作效果的不同有关。但是，对于同样亟须扶贫经费的一般高校而言，这种社会捐助分配不平衡的状况是不合理的，应建立较为公平和规范的社会资金分配机制，使这些善款能够真正发挥扶贫济困的作用，真正用在亟须的学校和学生身上。”

2. 不同地区之间的不平衡

不同地区所受到的社会资助程度也不同，发达地区经济基础好，社会公益事业发展较快，政府能投入更多的财政扶助，所以，扶助贫困大学生的资金较为充足；而经济欠发达地区由于经济教育的落后，观念意识还比较陈旧，个人与企业拿不出资金资助贫困大学生，社会公益部门发展缓慢，在这方面与发达地区差距很大。虽然国家政策中有类似于西部助学工程的项目，社会资助中也有一些向经济落后地区倾斜的资助项目，但总量较小，离贫困大学生的需要相差甚远。

“我省（甘肃）人们的思想认识和自身的情况还没有发展到拿私人的钱大力资助他人的层次。”①

我们可以把2002年北京大学和宁夏大学所接受的社会资助做一比较：

北京大学2002年接受的社会资助一共87项，共计601万元，人均165元（目前在校学生36982人，其中博士生2417人，硕士生5633人）。而在西北的宁夏大学，在校普通本、专科生有16300人，经济困难学生占25%，各社会团体及个人在学校设立的各项奖助学金总共12项，每年共约100万元，人均61元。应该说，北京大学获得更多的社会资助似乎在情理之中，但如果从扶助贫困大学生的角度，则北京大学和宁夏大学的学生受助面是完全不同的。这其中不仅是因为北京大学和宁夏大学是不同类别的学校，也与宁夏大学位于不发达的西部地区有关。所以，即使是以助学金的名义、以扶困的名义发放的资金，在不同的学校其量也是远远不同的。

① 吴庆：《公平述求与贫困治理——中国城市贫困大学生群体现状与社会救助政策》，社会科学文献出版社2005年版，第164页。

二、其他资助政策

以上所列是国家教育主管部门和社会公益部门对贫困大学生资助的主体政策，它们在救助贫困大学生的过程中发挥着主干作用，同时，目前各高校也存在一些辅助性救助政策和措施，成为国家公共政策及救助体系的有益补充。

（一）“绿色通道”政策

“绿色通道”就是要让经济困难、无法交足学费的新生在不交学费的情况下顺利办理全部入学手续。2003 年 7 月，教育部在《关于切实做好资助高校经济困难学生工作的紧急通知》（教电〔2003〕298 号）中指出：“今年新学期开学时，各高等学校都要一律设立‘绿色通道’制度，确保今年新录取的经济特殊困难学生顺利入学。不允许任何高校以任何理由拒绝家庭经济困难学生入学。如发生这类情况，要追究有关高校主要领导责任。对于没有按时报到的新生，学校要查明原因。对由于经济特殊困难原因而不能入学的新生，学校要采取相应措施，让他们顺利入学。”这是教育部为了实现“保证高校每一个学生不因经济困难而辍学的工作目标”的重要举措。而在此之前，一些高校已经实施了这项政策。

1. “绿色通道”的作用

“绿色通道”确实发挥了很大的作用。据教育部统计，2002 年，全国各普通高校通过“绿色通道”办理入学手续的学生有 23 万人，占在校生总数的 2.42%，占经济困难学生的 12.64%。

2002 年入学的一名同学告诉我们：

“我在填报志愿时考虑过读大学花钱的问题，但听说了‘绿色通道’，便有了进入大学的信心。”

2. 学费的拖欠

对于国家“绿色通道”政策，由于教育部一再强调并建立了相关的责任追究机制，各学校都能够坚决执行，作为受益的学生自然是举双手赞成，然而在调查中我们发现，“绿色通道”的背后，校方却有或多或少的隐忧。由于学生的学费无法交上（不仅仅在新生，包括老生也经常出现这种情况），学校正常的运转经费受到影响。

北京的一所重点高校的老师告诉我们：

“我们学校学生欠学校的费用一共有1000多万元。据我所知，除了清华大学以外，其他学校都欠费，这个也只是报到国家教委的一个数据。”

“近几年国家过分宣传‘绿色通道’政策，在某种层面上助长了学生的依赖心理。‘绿色通道’一句话，学校却背上了沉重的经济负担，这是一个需要解决的问题。”

“‘绿色通道’使学校背上了包袱，学校资金困难，只有贷款发展，学生在自己交钱的问题上对学校‘口诛笔伐’，似乎样样在理。媒体还在一旁推波助澜。”

3. 学校的变通

为了改变这种情况，一些学校也出台了一些本土政策来解决这个问题，有些政策引起了学生的不满。

“我们的做法是如果老生不交，我们就不予以注册，学生选课无法选，学生着急，就会寻找一些方法。实在不行的同学可以申请缓交，由于国家有‘绿色通道’的政策，我们无法采取过激手段。学校在进一步研究。”

“我们是这样把关，对于不交学费的学生，我们要求必贷过款或者要做勤工俭学，否则不行。”

“我们加强对学生的诚信教育，让学生知道交费是大学生的义务和职责。”①

有一些学校采取了扣发补助的做法：

“国家给每一个西部学生发放补助，但是如果一个学生因种种原因未交学费时，这一补助就会被学校当作学费了。”②

这种做法引起了学生的强烈不满。兰州的一名大学生告诉我们：

“对于贫困大学生拖欠学费而将其补助扣发而不再补发一事，我感到非常的愤怒，我想学校应该给我们贫困大学生一个合理的理由，到底是什么政策趁此‘敲诈’贫困大学生一次，这太缺德了，是国家政策吗？有条

① 吴庆：《公平述求与贫困治理——中国城市贫困大学生群体现状与社会救助政策》，社会科学文献出版社2005年版，第185页。

② 同上。

文吗？为什么不给我们一个解释，我们强烈抗议。”①

“我建议能否把已扣的生活补助发放给同学们，如此扣除不等于雪上加霜吗？”

对于包括扣发毕业证和学位证的做法，有的学生甚至要向法律求援，学校也非常难做。

（二）心理救助

贫困大学生的心理问题需要给予特别的关注，这一点在我们的研究报告中已多次提到。

以下的一段访谈充分反映了这种心理的典型特征。

“我们心理压力还是很重的。我的高中同学得知我家里遇到不幸的事情后，他们一起凑了近千元，给我寄了过来。当时我心里真的很难受，总对自己说，我至于吗？至于要别人这么可怜我吗？我真的到了那个地步了吗？尽管钱寄到了，但是，同学打电话跟我说时，我还是装得很惊讶的样子，说，我没有收到钱，没有收到。然后，我找了一个机会把钱给退了回去。我真的很不适应，平时大家玩得很好的朋友，突然间我成了他们的资助对象。”

因为居于经济上的弱势而给贫困大学生带来的自卑，如果再不断被强化，就会有更多的问题发生。这种心理在贫困大学生中相当普遍。贫困大学生需要物质支持，同样需要心理上的救助。

而在调查中我们发现，现实中的心理救助体系远远不够，亟待发展。

“我们学校在这方面工作还是比较弱的，只有亲友、老师讲几句鼓励的话，如‘书一定要读下去’……”

“一般的途径是找朋友聊聊，还有就是老师的指导，老师多次提及要对贫困大学生加以照顾，也让我感触很多。”

“我们学校有心理协会，对我们定期做心理调查，缓解我们的心理压力。”②

① 吴庆：《公平述求与贫困治理——中国城市贫困大学生群体现状与社会救助政策》，社会科学文献出版社 2005 年版，第 185 页。

② 吴庆：《公平述求与贫困治理——中国城市贫困大学生群体现状与社会救助政策》，社会科学文献出版社 2005 年版，第 187 页。

还有的学校开办了心理咨询讲座，开通了心理咨询热线，开展主题心理健康活动。但总体来说，效果不太显著。至于学校的心理咨询中心，在调查中我们发现，贫困大学生一般不会主动前往咨询。

可以看到，贫困大学生的心理救助面临着两个问题：

一个是存在于大学生中的普遍问题——怯于心理咨询。许多大学都建立了心理咨询中心，但它的发展还需要文化环境支持，现实中许多同学把到心理咨询中心求助当作“看病”，因此，自然在心理上的接受度大为下降。当然这其中也有心理咨询中心的工作方式及水平问题。

另一个是贫困大学生特殊的心理救助途径问题。要解决贫困大学生的心理问题，需要创造一种氛围，这种氛围需要很自然，能让贫困大学生得到尊重，心理问题能得以解决，同时也能提高学生的心理承受能力。而在现实中这种氛围还是比较缺乏的。

从现实角度来说可以采取的比较好的办法是强调学校的主动性，不能在心理咨询中心坐等学生来找，而要主动地去发现学生的问题，解决学生的问题。心理咨询和传统的思想政治工作如能够有机地结合，效果也许会更好一些。

（三）贫困大学生自助社团

目前有一些学校建立了一些贫困大学生互相支持的社团，大力倡导“自己救自己的观念”，如中国扶贫基金会“新长城”项目资助的特困大学生共同组织成立的“自强社”；如有的学校成立的“扬帆社”，由学校的心理学专家担任指导教师，举办心理学讲座，开发勤工助学岗位，进行募捐活动，走出学校进行社会调查和实践，不仅给贫困大学生带来经济上的回报，更培养了他们自立、自强、开拓进取的精神。

第三章　思想政治和品德教育

贫困大学生思想政治教育是大学生思想政治教育的有机组成部分，充分体现了高校“以人为本”的育人理念。积极关注高校贫困大学生思想政治教育，不仅体现了中国特色社会主义制度下教育的公平性，还是不断优化大学生思想政治教育的必然要求。本章介绍了高校思想政治教育的基本原则、基本内容，同时分析了现阶段高校思想政治教育的不足之处以及优化路径。

第一节　高校思想政治教育原则

在“以人为本”的教育理念指导下，高校应重视对贫困大学生的思想政治教育。这不仅体现了中国特色社会主义制度下，国家对教育公平性的重视，同时，重视贫困大学生的政治教育也是大学生思想政治教育中的重要一部分。本章介绍了贫困大学生思想政治教育的基本原理、思想政治教育的基本内容、贫困大学生思想政治教育的现状和优化路径。

一、高校思想政治教育的理论基础

思想政治教育学作为一门独立的学科，自然也有它特有的理论基础。马克思主义理论体系中的社会存在与社会意识辩证关系理论、人的本质理论、人的全面发展理论、灌输理论、科学发展观对思想政治教育学的指导作用更直接、更具体。同时，思想政治教育学也有知识结构，它来源于自身的实践经验和以往的思想政治教育知识，也来源于其他相关学科的知识。思想政治教育学主要通过借鉴教育学、伦理学、人才学、心理学、政治学、社会学等学科的理论知识来完善自身的知识结构。

总的来讲，马克思主义的整个理论体系都是思想政治教育学的理论基础，对该学科的产生和发展具有重要的指导作用。具体视之，以下理论对思想政治教育学的指导作用更直接、更具体。

（一）社会存在与社会意识辩证关系的理论

1. 社会存在与社会意识的关系问题是社会历史观的基本问题

社会存在是指为物质生产方式所决定的人类社会的物质生活过程，主要包括物质生产方式以及自然环境、人口因素。社会意识是社会生活的精神方面，包括各种社会意识形态和社会心理，主要包括政治法律思想、道德、艺术、宗教、哲学等，它们从不同方面发挥独特的作用。

历史唯物主义认为，社会存在是社会生活中第一性的东西，是社会意识的根源，而社会意识则是社会存在的反映。列宁指出："物质生活的生产方式制约着整个社会生活、政治生活和精神生活的过程。不是人们的意识决定人们的存在，相反，是人们的社会存在决定人们的意识。"一切社会意识，不论其内容正确与否，都是社会存在的反映。社会意识的任何重大变化归根结底都是由社会存在变化引起的。

历史唯物主义在肯定社会存在决定社会意识的前提下，又承认社会意识具有相对的独立性，对社会存在具有能动的反作用。进步的社会意识能够促进、加速社会存在的发展，反动的社会意识对社会存在的发展变化起阻碍、延缓的作用。

2. 社会存在与社会意识辩证关系理论的指导作用

社会存在与社会意识辩证关系的理论为人们正确认识思想的起源、形成、发展的规律，提供了理论依据，为建立和研究思想政治教育学提供了根本的理论原则。

社会的存在影响人们的思想。思想反映了社会存在，并且具有一定的稳定性。物质世界是客观的存在，是复杂的和多面的，而人的思想源于外在的物质世界。物质世界的多样性也会影响社会意识，使人类的思想和观念呈现出多元的局面。根据社会存在决定思想的规律，思想政治教育活动应以客观规律为基础，对学生的成长规律和成长背景做全面的考察，掌握其思想形成的外在客观因素，进行针对性的思想政治教育，使思想政治教育具有科学性。

另一方面，思想对社会存在有反作用。人对客观世界的反映也是能动的。人的思想是有创造性的，人不仅可以认识到客观世界的规律，还可以根据规律判断事物的发展趋势。在正确认识客观世界、把握客观规律的情况下，人才能改造客观世界，达到自己的目标。因此，通过思想政治教育可以对人的思维、观念和意识进行改造，从而使他们更好地参与社会实践，促进个人以及社会的发展。

物质世界的发展会影响人们思想的转变。尽管人的主观思想对外部世界的影响力很大，但从根本上讲，人的思想意识是由客观世界决定的。物质条件的改变，才会最终影响人的思想。人们思想的转变和正确思想的形成最终取决于物质生活条件。思想政治教育必须从客观现实出发，遵守客观规律，以有效指导人们树立正确的思想观念。

3. 社会存在与社会意识辩证关系理论对思想政治教育学发展的指导作用

随着社会的进步和发展，思想政治教育的内容也要随之进行补充和更新。思想政治教育的内容要紧密结合社会发展的新情况和新内容。如今，互联网的普及在很大程度上改变了人们的生活方式和观念，因此，思想政治教育必然要适应互联网时代的发展。

（二）马克思主义关于实现人的全面发展的条件

马克思主义关于人的全面发展的科学理论，是建立在社会物质生活条件的发展，即社会存在的发展所提出的已经成熟的任务基础上的。按照马克思的论述，实现人的全面发展，还必须具备以下条件。

①社会生产力的高度发展是实现人的全面发展的物质前提。高度发展的社会生产力及其创造的社会物质财富，是个人全面发展的重要基础。在社会发展的早期阶段，生产力水平相对低下，社会分工还未完全形成，个人的发展处在以原始的丰富性为基础的发展状态。资本主义大生产为人的全面发展提供了物质前提和经济条件，生产领域的扩大，劳动时间的缩短，使劳动者有了发展自己多方面能力的条件。但在资本主义社会，由于

生产资料的私人占有与生产社会化之间的矛盾依然存在，人们屈从于细化的劳动分工，得不到更全面的发展。到了共产主义社会，由于社会生产力的高度发展和社会财富的极大丰富，个人摆脱了具体劳动分工的限制，进而专注于创造性的、丰富多彩的、有乐趣的劳动。到了共产主义社会，社会生产力的高度发达，为人的全面发展提供了物质前提。

②自由时间的增加是个人全面发展的基础。自由时间是指可以自由支配的时间，即可以自由用于从事科学、艺术、社会活动等非物质生产活动的时间。有了充分的自由时间，个人才能全面发展。马克思用大量的论述表明，个人的全面发展，依赖于将社会必要劳动时间减少到最低限度，从而给予人们尽可能多的自由时间。马克思认为，随着人类社会向前发展，从事物质生产的社会必要劳动时间就会不断缩短，到了共产主义社会，劳动生产率极大提高，物质劳动者从繁重的体力劳动中解放出来，腾出更多的时间从事多样性的创造劳动，人们自由而充分地丰富和完善自身，把其潜能最大限度地发挥出来。多样性的创造性活动，培养出人们多方面的才能，人得到了全面发展。

③社会关系的丰富是个人全面发展的重要条件。关于社会关系的丰富程度，马克思根据社会关系的历史发展和人的发展的内在联系，将人的发展过程划分为三个历史阶段。第一阶段，在人的发展的早期阶段，个人没有独立性，直接依附于一定的社会共同体。人与人之间的关系是以直接的统治和服从关系为基础，以人身依附为特征，个人不可能充分自由地发展。第二阶段，是以普遍的物质交换为特征的人的发展阶段，人的独立性以物的依赖关系为基础。资本主义商品经济的迅速发展和分工的扩大，使社会关系得以丰富，但这种完全“物化”的社会关系，将人的独立和自由制约在物的限制下，人的发展依然受到社会关系的束缚。第三阶段，个人的社会关系高度丰富，由于私有制的消灭，社会关系不再以对人的依赖性和对物的依赖性为基础。个人不再作为某一社会等级的成员处于各种社会关系之中，个人成为真正独立而自由的个体，在自觉、丰富、全面的社会关系中获得真正的自由。

人的自由全面发展不是一个抽象的概念，而是具体的、现实的，它是一个历史过程，需要经过社会的充分发展，摆脱私有制及其旧式分工对人的限制，通过人类对社会交往的广泛参与，为人的能力发展创造充分而必要的现实条件，才能使人由必然走向自由发展。

二、思想政治教育的价值

思想政治教育价值是人和社会在思想政治教育工作实践、认识活动中建立起来的，以人的思想政治品德的形成和发展规律为尺度的一种客观的主客体关系，是思想政治教育的存在及其性质是否与人的本性、目的和需要等相一致、相适合、相接近的关系。这种关系是思想政治教育在其教育活动和社会关系中合乎人的发展（尤其是思想品德的形成和发展）和人类社会进步（尤其是精神文明进步）的目的而呈现出一种肯定的意义关系。高校大学生思想政治教育工作就是思想政治教育在实践中的具体价值体现之一。

思想政治教育价值可从不同角度作不同分类。从主体角度而言可分为个体价值和社会价值，而社会价值又涵盖了经济价值、政治价值、文化价值和生态价值。

（一）个体价值

思想政治教育的个体价值，就是思想政治教育的的人文价值或内在价值。思想政治教育工作要满足个体的发展需要，对人的全面发展起到积极的促进和引领作用。而思想政治教育的价值体现在对教育工作者和受教育工作者两方面的价值。思想政治教育个体价值具有有效性和有限性、独特性和多样性、滞后性和超前性、客观性和相对性、历史性和实践性等特点。其理论基础主要体现在三个方面，第一，马克思主义关于物质世界和生产关系的理论，说明了个体与其社会环境是相互依存的，因此，思想政治教育的社会价值和个体价值是相辅相成的，社会价值是个体价值的基础和源泉，个体价值是社会价值的具体实际与体现；第二，马克思主义将劳动实践作为自己思想体系的出发点，将个人的全面自由发展作为最终归宿、理想社会的重要特征和无产阶级的最高价值追求，据此思想政治教育要坚持以人为本，人是思想政治教育的中心及目的，是思想政治教育的出发点和归宿点，是思想政治教育的基础和根本；第三，思想政治教育个体价值的奋斗目标和最终归宿是实现人的全面发展，包括人的能力、素质的全面发展和个性的全面解放。此外，有些学者认为经济基础和上层建筑的关系、精神与物质的转化理论、学习化社会理论、可持续发展理论等也属于思想政治教育个人价值的理论基础。

大学生思想政治教育的个人价值主要体现在指导大学生正确的政治指导方向、激发大学生精神原动力、塑造大学生个性和完美人格和规范大学生的道德行为四个方面。它也反映在满足大学生的精神需求和构建需求上，构建他们健康的精神世界，提高了他的心理素质，促进他们思想的提高，并铸就了大学生的新品质。思想政治教育可以指导大学生人文素质的发展，促使他们自我激励、自我塑造。

此外，大学生需要掌握基本的政治知识，并能够理解政治态度、政治信念，学会解读政治现象，能够参与到政治生活中，这些都是思想政治教育的作用。教育的目的是实现人的全面发展，促进人的全面发展是新时期思想政治教育的核心。高校通过发展思想政治教育，可以提高大学生的文化素养和思想品德，同时，思想政治教育还可以塑造大学生的人格，促进大学生的自我意识、心理素质、人格特征、道德修养、生活价值和社会实践的自我发现，促进人的自我完善。

高校思想政治教育工作要达到实现个人价值的目的，应从树立以人为本的思想政治教育理念、丰富和完善思想政治教育内容、实践多样化的思想政治教育方法、优化思想政治教育环境等方面开展工作。

（二）经济价值

思想政治教育的经济价值意味着思想政治教育对促进社会经济发展、社会财富积累，满足人们日益增长的物质和精神需求有一定的作用。思想政治教育的经济价值具体体现为：

第一，思想政治教育培育了适合经济发展的思想道德文化。意识形态、道德和文化对经济发展有一定的作用，因为它们会影响和限制人们在经济活动过程中的行为，影响经济活动中的各种习俗、规范和制度，并影响人们生产、生活方式和市场交换方法的文明程度。

作为社会主义的建设者和接班人，大学生应该具备良好的思想道德风尚，适应社会的发展，满足社会的需要。高校应培养大学生的先进观念，良好的道德品质和较强的专业技能，提高大学生的劳动素质，培养大学生成为强大的生产力和经济力量，从而促进经济发展，实现思想政治经济中的教育；思想政治教育为经济发展和精神动力提供了价值指导，促进了生产力的发展。

思想政治教育作为社会主义精神文明建设的重要组成部分，以其独特的价值取向在社会经济发展过程中发挥作用。思想政治教育发挥重要作用，促进了先进的经济文化、经济观念的产生，引导大学生认识到逐步发展、生产和消费的概念，并引导大学生参与当前和未来的经济建设和发展过程，正确处理经济效益与社会效益、经济效益与社会公平、经济发展与环境保护之间的关系，有利于大学生形成科学合理的消费观念和健康文明的生活方式。

第二，思想政治教育可增强大学生在经济活动中的法制观念和道德意识，规范自身在经济活动中的行为，并可通过思想交流解决问题、整合力量，增强经济发展动力，可利用诚信教育树立良好的社会风气，保证经济发展的方向，营造和谐稳定的社会环境。

（三）政治价值

思想政治教育的政治价值在思想政治教育的诸种价值中居于首要地位，起着主导作用，它的内容重点涵盖了传播政治意识、引导政治行为、造就政治人才、和谐政治关系等，也体现了社会精神生产的价值、政治关系再生产的价值、促进社会政治稳定和发展的价值等。马克思曾表明：思想的历史处理证明精神生产随着物质生产的改造而改造，任何一个时代的统治思想都不过是统治阶级的思想。因此，统治阶级必然需要通过思想政治教育来控制思想上层建筑，调节社会政治意识的传播和行为的归向，调节社会精神生产。社会精神生产和社会物质一样，是社会生产的重要组成部分，政治、法律、思想、道德、艺术和哲学等社会意识形态决定了思想上层建筑的形态，作为无产阶级政党，也需要通过思想政治教育塑造社会的思想上层建筑，从而实现对社会精神生产的导向，引导公众走向正确的政治舆论方向，清正社会的精神环境，形成有利于无产阶级的精神生产和精神产品，直接为现实的社会经济基础和政治制度服务。另外，思想政治教育是政治关系再生产的重要工具，通过受教育工作者特别是青年的政治社会化，实现政治角色的认同而实现的人们在一定的政治活动中内在、本质的联系。所以高校开展的思想政治教育工作，是非常重要的。高校在青年的成长过程中，通过思想政治教育引领他们逐渐从价值标准、行为规范、政治态度、理想信念等方面采用社会、政党已经确立的政治标准衡量、约束自身行为，实现内化与外需的统一，形成自己的政治态度和政治行为，成为政治体系的支持拥护者。当今在社会主义现代化建设时期所强调的思想政治教育的政治功能，就是要求高校通过思想政治教育坚定师生的理想信念，不断增强理论认同、政治认同、情感认同，在巩固共同思想道德基础上，大力加强社会主义核心价值观教育，加强道德教育和实践，使社会主义核心价值观内化于心、外化于行，要壮大主流思想舆论，切实加强意识形态引导，加强国家安全教育，加强国家观和民族团结教育，不断推动文化传承创新，建设大学文化，继承和发扬中华优秀传统文化，要立足学生全面发展，立德树人。

（四）文化价值

思想政治教育的文化价值包括了思想政治教育的文化选择功能，思想政治教育的文化传播、变异功能，思想政治教育的文化渗透、创造功能。文化是判断思想政治教育价值客观的参照系，文化背景决定了思想政治教育的价值体现。思想政治教育的文化选择功能体现在实现目的的过程，目的一致就会呈现积极的态度，把有利于目的实现的观念、思想、知识、习惯、风俗等集合在一个教育体系中为思想政治教育所用。如果目的不一致，出现了相悖的观念、思想、知识、习惯、风俗等，教育则会予以摒弃，将其清除出教育体系，确保教育目的的实现。由此可见，思想政治教育包含了肯定性选择和否定性选择，高校对于正确的、积极的、符合社会发展和时代要求的文化要充分利用和发扬，对消极的，违背时代要求、阻碍人的发展、不利于社会发展和国家建设的文化则及时排斥，抵制劣性文化的侵害。思想政治教育中呈现的思想观念和道德规范形成了政治文化，目的是实现个体的政治、道德的社会化。思想政治教育就是实现个人政治、道德社会化的方式，高校则是实现大学生政治、道德社会化的平台，在实现思想政治教育目的的过程中，既要通过教育的各种途径引导大学生形成正确的政治态度、政治认识、政治信仰和政治情感，又要积极传播政治信息和思想意识，实现稳定正确的政治行为。思想政治教育的过程就是不断改变社会文化内容和结果，不断发展其功能的过程。通过各种思想观念的现代化，从而推动有中国特色的社会主义现代化建设，这需要高校在思想政治教育工作中的智慧呈现。另外，思想政治教育呈现了文化渗透和创造功能，当前思想政治教育的主旋律是立德树人，因此对人的文化渗透涵盖了各个层面、领域的文化，呈现文化集合体的概念。应利用多种文化的共融和渗透实现对人的教育，促进人的全面发展，用社会主流文化引导发展，调节社会文化不同而引发的冲突，积极建设良好的文化交流，形成文化吸收与融合的良好氛围，促进社会发展，而文化的创造是源于社会文化的不断发展，国家的竞争是经济文化的竞争，关键是人的竞争，培养具有创造发明能力的人是衡量新时期思想政治教育的指标。

三、思想政治教育工作的目标

（一）思想政治教育工作的根本目标是促进大学生的全面发展

促进大学生的全面发展是高校思想政治教育工作的根本目标。党的十八大报告指出："中国特色社会主义事业是面向未来的事业，需要一代又一代有志青年接续奋斗。全党都要关注青年、关心青年、关爱青年，倾听青年心声，鼓励青年成长，支持青年创业。广大青年要积极响应党的号召，树立正确的世界观、人生观、价值观，永远热爱我们伟大的祖国，永远热爱我们伟大的人民，永远热爱我们伟大的中华民族，在投身中国特色社会主义伟大事业中，让青春焕发出绚丽的光彩。"青年一代承担着推动中国发展和社会进步的重要责任，是中国未来发展的希望。高校对大学生的思想政治教育工作，必须服务于党的理想追求和奋斗目标，服务于国家发展的育人要求和人才需求，通过实现大学生思想政治觉悟和综合素质的统一，促进大学生的全面发展。高校通过抓好思想政治教育，提升大学生的思想政治素质、道德素质，提高大学生的科学文化素质、增强身体素质、优化心理素质、培养审美素质，从而提升大学生的综合素质。在提高大学生思想认识的同时，高校应尊重大学生合理的精神需求，注重积极引导，提升大学生的精神文化境界，调动大学生的主观能动性，培养大学生的创新能力，开发大学生的智力潜能，从而最大限度地实现大学生的个人价值。

（二）思想政治教育的现实目标是提高大学生的主观能动性和创新创造性

高校思想政治教育工作的现实目标是提高大学生的主观能动性和创新创造性。思想政治教育工作是一个系统性工作，在该系统中，既有根本目标也有现实目标，现实目标是根本目标在特定时期和特定条件下的具体体现，更是具有现实意义和有效针对性的工作要求。

党的十六大提出了全面建设小康社会的奋斗目标；党的十七大对推进改革开放和社会主义现代化建设、实现全面建设小康社会宏伟目标作出全面部署；党的十八大提出要在党的十六大、十七大确立的全面建设小康社会目标的基础上努力实现“经济持续健康发展、人民民主不断扩大、文化软实力显著增强、人民生活水平全面提高、资源节约型、环境友好型社会建设取得重大进展”的新要求。这些目标和要求的实现，必须依靠全体人民的共同努力，而高校作为培养社会人才的重要基地，则需要通过思想政治教育工作的有效开展，充分发挥大学生的主观能动性和创新创造性。党的十八届五中全会提出：“坚持创新发展，必须把创新摆在国家发展全局的核心位置，不断推进理论创新、制度创新、科技创新、文化创新等各方面的创新，让创新贯穿党和国家的一切工作，让创新在全社会蔚然成风。”创新的事业必须由创新的人才来干，人才是创新的核心要素。习近平指出：“人是科技创新最关键的因素。创新的事业呼唤创新的人才。我国要在科技创新方面走在世界前列，必须在创新实践中发现人才、在创新活动中培育人才、在创新事业中凝聚人才。人才是创新的根基，是创新的核心要素。充分发挥优秀人才的主观能动性。”高校的思想政治教育工作，就是通过提高大学生的主观能动性和创新创造性，从而促进人才的培育，推动国家的发展。

大学生的主观能动性和创新创造性，是相互联系、密不可分的。主观能动性，指的是人的主观意识和实践活动对于客观世界的反作用和能动作用，人在能动地认识客观世界，并在认识的指导下能动地改造客观世界。这既体现了积极性，也体现了主动性。创新创造性指的是以现有思维模式提出有别于常规和常人思路的见解，利用现有知识和物质，在特定的环境中，为理想需要或社会需要而努力创新思想、事物和方法等，并能获得成效。主观能动性是创新创造性的前提，没有个人的主观能动性，就不会实现创新创造性，而创新创造性是主观能动性的重要表现。把大学生的主观能动性和创新创造性作为高校思想政治教育工作的现实目标，就是要把充分调动大学生在建设中国特色社会主义道路上，围绕全面建设小康社会新要求，推动国家新常态发展的主观能动性和创新创造性作为现实目标。

把提高大学生的主观能动性和创新创造性作为高校思想政治工作的现实目标，准确定位了高校思想政治教育工作服务于建设中国特色社会主义的集合点。广大青年一定要勇于创新创造。创新是民族进步的灵魂，是一个国家兴旺发达的不竭源泉，也是中华民族最深沉的民族禀赋，正所谓“苟日新，日日新，又日新”。青年是社会上最富活力、最具创造性的群体，理应走在创新创造前列。大学生蕴藏着为祖国建设和发展提供巨大力量的可能，因此，高校应重视思想政治教育工作，落实青年学子的目标培养，提高大学生的主观能动性和创新创造性，才能为中国特色社会主义建设提供强大的精神动力和丰厚的智力，才能真正发挥高校育人的作用，从而推动国家的发展。

四、贫困大学生思想政治教育的基本原则

贫困大学生思想政治教育原则是在实践经验的基础上，对以往活动进行的经验总结。它是思想政治教育规律的重要体现，也是做好贫困大学生思想政治教育必须遵循的基本准则。因此，贫困大学生思想政治教育原则应贯穿于教育过程的始终。

（一）针对性原则

把握针对性原则，一是教育的内容要有针对性。高校要深入研究贫困大学生的特殊性，既要做好经济资助工作，又要对其进行针对性的心理、能力、学业、情感等方面的教育。高校要教育贫困大学生具有坚定的政治信仰，强烈的国家意识、民族团结信念以及高度的文化认同感和归属感。既要重视他们的政治素质教育，又要注重道德修养。高校要对贫困大学生加强价值观教育，使其形成正确的贫困归因。高校要对贫困大学生加强爱

国教育，使其发自内心地对社会主义事业表示认同，具备正确的政治观念、高度的社会责任感和良好的道德意识。二是要有针对性地开展教育工作。高校要以满足贫困大学生的实际需求为教育工作的出发点和落脚点。高校要制定明确的工作目标、完善的工作方案、划分出清晰具体的责任。将各项工作落到实处，不断在实践中学习、总结、反思，做到有方向、有实践、有评价、有总结。

（二）实用性原则

实用性原则，就是要坚持理论联系实际，不断提高贫困大学生思想政治教育的实效性。它充分体现了马克思主义的精髓。坚持实用性原则，一是从贫困大学生的实际情况出发。高校思想政治教育工作者应及时了解贫困大学生的具体状况和特点，深入分析其背后的主客观原因，有针对性地开展教育。二是必须做到理论联系实际。高校思想政治教育者应运用正确的理论分析来解决贫困大学生的实际问题，并在实践中检验和发展理论。根据贫困大学生个体的实际需求，灵活运用思想政治教育方法，要因人制宜、因事制宜、因时制宜、因地制宜地开展教育活动。三是必须注重实效性，坚持与时俱进。高校思想政治教育者应时刻关注新情况、新特点、新问题，及时了解贫困大学生的诉求并提供帮助。除此之外，高校思想政治教育者还应该做好后续跟踪调查、评估反馈及调整工作，以便及时完善工作方案，更高效地解决问题。

（三）分类指导原则

分类指导原则就是教育者要承认贫困大学生之间的差异性，对其区别对待、分层次进行教育，做到既奖励优秀又兼顾大多数。坚持分类指导原则，一是深入调查贫困大学生的实际，了解其具体特点。在家庭经济条件、家庭结构、成长经历、自身性格等方面，贫困大学生个体之间有着明显的差异性。在思想观念、价值取向、生活方式不同的背后，常存在着多方面、多层次的原因。因此，教育者只有深入了解实际状况，才能更好地进行分层次教育。二是整体规划，分层教育，因材施教。在调查研究、分清层次的基础上，确定思想政治教育的整体目标，并针对不同层次的对象设定不同的分层目标。用不同的教育方法，帮助他们更好地内化。教育必须符合受教育者的实际状况，不能“一刀切”。整个贫困大学生思想政治教育过程要做到循序渐进、逐次提高。三是既要鼓励少数优秀学生，又要照顾多数，充分发挥优秀个体的激励示范作用。全体贫困大学生都是教育对象，既包括少数优秀的贫困大学生，也包括多数普通的贫困大学生。因此，教育者既要肯定优秀贫困大学生的突出成就，又要帮助普通贫困大学生整体进步，坚持以少数带动多数。

（四）系统性原则

系统性原则强调的是思想政治教育与其他工作的相互配合性，主要包括以下几方面：一是要将理论内容与具体活动相结合，在经济资助、课堂教学、能力提升等具体活动中，对贫困大学生实施多层次的思想政治教育。思想政治教育与其他具体活动相得益彰，既可以通过灵活多样的方式使思想政治教育内容被贫困大学生更好地吸收，又能进一步加深具体活动的教育意义。二是贫困大学生思想政治教育并不是思想政治教育工作者特有的工作，更需要高校各部门人员的通力合作。相关人员的广泛参与，有利于增强思想政治教育的整体效果。三是整合资源，运用多种宣传手段，汇聚各方力量。最典型的是课堂教学渗透法。在课堂上，教师用正确的价值观念、思想道德去潜移默化地影响贫困大学生的精神世界。除此之外，还可以将餐桌、报纸杂志、电台等作为舆论宣传主阵地，不断优化校园文化环境。

（五）平等性原则

平等性原则，强调的是师生之间的平等性、贫困大学生的主体能动性和制度的公平性。坚持平等性原则，一是要保持教育者和贫困大学生的双向交流，做到平等交流想法、平等交换意见。贫困大学生客观真实地反映情况、提出建议，能够帮助教育者了解真实情况，进一步改进工作。二是要充分发挥教育工作者的主导作用和贫困大学生的主体性。教育者对贫困大学生的引导作用主要体现在，精心安排其所需要的思想品德内容，营造有利于其发展的环境，从而引导贫困大学生思想品德向社会要求的方向发展。贫困大学生并不是消极被动地接受教育，而是主动地、有选择地接受。平等性原则强调的就是贫困大学生自我教育、自我实现和自我提高。

因此，教育者应更加注重发挥贫困大学生的主体能动性，通过满足他们的合理要求调动他们的积极性、主动性、创造性。三是要不断完善工作制度，高度重视程序公平。每个贫困大学生经济状况不同，贫困背后的原因也各不相同。程序公平更为突出过程的公平性，比结果公平更为公平。程序公平有助于贫困大学生与教育者之间进行更为密切的交流，更有利于激发其积极进取、奋发向上的状态。同时，教育者要做好贫困大学生思想政治教育的组织工作，强化组织保障，层层落实责任，进一步规范资助管理工作。

第二节　高校思想政治教育的内容

一、世界观教育

（一）辩证唯物主义教育

辩证唯物主义是马克思、恩格斯所创立的关于自然界、人类社会和思维发展的最具一般规律的科学。它既同唯心主义和形而上学根本对立，又同一切旧唯物主义有根本区别，是唯物主义和辩证法的有机结合。

辩证唯物主义认为：物质是第一性的，意识是第二性的，世界的统一性在于其物质性，意识是物质世界长期发展的产物，是人脑的机能和属性，是物质世界的主观印象；事物是普遍联系的，联系是指事物内部各要素之间和事物之间相互影响、相互制约和相互作用的关系；事物的普遍联系必然导致事物的运动、变化和发展。事物是永恒发展的，发展是前进的上升的运动，发展的实质是新事物的产生和旧事物的灭亡；对立统一规律是事物发展的根本规律，事物内部固有的矛盾性既是事物普遍联系的根本内容，也是事物变化发展的根本动力；量变和质变是事物运动的两种最基本的状态，一切事物的发展变化都表现为由量变到质变和由质变到量变的质量互变过程；事物的发展是由肯定到否定，又由否定到否定之否定的螺旋式上升过程。

进行辩证唯物主义教育，就是要帮助人们理解和掌握辩证唯物主义的基本观点，并运用这些观点去认识、分析和解决问题。要遵循客观规律，按客观规律办事，同时又要发挥主观能动性，把尊重客观规律和发挥主观能动性结合起来；要用全面的、联系的、发展的观点看世界，不能用孤立的、片面的、静止不变的观点看世界；要坚持两点论和重点论的统一，既要全面把握事物，又要善于抓住事物的重点；要注意量变和质变的关系，既要重视量的积累，注意事物细小的变化，又要根据事物的发展进程，不失时机地促使事物由量变到质变转化；要采取科学分析的态度和方法，坚持从肯定和否定的结合上去考察事物。在当前复杂的社会环境中进行辩证唯物主义教育，有助于人们学会用正确的观点和科学的方法透过复杂的社会现象看到社会的发展趋势，坚定建设中国特色社会主义的信心；有助于人们正确看待改革开放进程中出现的种种问题，看到党和政府为解决这些问题付出的巨大努力，明确自身在解决这些问题、推进社会主义和谐社会进程中负有的历史责任，从而积极投入到社会主义现代化建设中去。

（二）历史唯物主义教育

历史唯物主义是关于人类社会发展一般规律的科学。同自然界的运动发展一样，人类社会发展和人的活动也有自身的规律。马克思、恩格斯从社会存在与社会意识的辩证关系出发，深刻揭示了生产力与生产关系、经济基础与上层建筑之间的一系列规律，为人们正确认识人类社会历史及发展趋势，正确认识资本主义社会和社会主义社会的发展规律，提供了科学的理论指导。

历史唯物主义认为，社会存在和社会意识是辩证统一的，社会存在决定社会意识，社会意识是社会存在的反映，并反作用于社会存在；人类社会的发展是一个自然历史过程，社会历史发展有其固有的客观规律；生产力和生产关系、经济基础和上层建筑的矛盾是人类社会的基本矛盾，是社会发展的根本动力；阶级斗争是社会基本矛盾在阶级社会中的表现，是阶级社会发展的直接动力；人民群众是历史的主体，是历史的创造者。

进行历史唯物主义教育，就是要帮助人们理解和掌握历史唯物主义的基本观点，并运用这些观点去认识和分析社会历史现象。要通过历史唯物主义教育，引导人们认识到社会规律或历史必然性是不可抗拒的，社会主义代替资本主义是任何力量都阻挡不了的历史发展的必然趋势，从而坚定社会主义和共产主义理想信念；要使人们理解和把握生产力和生产关系的矛盾运动规律，坚持把解放生产力和发展生产力作为制定路线、方针和政策的出发点和归宿，坚持以经济建设为中心，积极投身于改革开放和现代化建设；要使人们理解和把握经济基础与上层建筑的矛盾运动规律，坚持在改革和完善社会主义经济基础的同时，不断改革和完善社会主义上层建筑；要使人们认识到人民群众是历史的主体。始终坚持一切为了群众，一切依靠群众、从群众中来、到群众中去的群众路线。始终坚持以人为本，坚持发展为了人民、发展依靠人民、发展成果由人民共享。

（三）马克思主义认识论教育

马克思主义在批判和继承前人认识论成果的基础上，把实践观点引入认识论，把辩证法运用于反映论，创立了能动的革命的反映论，第一次科学地解决了认识的产生和发展规律问题，实现了人类认识史上的伟大变革，为我们认识世界、改造世界提供了科学的理论指导。

马克思主义认识论认为：实践是认识的基础，人的认识从实践产生，为实践服务，随实践发展，并受实践检验，认识是主体在实践基础上对客体的能动反映；实践和认识相互作用。认识，特别是反映客观事物本质和规律性的理性认识，对实践有着巨大的指导作用；认识运动是一个辩证发展的过程，从实践到认识，从认识到实践，实践，认识，再实践，再认识，认识运动不断反复和无限发展；真理和价值在实践基础上是辩证统一的。

进行马克思主义认识论教育，就是要使人们理解和把握马克思主义认识论的基本观点，不断提高在实践中自觉认识世界和改造世界的能力。首先，要使人们把握认识和实践的辩证统一关系，在实际工作中坚持一切从实际出发，理论联系实际，实事求是，在实践中检验真理和发展真理，坚持解放思想、实事求是、与时俱进、求真务实，不断进行理论创新和实践创新。其次，要使人们把握认识的发展规律，学会运用归纳与演绎、分析与综合、从抽象上升到具体、历史与逻辑相统一等辩证思维的科学方法，将丰富的感性材料加以去粗取精、去伪存真、由此及彼、由表及里地制作加工，将感性认识上升为理性认识；坚持一般理论和具体实践相结合原则，运用调查研究等方法，实现由理论向实践的飞跃。最后，要使人们把握真理与价值的关系，坚持真理尺度和价值尺度的辩证统一，在实践中坚持和弘扬科学精神与人文精神，既坚持以科学的实事求是精神去认识世界和改造世界，又坚持把人民的利益和人的发展看作一切认识和实践活动的出发点，贯彻以人为本的原则。

二、爱国主义教育

爱国主义是公民必备的品德，是凝聚全国各族人民的精神支柱。首先，爱国主义是一种渗透到人们日常生活中的情感，这种情感使各阶层、各行业和各民族的人们产生统一的认同感。其次，爱国主义是一种信念和精神支柱，它是个体对国家民族的责任感，激励着人们为了国家和民族的利益而奋斗。爱国主义在不同的历史时期有不同的内涵和要求，在革命战争年代，爱国主义意味着抵抗外国入侵和反对反动统治。对于今天的人们来说，爱国主义是在中国共产党的领导下，团结起来进行具有中国特色的社会主义现代化，因此，今天的爱国主义和社会主义、集体主义相统一的。今天我们所谓的爱国主义教育是指培养人们对国家和民族的情感，促进人们爱国的行动。

爱国主义教育的作用是：第一，它培养了人们的爱国主义情感。爱国主义是一种朴素的情感，但是，通过爱国主义教育，能使学生更加了解祖国灿烂的文明和悠久的历史，认识到国家的发展进程，进而提高民族自尊心和自豪感，增强爱国主义情感。第二，爱国主义教育可以将爱国情感转化为一种信仰和信念。情感和情绪有时是盲目和不理性的，极端的爱国主义情绪很有可能会导致过激的甚至危险的行为的产生。例如，一些极端分子在爱国主义的情绪下可能开展极端活动和恐怖活动，一些国家打着爱国主义的旗帜发动战争，给普通民众带来灾难，威胁世界的和平。爱国主义教育是系统地培养学生的国家观念，将爱国主义情感上升为理性的爱国主义信仰，将维护国家利益和国家尊严作为自身思想和信念中重要的一部分。第三，爱国主义教育是推动爱国主义情感和信仰转化为爱国主义行动的过程。它引导学生通过认真学习、努力工作，为国家的发展做出贡献。

爱国主义教育培养人们为祖国和人民奉献的精神和能力，并积极促进我国的社会主义现代化。

具体如何进行爱国主义教育呢？

首先，爱国主义教育要根据学生的不同年龄段开展。在儿童阶段，爱国主义教育主要是通过动画、连环画、故事、儿歌等形式，对历史事件和人物、中国革命和改革的光荣传统等内容进行表现，用直观的方式树立起国家的形象，引导儿童对国家的感情。青少年阶段，是学生进一步社会化的阶段，这也是进行爱国主义教育的关键阶段，要深入开展中华民族优良传统和中国革命传统的教育，树立学生的民族自尊心、自信心和自豪感，培养勤劳勇敢、自强不息、热爱和平等的精神。对于大学生来说，要把爱国主义民族精神和创新精神的培养结合起来，学会在中国特色社会主义事业的伟大实践和社会的发展进步中学习成长，培养爱国情怀、改革精神和创新能力。

其次，要营造良好的爱国主义教育的社会环境。爱国主义不能停留在喊口号上，而应是一系列的活动和潜移默化的结果。例如，经常报道和宣传国家的发展和成就，定期举行升国旗仪式，创作关于国家历史的纪录片和影视作品。这些都可以激发和培养人们的爱国情操。学校和媒体要发挥积极的引导作用，对于一些过激的爱国主义行动要加以引导，切不可简单否定打击爱国热情。

三、公民道德教育

所谓公民道德教育，是指国家培养具备基本道德原则，并将社会的道德规范内化为基本素质的公民的过程。对公民进行道德教育，是为了使公民的行为和素质能满足社会的要求，这些要求包括公民的道德理想、道德标准、道德追求建设的要求，同时，爱国主义教育可以在主观上塑造公民的道德意识和道德判断，最终使其养成自身的道德观和行为准则。

进行公民道德教育，首先，要认真落实《公民道德建设实施纲要》（以下简称《纲要》）中的相关内容，广泛开展社会公德、职业道德和家庭美德教育，引导人们形成基本道德规范。公民道德教育不等同于公民道德建设，它是公民道德建设的重要组成部分。《纲要》提出，要把“爱国守法、明礼诚信、团结友善、勤俭自强、敬业奉献”作为每个公民都应该遵守的基本规范，这是公民道德教育的基本内容。《纲要》对公民道德建设的指导思想、主要内容、建设的具体措施等都进行了明确的规定，这些规定对公民道德教育有着重要的指导作用。其次，开展各种道德学习、评选活动，并利用媒体的舆论引导作用营造良好的公民道德教育氛围。开展讲文明、树新风等道德宣传活动，评选、宣传和学习道德标兵和模范，创建和评选文明单位和文明城市，通过这些活动调动人们学习先进、争做先进的积极性，加上媒体的宣传报道，营造出良好的社会风气和道德风貌。最后，要重视学校的公民道德教育。抓好各级学校的思想品德修养课程，坚持知行统一，积极开展道德实践活动，把道德实践活动融入学生学习生活之中，着力培养良好的道德品质和文明行为。

素质包括先天生理素质和后天习的素质。思想政治教育中的素质教育主要是指法制观念、人文修养和科学精神的培养，使其能与思想道德素质和知识技能等有机结合，提高人的综合素质。

法制观念能约束人的行为，使其行为都在合理合法的范围内进行。人文修养主要指人的文化底蕴，它可以净化人的思想情感，升华人的精神境界，提高人的综合素质。在思想政治教育中融入人文内容，在很大程度上拓宽了思想政治教育的视野和内涵，有助于使思想、道德、文化、审美、心理教育融为一体。科学精神可以培养人们形成科学的思维方式，转变落后保守的思维模式，培养现代化理性的思维方式，帮助人们对问题做出理性的分析和客观的评价，提出科学的解决方法。思想政治教育中的素质教育的作用就在于培养人们的法制观念、人文修养和科学精神，引导人们在遵纪守法的前提下，运用科学理性的思维方式去学习、生活和工作，提高人文修养、思想道德素质和知识技能。

素质教育的实施，要利用思想政治理论课的主渠道进行系统教育。同时，要将素质教育渗透到其他课程的学习之中，将素质教育同社会实践相联系，引导人们自觉运用科学思维方式、强化法制观念，促进自身思想道德素质、科学文化素质和健康素质协调发展，学会正确处理自身与他人、集体和社会的关系，成为合格的社会主义建设者和接班人。

四、人生观教育

（一）理想信念教育

理想是人们在实践中形成的对未来社会和自身发展的向往与追求。信念是人们在一定认识基础上确立的对某种思想或事物坚定不移并身体力行的精神状态。坚定的理想信念是一个人、一个政党、一个民族、一个国家的精神支柱和精神动力。社会主义、共产主义理想信念，是无产阶级和共产党人对人类社会发展规律和自身历史使命的自觉意识的集中体现。这里所说的理想信念教育，指的就是社会主义、共产主义理想信念教育。理想信念教育是思想政治教育的核心内容。

进行理想信念教育，就是要引导广大人民群众树立建设中国特色社会主义的共同理想。建设中国特色社会主义，把我国建设成为富强民主文明和谐的社会主义现代化国家，是现阶段我国各族人民的共同理想。它集中体现了人民群众的共同利益和愿望，是全体人民团结一致克服困难和争取胜利的强大精神武器。要通过理想信念教育，帮助人民群众确立在中国共产党领导下走中国特色社会主义道路、实现中华民族伟大复兴的共同理想和坚定信念。要引导人们认识到中国共产党是中国工人阶级的先锋队，同时是中国人民和中华民族的先锋队，是中国特色社会主义事业的领导核心，代表中国先进生产力的发展要求，代表中国先进文化的前进方向，代表中国最广大人民的根本利益，从而坚定对中国共产党的信任；要帮助人们认识到历史和现实都证明，党的十一届三中全会以来，由中国共产党团结和带领全国人民共同开创的中国特色社会主义道路，是进一步实现民族振兴、国家富强和人民幸福的唯一正确的道路，从而坚定走中国特色社会主义道路的信念；要引导人们认识到中华民族的伟大复兴需要一代代中华儿女前仆后继、共同奋斗，从而使人们坚定实现中华民族伟大复兴的信心，树立为实现民族复兴而奋斗的远大志向，为实现中华民族伟大复兴作贡献。

进行理想信念教育，就是要引导人们，特别是共产党员和先进分子树立共产主义的远大理想和坚定信念。第一，要使人们认识到实现共产主义是历史发展的必然趋势。共产主义理想不是乌托邦，不是凭空猜测，而是建立在对人类社会历史发展规律，特别是资本主义社会基本矛盾运动规律的科学分析基础之上的，反映了历史发展的必然趋势。第二，要使人们认识到共产主义的实现是一个漫长而曲折的历史过程。马克思指出："无论哪一个社会形态，在它所能容纳的全部生产力发挥出来以前，是决不会灭亡的；而新的更高的生产关系，在它的物质存在条件在旧社会的胎胞里成熟以前，是决不会出现的。"① 社会主义社会的充分发展和向共产主义社会过渡需要很长的历史时期，当代资本主义的灭亡和向社会主义、共产主义的转变也是一个长期的过程。第三，要引导人们在建设中国特色社会主义的进程中为实现共产主义而奋斗。共同理想是实现最高理想的基础和必经阶段；实现共同理想，必须以最高理想为根本方向。共产主义远大理想与中国特色社会主义共同理想辩证统一于人民为实现共产主义而奋斗的全部历史过程之中。我们必须始终坚持远大理想与现实奋斗相统一，既要树立共产主义远大理想，以高尚的思想道德要求和鞭策自己，更要从社会主义初级阶段的实际出发，脚踏实地为实现中国特色社会主义的共同理想不懈努力。

（二）人生观教育

人生价值是一个人的一生对自我、他人和社会所具有的意义和作用。人生价值不仅包括个人对社会的责任和贡献，而且包括社会对个人的尊重和满足。人生价值观就是人们对人生价值的总体看法和根本观点。它在人生观中居于核心地位，在深层次上影响、制约和指导人们的实践活动。加强人生价值观教育，对于帮助人们正确处理个人和社会的关系，实现人生的价值，具有重要意义。

进行人生价值观教育，首先要引导人们确立正确的人生价值目标。人生价值目标是指从根本方向和原则上指明人生应该追求什么和怎么做的基本取向，表现为人生"应当如何"的态度。它直接或间接地联系着人生的一切实践活动，为实现人生价值提供目标导向，是人生实践的重要指南。进行人生价值观教育，要注重引导人们选择和确立正确的人生价值目标。第一，社会主导的价值目标在客观上制约着个体的价值目标，个体的价值

① 马克思、恩格斯：《马克思恩格斯选集》（第2卷），人民出版社1995年版，第32页。

目标必须符合社会主导的价值目标。第二，必须从自身实际条件出发确定个人价值目标。

其次，引导人们正确地进行人生价值评价。人生价值评价是依据一定的价值标准，通过个人心理活动、群体意识倾向和社会舆论，对自己或他人的价值观念和社会行为进行衡量、分析和判断的过程。进行人生价值评价，必须正确把握人生价值评价标准。人生价值评价的根本尺度，是看一个人的实践活动是否符合社会发展的客观规律，是否通过实践促进了历史的进步。而评价人生价值的基本尺度，是劳动以及通过劳动对社会和他人做出的贡献，这是社会评价一个人的人生价值的普遍标准。同时，还要把握正确的人生价值评价方法。要坚持能力有大小，与贡献须尽力相统一；坚持物质贡献与精神贡献相统一；坚持完善自身与贡献社会相统一；坚持动机和效果相统一。

最后，引导人们努力实现人生价值。一是要帮助人们认识到，实现人生价值要从客观条件出发。人生价值是在劳动创造活动中实现的，人的创造力的形成、发展和发挥都要依赖于一定的客观条件；只有从社会客观条件出发，充分发挥自己的主体能动性，才能更好地实现人生价值。二是要引导人们不断提高自身素质和能力。个人的素质和能力在很大程度上决定着一个人的人生价值的实现程度。要实现人生价值，就必须不断提高自身素质，包括思想道德素质、科学文化素质和身体心理素质，提高认识问题和解决问题的能力。三是要引导人们发扬艰苦奋斗精神。坚决抵制拜金主义、享乐主义、个人主义腐朽思想，反对贪图安逸、追求享乐、满足现状、不思进取、个人利益至上的思想，做到积极进取、敢于拼搏、吃苦耐劳、勤勉敬业、无私奉献。四是要引导人们在实践中创造人生价值。实践是创造人生价值的源泉和基本途径。在当前，要引导人们全心全意地投身于推进社会主义现代化、实现中华民族伟大复兴的实践，实现和创造人生价值。

五、道德观教育

（一）集体主义教育

集体主义是一切言论行动以合乎广大人民群众的集体利益为最高标准

的思想。集体主义是公民道德建设的原则，是社会主义经济、政治和文化建设的必然要求。在社会主义社会，人民当家做主，国家利益、集体利益和个人利益在根本上是一致的，集体主义成为调节三者利益关系的重要原则。

集体主义教育是教育者有目的、有计划、有组织地引导受教育者树立明确的集体主义观念、增强热爱集体的强烈情感、形成良好的集体主义行为习惯的社会实践活动。集体主义教育的内容主要包括以下几个方面：首先，要帮助人们正确认识集体主义。集体主义强调集体利益和个人利益的辩证统一；强调集体利益高于个人利益，在个人利益与集体利益发生矛盾冲突时，必须坚持集体利益高于个人利益的原则，即个人应当以大局为重，使个人利益服从集体利益，在必要时，为集体利益做出牺牲；强调重视和保障个人的正当利益，那种把社会主义集体主义看作“敌视个人”“消灭个人利益”的观点，是对集体主义的误解。社会主义集体主义原则的根本思想，就是正确处理集体利益和个人利益的关系。其次，要培养人们的集体主义情感。要注意引导人们热爱集体、关心集体，加强对集体的责任感和荣誉感；在集体生活中，发扬互相尊重、相互谅解、团结互助的精神。最后，要帮助人们形成良好的集体主义行为习惯。引导人们在学习、工作和生活中，践行集体主义原则，正确处理国家、集体、个人的利益关系，形成良好的集体主义行为习惯。

我国正处于社会主义初级阶段，从广大人民群众的一般道德水准出发，根据发展社会主义市场经济的需要，对人们的道德要求应当具有层次性。作为社会主义道德原则的集体主义也具有层次性，大体上可分为三个层次。一是无私奉献，一心为公。这是集体主义的最高层次，是共产党员、先进分子应努力达到的道德目标。二是先公后私，先人后己。这是具有较高道德觉悟的人们能够达到的道德目标。三是公私兼顾。这是对我国公民最基本的道德要求。我们要根据社会的要求和受教育者思想道德状况的实际，分层次地进行集体主义教育。

（二）社会公德教育

社会公德是全体公民在社会交往和公共生活中应该遵循的行为准则，涵盖了人与人、人与社会、人与自然之间的关系。在现代社会，公共生活领域不断扩大，人们的相互交往日益频繁，社会公德在维护公众利益、公共秩序，保持社会稳定方面的作用更加突出，成为公民个人道德修养和社会文明程度的重要表现。进行社会公德教育，就是要大力倡导以文明礼貌、助人为乐、爱护公物、保护环境、遵纪守法为主要内容的社会公德，鼓励人们做一个好公民。首先，在人与人之间关系层面上，要倡导文明礼貌、助人为乐。做到举止文明、礼貌大方、互敬互谅，尊重他人、尊重个性、尊重差异；“以团结互助为荣、以损人利己为耻”，积极参加公益事业，力所能及地关心和关爱他人，在对他人的关心和帮助中获得人生的快乐。其次，在人与社会之间关系层面上，要倡导爱护公物、遵纪守法。自觉爱护公共财物，珍惜和爱护社会共同劳动成果，反对损坏公物、化公为私；“以遵纪守法为荣、以违法乱纪为耻”，既要遵守国家颁布的有关法律、法规，也要遵守特定公共场所和单位的有关纪律规定。最后，在人与自然之间关系层面上，要倡导热爱自然、崇尚自然、善待生命、保护环境、节约资源，树立生态文明观念，关心、支持、参与生态文明建设，为建设生产发展、生活富裕、生态良好的文明社会作出贡献。

当前，我国公民遵守社会公德的状况，总体是好的，但也存在着一些不尽如人意甚至令人忧虑的现象。因此，必须进一步加强社会公德教育，提高社会成员遵守社会公德的自觉性，提高社会公德水平。首先，要努力提高社会成员的科学文化素质、人文素质和心理素质，这是一项长期的工作，也是提高社会成员社会公德素养的基础性工作。其次，要建立全方位的社会公德教育体系。必须把家庭教育、学校教育和社会教育紧密结合起来，相互配合，相互促进。要突出加强社会教育，巩固家庭教育、学校教育的成果，促进公民社会公德教育的深化。再次，要开展多样化的社会公德实践活动。各地各部门要紧密结合实际，组织开展各具特色的社会公德实践活动，如“礼貌月”“排队日”“青年志愿者服务”等，在实践活动中突出思想内涵，强化道德要求，使人们的思想感情在自觉参与中得到熏陶，精神生活得到充实，道德境界得到升华。最后，要营造有利于社会公德教育的社会氛围。一切思想文化阵地、一切精神文化产品，都要宣传和倡导社会公德规范，大力宣传良好的社会公德行为和品质，坚决批评违反社会公德规范的各种不道德行为和错误观念，帮助人们辨别是非，抵制假恶丑，为推进公民社会公德教育创造良好的舆论文化氛围。

（三）职业道德教育

职业道德是指人们在职业活动中所应遵循的行为准则的总和，涵盖了从业人员与服务对象、职业与职工、职业与职业之间的关系。随着现代社会分工的发展和专业化程度的增强，市场竞争日趋激烈，整个社会对从业人员职业观念、职业态度、职业技能、职业纪律和职业作风的要求越来越高。因此，必须大力加强职业道德教育，不断提高从业人员的职业道德素养，鼓励人们在工作中做一个优秀的工作者。

第一，加强职业道德意识教育。职业道德意识主要包括职业道德认识、职业道德情感、职业道德意志、职业道德信念等。职业道德认识是人们对职业道德知识的理解和掌握，包括对各行各业在社会中的地位、性质、作用、服务对象、服务手段等方面的认识。职业道德情感是人们根据一定的职业道德观念，在处理职业关系、评价职业行为时所产生的内心体验，主要包括对所从事职业的荣誉感、责任感等。职业道德意志是指人们在履行职业义务的过程中，自觉地克服困难和排除障碍的毅力。职业道德信念是人们发自内心地对职业道德原则和规范的真诚信仰。通过职业道德意识教育，使全体从业人员具有明确的职业道德意识，是职业道德教育的基本任务。

第二，加强职业道德规范教育。社会主义职业道德规范可分为核心规范、一般规范和行业具体规范三个层面。为人民服务是社会主义职业道德的核心规范，是从业人员在职业活动中应遵守的最根本的准则。职业道德规范教育的首要任务就是帮助从业人员树立为人民服务的思想。职业道德的一般规范是《公民道德建设实施纲要》所指出的“爱岗敬业、诚实守信、办事公道、服务群众、奉献社会”，这是对各行各业提出的共同的职业道德要求。职业道德规范教育的基本任务就是帮助从业人员掌握并践行这些规范，树立爱岗敬业意识、勤业精业意识、职业规范意识。行业具体规范是从事该行业的从业人员必须遵守的职业规范，帮助从业人员了解并严格遵守各行各业的具体职业道德规范，也是职业道德教育的重要任务。引导各行各业的人们从自己的工作实际出发把握并遵守上述不同层次的道德规范，必将大大提高全社会的职业道德水平。

第三，加强职业道德行为教育。职业道德行为是指从业人员在一定的职业道德认知、情感、意志和信念的支配下，在实践活动中履行职业道德义务的实际行动。职业道德行为和习惯，是职业道德意识的综合表现和结果；职业道德行为和习惯的实际体验，又会反过来提高职业道德意识水平。职业道德行为教育是职业道德教育的关键，是职业道德教育的最终落脚点。

第三节　贫困大学生思想政治和品德教育的路径

一、贫困大学生思想教育工作中存在的问题

（一）贫困大学生思想政治教育观念存在偏差

1. 重视经济帮扶，忽视心理疏导和思想引导的现象仍然存在

对于大学生来说，经济问题会导致一系列问题的出现。因此，对贫困大学生的经济帮助是最重要的一项工作，是贫困大学生思想政治教育的基础。目前，高校已建立起较为完善的资助体系，并且逐步将资助与教育工作相结合，努力在经济资助过程中做好贫困大学生的教育工作。但是，贫困大学生的处境较为复杂，而高校在由于人力、物力上的局限，在帮助贫困大学生的具体工作方面还有许多不足之处，例如，在物质资助和思想指导上难以兼顾，在工作中往往忽视了贫困大学生的心理辅导和精神关怀。

与非贫困大学生相比，贫困大学生所面对的物质生活、家庭状况、心理状况等问题是十分复杂的。高校在开展工作的过程中需要及时、深入地了解贫困大学生的思想状况，不能忽视了他们的内心世界，要考虑到他们的整体承受能力和思想道德水平。特别是，经济援助也许会加剧贫困大学生的自卑感。高校应重视贫困大学生的心理健康状况，加强对他们的思想指导和心理辅导的力度。如果贫困大学生的心理和思想问题没有得到彻底解决，就不能从根本上解决贫困大学生的问题。

2. 重视学业成绩，忽视思想道德素质考察的做法仍有表现

来自贫困家庭和贫困地区的大学生身上往往背负着更高的期望。高校

资助贫困大学生往往重点考察他们的学习情况，将学业成绩作为评估贫困大学生的重要标准之一。但是，对大学的考察不应局限于此，具有高尚的道德、良好的品行、远大的抱负等，才是合格的大学生。在贫困大学生的帮助工作中，高校往往更加重视贫困大学生的学习成绩和社会实践，很少关注他们的思想道德素质水平。

在评定贫困大学生的奖学金时，高校所参考的条件往往是这些学生上年的绩点、科研成果、社会实践情况，再结合他们的贫困程度，最后选定获得者，学生的思想道德水平往往不属于考察内容，这种考察方式是不够全面的。成绩好不能等同于优秀，高尚的价值观、完善的道德观、健全的人格是一个人重要的内在品质。对于高校贫困大学生的关注，不可只偏重硬性指标，也要注重学生内在品质的培养。随着社会的不断发展，用人单位对人才的考察和要求是多方面的，忽视学生思想道德素质的培养，会使大学生难以适应社会的要求。

（二）忽视贫困大学生这一思想政治教育对象的特殊性

1. 忽视贫困大学生群体特殊性，导致贫困大学生群体“标签化”

与普通大学生相比，贫困大学生的特殊性体现在以下两个方面：一是教育内容、教育方式具有特殊性；二是经济困难很容易成为影响贫困群体与非贫困群体融合的阻碍。

第一，重点不突出，差异性体现不明显。所谓公平，并不是对全体成员的一律平等，而是要对特殊群体进行一定程度上的关怀和照顾。贫困大学生群体在经济、心理、综合能力等层面上有着自身的特殊性。这就要求贫困大学生思想政治教育活动的开展必须体现出教育内容和方式的差异性。作为一项为贫困大学生服务的实践活动，贫困大学生思想政治教育的根本出发点和落脚点应始终是以贫困大学生为中心，时刻关注贫困大学生的思想动态和发展需要，切实解决他们的迫切实际需求。然而，当前高校无论是在教育内容还是教育方式上，对贫困大学生的特殊关怀都体现得还不够明显。

第二，过于强调群体特殊性，共同性体现不明显。以特殊对待来促进公平，但不能因特殊性而缺乏平等性。高校必须要把握好特殊性、公平性和平等性三者之间的平衡。对待经济困难、心理脆弱敏感的贫困大学生，既要做到物质帮扶，又要注重贫困群体与非贫困群体之间的平等性，使他们和谐共处、共同进步。贫困大学生因经济困难而被拒绝与人交往的经历，在一定程度上反映出贫困大学生因经济困难而被标签化。贫困大学生群体因其自身的特殊性而被高校特殊对待。但过于强调贫困大学生群体的特殊性，就容易忽视贫困大学生群体与非贫困大学生群体的共同点。这样，就容易影响整体的公平性和平等性，影响二者群体之间的有效融合。大学生群体与贫困大学生是整体与部分的关系，高校要重视部分的作用，以便用局部的发展推动整体的发展。

2. 忽视贫困大学生个体特殊性，导致思想政治教育缺乏个体针对性

贫困大学生群体内部个体之间会在学习能力、人际交往、心理素质、综合能力等方面存在着一定的差异性。这种差异性具有一定的独立性和多面性。经济困难是贫困大学生群体的共性特征，但并不是所有的贫困大学生都存在着思想不坚定、自卑懦弱、情感依赖等问题。由于主观的认识偏差或客观的实际困难，高校常从群体整体出发，对其进行统一教育。个别教育不多，定期一对一谈话更少。这样，就容易忽视贫困大学生群体的内部差异，不利于教育者了解贫困大学生个体实际需求，使得教育内容和教育方式缺乏个体针对性。一方面，个体需要是多面的，既包括个体生存性需要又包括个体发展性需要；另一方面，虽然贫困大学生面临同样的困境，但因个人问题的根源不同、易接受教育的方式不同，教育方案也应有所区别。比如对贫困大学生进行心理辅导，若不清楚贫困大学生个体的家庭环境、成长经历、性格特点、价值观等具体方面的情况，就不能深入剖析造成贫困大学生心理困扰的具体原因，也就很难制订出针对性的解决方案。只有抓住了个体特殊性，才会更好地解决贫困大学生问题。

（三）贫困大学生思想政治教育的内容和方法、方式不完善

1. 贫困大学生思想政治教育的内容有待丰富

高校对贫困大学生的感恩教育和心理健康教育不到位。助学金的发放基本解决了贫困大学生的生活需求。除加大物质帮扶之外，高校还要从精神激励、心理辅导、能力提升、情感培育等方面进行教育和指导。通过对贫困大学生实际需求的深入调查，及时调整教育的突破口和侧重点。加大心理健康教育、感恩教育、诚信教育、法制教育和艰苦奋斗教育力度，培

养出全面成长、成才的社会主义接班人。

2. 贫困大学生思想政治教育的方法缺乏多样性、现代性、趣味性

贫困大学生的具体情况是复杂多样的，物质贫困只是其中的一方面，还有学习贫困、能力贫困、心理贫困、情感贫困等多种状况。其外化为心理焦虑、思想偏激、功利心重、学业困难等表现，不同状况的背后有各种各样的原因。高校常将复杂情况简单化，期望用理论灌输法和榜样激励法激励贫困大学生远大理想，奋发向上。灌输式教育方法的本质是将师生置于不平等的地位，期望用教师的绝对权威震慑学生。这样的教育方法，忽视了贫困大学生的主体性，不利于师生之间的平等交流。强势的理论灌输，反而更容易激起矛盾，进而引发不满情绪。单一且传统的教育方法缺少现代性和趣味性，极大地降低了教育工作的实效性。

3. 贫困大学生思想政治教育的方式缺乏灵活性

高校还是以讲座、经验分享为主要方式，一对一谈话也多为个别谈话。整体来讲，教育方式偏于整体教育，缺少个体针对性教育，教育方式创新性和灵活性不够。一方面，高校引进大批应届毕业生，思想政治教育工作队伍越来越偏向年轻化。年轻教师虽更具有亲和力，但因工作经验不多、实践能力不强，对教育过程的整体把控较差。面对特殊案例和突发状况时，教育方法的最大效用得不到发挥。另一方面，部分资深的教育工作者一味地依赖以往经验，缺乏对新情况的了解，往往按部就班开展工作。这样，导致了活动的开展缺乏吸引力和感染力，贫困大学生参与热情不高、参与度降低。再者，高校忽视了“校、师、生”三方互动。无论是经济资助还是思想教育，高校偏向于站在理论制高点和过来人的角度看待问题，习惯于思想单向灌输和经济给予。思想政治教育是双向互动的过程，部分高校忽视了学校、教师和贫困大学生相互之间的沟通与协作，导致了积极性不高、参与感不强现象的出现。

（四）对贫困大学生的经济资助和能力培养工作不完善

1. 贫困大学生认定的精准度不够高，档案动态管理工作不到位

贫困大学生认定的精准度不够高。各高校都通过一定的规章制度明确规定了对贫困大学生的认可标准。高校认定贫困大学生工作的开展，往往是基于贫困大学生主动递交申请书之上，并依照相关规章制度标准对其进行资格筛选，从而确定助学金资助对象。在同学们看来，拥有贫困证明并不是认定贫困大学生的硬性标准，反而有更多的同学倾向于学杂费缴纳状况、借债状况和生活费标准问题。目前大多数村委会只给村里的低保户出具贫困证明，而被确定为低保户的人家，或无儿无女，或儿女不赡养老人，或伤残病重。因东、中、西部地区经济水平的巨大差异、物价飞涨、高校收费越来越高，贫困大学生跨省在外求学开支较大，给多数贫困家庭带来了极大的困难。这些家庭没有低保证明，学生也就失去了被认定为贫困大学生的资格。笔者认为，贫困证明是经济贫困的证明，而贫困大学生面临的贫困不仅仅是经济贫困，更多的是发展性贫困。以贫困证明作为认定贫困大学生的硬性条件，忽视了对许多家庭经济困难学生的关怀，忽视了其发展需求的满足。

个体自我认知和自我要求的差异性，使每个贫困大学生对贫困的理解、对自身发展的要求有所不同，每个人能接受的贫困程度也不同。部分贫困大学生虽然符合家庭经济贫困大学生标准，但其对自身的生活水平和发展目标要求较低，自认为不贫困，不愿接受经济资助，也就不会主动申请贫困大学生认定。而部分学生虽不符合学校家庭经济贫困大学生标准，但有着更大的发展目标而无法满足自身合理的发展需求。还有部分贫困大学生因自卑心重、自尊心强等心理原因，害怕透露自己的家庭状况而不愿意申请贫困大学生认定。这样，在认定的实际过程中，很难做到完全覆盖，认定的精准性有待提高。再加上伪贫困大学生的冒领事件时有发生，认定工作仍然存在着不少突出问题。

高校档案动态管理工作不到位，数据库更新不及时。在市场经济的影响下，家庭的年收入也在发生变化。高校对贫困大学生的认定范围大多以来自贫困地区的务农、务工家庭为主，容易忽视城市生源贫困大学生的存在。部分因父母下岗失业或家中突发变故和受外来因素影响而突然陷入贫困的“新”贫困大学生，不容易及时获得学校关注。这部分贫困大学生往往心理落差大、情绪不稳定，思想认识容易发生偏差，高校对他们的关心还不够。也有一些贫困大学生的家庭会因遇到新的发展机会而摆脱经济困境。对于这部分不再需要帮扶的贫困大学生，高校对其档案处理得还不够果断、及时。这些都容易形成贫困大学生认定的“盲区”，使贫困大学生资助覆盖面不够大、数据库更新不及时、认定精准度不够高。

2. 对贫困大学生资助力度不够大，贫困大学生群体内部差距大

高校对贫困大学生的资助力度不够大，多数贫困大学生都身兼数职。从 2015 年到现在，国家不断加大扶持力度，坚决打好脱贫攻坚战，高校成立的贫困大学生经济资助项目越来越多。但脱贫攻坚具有长期性、曲折性和过程性，不能一蹴而就。多数贫困大学生拿到的资助金额还不够大，日常生活开销还是需要靠兼职来赚取。部分贫困大学生的学费和生活费需要通过父母借债、助学贷款、勤工助学等方式才能筹到，可见贫困大学生家庭经济着实困难。从数据分析来看，奖助学金在学费和生活费开销中所占的比例并不高，多数还是依靠家庭支持，学生数量较多的贫困家庭支付学费之后，就无法给贫困大学生提供足够的生活费。部分贫困大学生只能借助学生贷款和借外债支付生活费。在调查涉及的贫困大学生中，超过一半的同学都依靠勤工助学来维持生活开支。综上，高校的助学金资助力度还不够大，无法直接解决贫困大学生的生活费用问题。贫困大学生兼职频率之高，一方面是自身生活费不足，另一方面是想要补贴家用。贫困大学生在读书期间兼职补贴家用的思想，是高校对贫困大学生思想动态关注不足，缺乏正确的思想引导，使其忽视了读书的重要性。贫困大学生生活费不足，则是高校对其扶持力度不够大，为其争取奖助学金申请的机会还不够多。

贫困大学生之间的经济差距和能力差异较大。贫困大学生群体数量庞大，而经济资源有限，迫使高校不得不将更多的资金和机会集中于优秀贫困大学生。除国家励志奖学金之外，高校还设置了学校励志奖学金、企业励志奖学金等。但名额有限，自身素质参差不一，获奖的只能是少数学生，大部分人还是无法达到条件。高校用既定的标准衡量每个贫困大学生的学业和能力，评选出少数优秀贫困大学生，忽略了对多数贫困大学生的能力培养。这样，使得资源在贫困大学生群体内部分布不均衡，同时也加剧了部分贫困大学生对奖学金“事不关己”“无能为力”的消极态度。

3. 贫困大学生能力的培养欠缺，贫困大学生自我救助能力差

一是贫困大学生对贫困的理解偏差问题没有得到重视。一些贫困大学生产生了错误的思考和认知，以及对贫困有了片面、主观和极端的思考。他们认为贫困是可耻的，是对自身的一种永久束缚，对此产生了深深的恐惧感和无助感。甚至还有部分贫困大学生将贫困归因为社会分配不公，对社会产生了极大的不满与抗拒。他们将内心封闭起来，使得高校思政工作者无法了解其真实想法和观念，忽视了价值观教育的紧迫性，影响了贫困大学生认知能力的提高。二是贫困大学生十分缺乏自我认知教育。贫困大学生每个月生活费不高，且每个月伙食费占生活费的比重较大。经济窘迫是贫困大学生自我认知发生偏差的重要因素。对外貌的不自信、对自身能力的否定、对他人能力的过高估计等，都会诱发或加剧贫困大学生的心理问题，其本质是贫困大学生自我定位发生偏差。思想和心理问题往往是更深层次的问题。良好的自我认知能力是个人自信的重要来源，是提高其他能力的前提。高校常常只重点关注贫困大学生的经济困难，却疏忽了对其进行正确的自我认知教育。学业成绩是学习能力表现的一方面，因此，学业差与学习能力高低有着密不可分的关系。大学生活崇尚宽松与自由，学业成绩的高低更多在于学生自身。但高校对贫困大学生学业的关注仅限于课堂教学和奖学金激励制度，缺乏对贫困大学生学业的重点关注和补差型指导。高校对贫困大学生的学习能力培养仍有很多不足之处。

（五）贫困大学生思想政治教育工作队伍建设不完善

1. 数量不足，流动性大，整体素质不够高

具备良好素质的师资队伍是关键，身心健康、经验丰富、时刻充满热情的教师才能认真负责地做好这项工作。思想政治教育工作队伍主要包括思想政治理论课教师、心理健康教师、班主任、辅导员等。一是相关教育者数量严重不足。就目前情况而言，很多高校由于具体条件的限制，辅导员和班主任聘用数量不足，人员配备比达不到规定标准。从事贫困大学生心理健康工作的教师也不多，且多为兼职，常由思想政治理论课教师、班主任、年级辅导员、部分心理学教师，甚至退休教师来兼任。贫困大学生数量很多，而专职教育工作者很少，教师兼任问题严重，这就导致了教育工作者们精力有限、责任意识不足的问题时有发生。二是教育工作人员的流动性很大。辅导员几乎是高校各院系贫困大学生认定、资助、教育、就业等一系列工作的主力军，但其岗位缺乏吸引力、流动性很大。辅导员职位成为校内行政人员的流动职位。高校辅导员的工作任务重，工资不高，迫使很多人无心于教育事业。仅仅将“辅导员”视为职位转换的临时平

台，时刻等待调换的时机。辅导员岗位女性偏多、男性偏少，再加上较大的家庭经济压力，使得男性辅导员纷纷跳槽。这样就导致了辅导员岗位的男女比例严重失衡，队伍十分不稳定。三是教育工作人员的整体素质不够高。高校思想政治教育工作者新入职人员偏于应届毕业生，实际工作经验不足、业务水平不高，且多为本科学历，研究生不多，博士更少，逻辑能力有限、知识面太窄、大格局意识和学历高低对教育效果很有影响。部分高校辅导员入职学历较低、专业杂乱，缺乏心理学和教育学知识基础，这类辅导员数量急剧增加，给贫困大学生教育工作带来了不小的隐患。

2. 定位不明确，社会地位不高，职业认同感不够强

一是高校对教育工作者定位不明确。首先，政治理论课教师并不是完全的贫困大学生思想政治教育工作者。从工作内容来看，政治理论课教师肩负更多的是教学任务和科研任务，常被定位为专业教师，不能被称作是完全的贫困大学生教育工作者。其次，高校辅导员有着两种身份且地位尴尬。学院的学生工作主要集中在团委，日常思想政治教育工作也多由班主任和辅导员完成。但辅导员往往被列为除教师、行政人员之外的“第三种职业”，既不属于教师队伍，也不属于管理队伍，且大都不属于编制内成员。同时，辅导员既要接受学校领导又要接受学院领导，只要是学生事务，便自动归为其职责范围。除此之外，部分高校辅导员还兼顾教学任务，辅导员定位更加模棱两可。最后，辅导员和贫困大学生的相处过程中存在着矛盾。辅导员不仅是贫困大学生的亲密伙伴和知心好友，还是贫困大学生的引领者。亲密性削弱了权威性，权威性疏远了亲密性。辅导员的角色转换问题，阻碍了其与贫困大学生的深度沟通。

二是教育工作者社会地位不高、职业认同感不够强。首先，辅导员奔波在学生一线，琐碎的日常工作需要占用大量时间，不容易组织统一培训，导致其参加培训较困难。其次，辅导员工资收入低、晋升困难、社会地位不高，增强了其挫败感，降低了行为积极性和成就动机，常出现工作效率低、痛苦等不良现象。再次，频繁地人事调动加剧了辅导员对职业未来的担忧，长期职业规划不足，只能不断适应新环境、新同事、新学生。最后，贫困大学生的思想政治教育工作本就内容琐碎、见效慢，这也极大降低了辅导员工作的成就感。

二、贫困大学生思想政治教育优化路径

（一）突出贫困大学生的自我能力培养

1. 引导贫困大学生准确自我定位，提高自我认知能力

由于长期物质匮乏的不利影响，部分贫困大学生对致贫原因形成偏激的错误认识，不能客观地看待贫困问题。首先，高校要帮助贫困大学生正视贫困，助其树立起战胜贫困的信心和勇气。贫困问题是社会历史、地理环境、自然灾害等各种因素综合作用形成的，而不是贫困大学生个人的错误。贫困是人类社会普遍存在的现象，家境贫困也是正常的社会现象，贫困状态是可以彻底摆脱的。教育者可以通过邀请当年家境贫困的校友来校分享亲身经历的方式，引导贫困大学生认识到经济窘迫的暂时性，使其认识到经过不懈努力是可以战胜贫困的。作为贫困大学生的引路人，高校教育者要帮助其树立自立自强、艰苦奋斗的坚定信念，将贫困转化为人生奋斗的精神动力，利用自身的优势在变化的社会中逆境成才。其次，高校教育者要引导贫困大学生重新进行自我定位，形成对自身的清醒认知。高校可以以院系为单位，对辅导员、班主任、团委教师、任课教师等划分确定的责任。将本院的贫困大学生依教师数量进行分组，责任到人，形成教师与贫困大学生“一对多”的指导机制。比如，自 20 世纪 90 年代开始，扬州大学就开始执行本科生导师制，一直采用“1+2”的培养模式，将在职教师、学生党员、学生干部都纳入新生培养制度之中。高年级学生对新生的学习、生活等方面进行帮助和监督，而导师则重点培养其科研意识、实践意识和创新意识。

在教师与贫困大学生“一对多”的指导机制下，教育者就有较多的时间和精力给予贫困大学生更多的指导和帮助。教师可以结合自身理论知识和 SWOT 分析模型，引导并协助贫困大学生主动反思自身的优势、弱势，分析目前存在的机遇和威胁。在自省反思总结之后，教育者要鼓励贫困大学生不断尝试，在参加活动的过程中使贫困大学生挖掘潜力、强化优势，敢于正视弱点，明确努力方向，逐步建立正确的自我认知。最后，教育者要不断督促贫困大学生认真完成学业，提高自身能力，增强克服困难的决

心。通过增加阅读量，丰富贫困大学生的知识储备，提高贫困大学生整体的思维认知能力，尤其是促进其批判思维、历史思维的发展。

2. 引导贫困大学生及时自我调节，提高自我教育能力

长期经济贫困伴随的贫困文化渗透现象，使得贫困大学生的心理问题越发突出。由于心理健康知识不够、生活经验不足，部分贫困大学生抗挫折能力较差，不能及时调整自我情绪和心理状态。高校要做好心理健康知识的普及工作，不断对其进行自立自强教育，进一步提高其自我教育能力和抗挫折能力。一方面，要不断创新贫困大学生思想政治教育新模式，提高心理健康知识宣讲的趣味性。比如举办挫折教育专题报告会、“人际交往烦恼大揭秘”“你真的认识自己吗?”等专题讲座，深入浅出地剖析案例。高校要改变以往传统讲座“你讲我听”的模式，借助新媒体将师生互动贯穿于讲座全过程。主讲教师可以根据培训内容选择适当的方式将心理知识点串讲与个人提问相结合，或教师先进行心理知识点串讲，后进行贫困大学生个体提问解答，或从贫困大学生课堂提问内容中直接引申出相关心理学知识。这样，既增强了讲座学习的趣味性，又解答了贫困大学生心中的实际困扰。值得注意的是，传统心理课堂互动性较差、教育效果不明显的重要原因是学生隐私问题未得到高度重视和较好保护。心理问题属于个人隐私的一部分，大部分贫困大学生都不愿意将其公开，而传统的心理教育课堂又往往不能很好地保护学生的隐私。为保证活动的顺利进行，主讲教师和参与讲座的贫困大学生可以共同建立一个 QQ 群，鼓励贫困大学生在群里匿名讲述自己的苦恼。主讲教师再对提出的问题进行现场解答，贫困大学生也可以及时予以回应。现代传媒的便捷性很好地保护了贫困大学生的隐私，促进了师生互动的畅通。

另一方面，高校要对贫困大学生进行个别心理辅导。由于多数贫困大学生较为内敛，不愿意主动向外界寻求帮助。高校可以丰富心理咨询方式的多样性，比如，值班处咨询、网络咨询、信件咨询、电话咨询等。此外，教育者要主动向贫困大学生了解情况，做到定期了解，定期记录，定期跟踪。在实际工作中，要从贫困大学生个体出发，对不同性格的贫困大学生采用不同的教育方式。在教育工作中，教育者要充分考虑到贫困大学生个体的差异性和特殊性，满足其不同的心理需求，探寻心理需求背后的深层原因。与贫困大学生进行沟通时，教育者首先要表示出对其行为的充分理解和肯定，再运用相关心理学知识，结合其具体情况逐步进行心理疏导工作，帮助其正视现实和压力，鼓励他们勇敢地肯定自己，超越自己，发展自己。通过帮助贫困大学生重建自信，增强抗挫折能力，促进贫困大学生心态的良性发展。

高校必须依据贫困大学生的实际状况针对性地开展教育工作，引导贫困大学生进行更深层次的自我教育。高校要充分考虑贫困大学生的实际需求，提高贫困大学生主动学习的积极性，激发其自我教育的内在需要，相信贫困大学生可以自己教育自己。首先，高校要对贫困大学生展开自我教育的宣传普及工作，使其明白自我教育的重要意义，从思想上深化自我教育意识。其次，还要将思想政治教育渗透到日常生活之中，帮助贫困大学生在解决实际困难问题的过程中学会自我教育的方法。最后，高校要经常督促贫困大学生参与各种实践活动，使其在与人交往之中不断总结、增长经验，从而完善自我，以达到自我教育的目的。

3. 对贫困大学生进行知识技能培训，提高学习能力

贫困大学生的学业成绩、创新意识、思维能力、动手操作能力等，与非贫困大学生群体相比存在着一定的差距。为提高贫困大学生的自我救助能力，高校必须对其进行多方面的技能培训。

首先，要帮助贫困大学生做好发展规划，激发其内心追求进步的动力。大学生的学业规划要从大一做起，高校教育者要重点对刚入学的贫困大学生进行大学认知培训。高校可以督促各学院思想政治教育工作者对本学院刚入学的贫困大学生进行系统培训，从自我认知到学习阶段性规划再到未来就业出路，帮助其形成对大学四年清醒理性的认知。

其次，高校要对贫困大学生进行针对性学业帮扶，不断提高其专业技能能力。根据问卷结果可知，贫困大学生和非贫困大学生之间存在着明显的成绩差距，贫困大学生群体内部成绩差距也比较大。可见，贫困大学生群体学业能力整体较差，高校需要对贫困大学生的学习进行重点帮扶。

一方面，大学生学习成绩差的大部分原因在于自控力差。为此，班主任要积极关注贫困大学生的学习情况，定期举办学习汇报会，以此督促其认真学习。另一方面，要拉近专业课教师与贫困大学生的距离，鼓励贫困大学生课下向教师请教学习问题。高校也可以组织开展优秀学生与贫困大学生的“一帮一”结对学业帮扶活动，帮助贫困大学生学到更多的学习方法和技巧。再者，各学院要积极举办各类学术讲座，帮助贫困大学生了解专业前沿知识。组织国家奖学金、励志奖学金获得者进行学习经验分享，帮助贫困大学生优化学习方法、提高学习技能。

再次，高校要组织计算机系专业教师利用周末对贫困大学生进行计算机培训，同时给予教师以一定的补贴。通过对贫困大学生进行计算机培训，可以快速提高其网上信息搜索能力，进而帮助其主动快速了解本专业的最新学术动态，搜集就业信息，了解相关就业要求，提前为就业做准备。熟练的计算机操作能力既对贫困大学生学业有帮助，又为其未来就业增添了保障。

最后，高校要注重提升贫困大学生的创新能力。贫困文化严重束缚着贫困大学生的创新思维，制约着贫困大学生的创新能力。受贫困文化的长期熏陶，贫困大学生往往表现出思想保守、行为拖延的特点。这使得贫困大学生步步谨慎、做事拖拉，考虑事情过于复杂、缺乏果断。足够的专业知识和创新能力，是帮助贫困大学生真正摆脱贫困的核心要素。为削弱贫困文化对贫困大学生的继续影响，高校必须帮助贫困大学生革除旧观念，为其提供更多的指导帮助、更大的实践平台，使其主动学习、主动掌握新思想、了解新动态。

4. 为贫困大学生搭建实践平台，提高人际交往与就业能力

同学关系和师生关系是贫困大学生人际关系中的两个重要部分，与校园精神环境的构建密切相关。高校有意识地指导贫困大学生的人际交往，有助于其对人际关系形成正确的认知，学会妥善处理人际关系，从而减少因人际交往困难引发的心理问题。社会实践是提高贫困大学生能力的关键步骤，是其了解社会、增长见识、增加实践经验、锻炼人际交往能力的重要平台。

首先，高校要优化同辈群体环境，培养贫困大学生的人际交往能力和健康的交往行为，以促进贫困大学生的社会化。一是要帮助其树立科学的交往理念。树立科学的交往理念可使他们端正交往的思想动机，真诚友善地对待同学，避免功利主义、拜金主义等不良思想倾向。二是要加强交往教育指导。高校要开设人际交往实践选修课，帮助贫困大学生同时从理论上和实践中两个方面提高人际交往能力。让贫困大学生在实践中交朋友，教师传授其心态调整的技巧和方法，并对需要帮助的人际关系给出指导性建议。三是要加强对贫困大学生日常人际关系的关注，加强对其行为的动态监督。必要时，要对其进行“一对一”深谈，帮助其疏通心理问题，使其掌握正确的自我调节方法和人际交往知识技巧，及时解决面临的实际困难。针对有着人际交往心理恐惧的个别贫困大学生，高校要安排专门的指导教师对其进行“一对一”的隐私性指导，并做好定期跟踪服务工作，确保问题得以真正解决。

此外，高校还可以通过设立心理咨询信箱、开通网上聊天咨询、普及心理咨询热线等方式为贫困大学生提供援助，既能帮助部分不敢于面对面咨询的贫困大学生解决人际交往问题，又能很好地保护隐私。

其次，高校要组织贫困大学生参加深入社区、企业、农村的社会实践，锻炼贫困大学生的课外实践能力，培养其社会适应力。鼓励贫困大学生积极参加公益宣讲、爱心支教等暑期社会实践活动，在实践中强化其奉献意识、责任意识和感恩回馈意识。同时，通过参加社会实践，贫困大学生能够对自我有更清晰的认知和判断，社会适应能力不断得到提高。由于高校提供的锻炼机会数量有限，只能先提供给部分优秀大学生，就出现了多数贫困大学生缺乏锻炼平台的现象。因此，高校要积极创造实践机会和条件，为有需求的贫困大学生提供更多的实践平台，进而提升贫困大学生整体的能力素质。比如，增设校内勤工助学岗位、与企业建立长期合作大学生实习基地、举办感恩主题的征文活动、举办贫困大学生创业大赛等，帮助贫困大学生在实践中提高能力。

稳定的实践基地可以给高校贫困大学生提供稳定的实习单位和更多的实习机会，可以使贫困大学生实践活动更具有长期性、系统性和固定性。高校要鼓励贫困大学生积极加入学生会、社团等团队性组织，使其在社交活动中体会到人际交往能力的重要性。鼓励贫困大学生主动走出来，在与人交往之中获得情感和心理上的鼓励，在实践中弥补自身不足。通过参加集体活动，可以培养贫困大学生的团队意识，提高其组织协调能力、应变能力、人际交往能力和自我管理能力。

再次，支持贫困大学生自主创业，是帮助贫困大学生脱贫的重要举措。高校要组织校级及各院系就业信息部门、定期给贫困大学生进行创业知识普及、邀请知名校友返校讲述创业经验，帮助贫困大学生了解完整的创业程序、掌握实用的创业技能。高校要对有创业意愿的贫困大学生进行重点培养，开展相关的创业培训，帮助其找到贴合市场需求、适合自己的发展路子，对其创业过程中遇到的资源问题、技术问题、资金问题、心态问题及时予以帮助。对于选择自主择业的贫困大学生，高校要督促校级及各院系就业信息部门分年级、分阶段，专人负责贫困大学生的职业生涯规划和职业能力培训，提高其就业竞争力。在组织贫困大学生就业实习时，要结合专业要求、个人兴趣和个人具体情况等，双向选择实习岗位。在不了解自身情况的前提下，先进行多次尝试，反复实践，为最终就业做尝试性准备。同时，高校要加大对各类实习岗位的宣传，增加贫困大学生对工作性质和工作内容的了解。高校要做到：实习前要统一进行培训，实习过程中要耐心进行疑难解答，实习结束后要督促贫困大学生及时反思总结，并对其表现进行专业的一一点评。这一过程可以帮助贫困大学生将理论与实践紧密结合起来，加深其对专业知识的理解和吸收。针对就业困难的贫困大学生，高校要严格落实责任制度，实行导师负责、全员帮助、个性化指导的全面措施，确保贫困大学生能够找到合适的就业岗位。

最后，高校要不断完善勤工助学制度，给贫困大学生提供更好的就业体验。勤工助学是学校用于缓解贫困大学生经济困境、提高其综合素质的一种实践活动。勤工助学已成为各高校公认的提高贫困大学生自救能力的重要渠道。但目前高校中勤工助学岗位发展相对滞后，存在着岗位数量不足、专业性不强、耗时长、劳动报酬低等问题。这种种问题都制约着高校勤工助学岗位对贫困大学生能力提升作用的发挥。因此，各高校应激发勤工助学的内在潜力，探索勤工助学新模式。一是要根据高校实际情况增设勤工助学岗位，提高勤工助学岗位的数量。勤工助学已成为大学校园里的新流行，不再是贫困大学生的专属岗位。岗位少、需求大的现实问题，亟须高校增设更多的勤工助学岗位，优先安排贫困大学生。二是要增强校内外勤工助学岗位的专业性。高校现有勤工助学岗位大多是简单琐碎事务的处理，以细心和耐心为主，与贫困大学生的专业相关度不高。高校设立助学岗位的目的，是为了让贫困大学生在实践过程中进一步巩固专业知识，提升综合能力，获得更多的自我发展。为此，高校应积极增设“管理型”“知识型”的助学岗位，比如教学信息员助理、学生工作班主任助理、科研助理等技术较强、难度较大的岗位。各院系可以结合年级高低、能力高低、性格差异等具体条件，为不同贫困大学生安排不同的岗位。三是要注意缩短工作时间，提高劳动报酬。四是设置更多的“校企”合作勤工助学岗位，充分利用贫困大学生的寒暑假时间，为其提供岗位的有偿兼职。在寒暑假期间，贫困大学生大多去餐饮、电子厂等场所打工，实践内容与专业无关，而且报酬也很低。“校企”合作的勤工助学岗位可以使贫困大学生提前接触社会，提高社会适应能力，评估自身与社会要求之间的差距，明确今后努力的方向。在增长经验的同时，也可以使贫困大学生获取比以往暑期兼职更高的工资薪酬。当然，为了不损坏提供勤工助学岗位企业的利益，需要严格限制参与“校企”联合实习型的勤工助学贫困大学生的专业类别，同时，可以附加该贫困大学生在毕业后需要到该公司实习一定期限的附加条件。

（二）丰富贫困大学生思想政治教育的内容与方法

1. 拓展思想政治教育内容的多面性

贫困大学生的思想政治教育内容应该根据贫困大学生的实际情况，并结合社会发展要求而不断丰富和发展。一方面，紧密结合时代发展要求，与时俱进，坚持教育内容与时代精神高度融合。另一方面，根据贫困大学生的需求动态变化，拓展教育内容，提高教育内容的丰富性、层次性和针对性。鉴于贫困大学生相关的思想政治教育内容不丰富问题，高校应从经济资助、精神激励、心理疏导、能力提升、情感培育等方面不断拓展教育内容。

首先，高校要做好经济资助工作。物质匮乏引发了多方面问题。贫困大学生最根本的问题是经济问题，经济资助是高校要进行的首要工作。高校应对其加大物质帮扶，不断增强资助工作的广度、深度和精确度。同时，要加大价值观教育，帮助其正确认识和对待贫困，树立良好的金钱观和消费观。

其次，高校应做好心理咨询，避免只重物质帮扶，忽视思想引导。要针对性地解决个人心理问题或情感问题，进行挫折教育，提高其自我调控能力和自我教育能力。

再次，高校要重点做好思想道德和人格的教育工作。一方面，注重对其进行诚信教育、法制教育、感恩教育，帮助其增强诚信意识、法律意识，引导其学会知恩、感恩、报恩、施恩。另一方面，注重对其进行理想信念教育、艰苦奋斗教育、自力更生教育，帮助其进一步明确人生目标、树立起积极的人生态度，培养其吃苦耐劳精神和经济独立意识。

最后，高校要对贫困大学生进行学业帮扶和能力提升教育，保持物质帮扶与能力指导的平衡性。要帮助贫困大学生端正学习态度、养成良好的学习习惯，对他们遇到的各种学习问题及时进行解惑和指导，以此来不断提高其学习能力。此外，要注重对贫困大学生人际交往能力、基本技能的培训，提高其实践能力和自我救助能力。还要注重帮助其端正就业态度和劳动态度，进行针对性的指导和培训。贫困大学生就业能力的不断增强，才是可以帮助他们真正解决问题的途径。

2. 增强思想政治教育方法的灵活多样性

贫困大学生的思想问题与贫困大学生所处的环境密切相关。贫困大学生所处环境的复杂性决定了高校的贫困大学生教育工作必须要灵活运用多种教育方法。教育方法的多样化有助于提高教学的趣味性，有助于提高贫困大学生教育工作的整体效果。

榜样激励法。高校运用榜样激励法进行思想政治教育，也就是思想政治教育者通过恰当运用贫困大学生群体中典型的正反面人或事，起到激励或警醒贫困大学生的作用。在运用榜样激励法时，要注意榜样选取的科学性。首先，榜样要具有真实性，高校要实事求是地从贫困大学生中选取和宣传榜样。高校可以在贫困大学生中选取出社会公德、家庭美德、个人品德、科研成果、实践能力等任一方面有着突出表现的贫困大学生，作为贫困大学生群体的榜样。高校要注意对优秀贫困大学生经历进行客观、真实的报道和宣传，以便增强说服力和号召力。其次，榜样要有代表性。比如，扬州大学近年来都会以科研成果为主要参考标准，评选出多名年度优秀贫困大学生，并邀请其参加学习交流会，与其他贫困大学生面对面讲述自身经历、交流学习技巧、分享学习心得。最后，有必要掌握正面典型，善于使用反向教材。高校可以增强在校生与毕业生之间的互动性，毕业生的经验分享对在校生的成长有着更为直接的意义。优秀毕业生的成长事迹可以引导贫困大学生更快进步，毕业生的遗憾与后悔则可以对在校贫困大学生起到较好的警示、劝阻和指导的作用。

实践锻炼法。实践锻炼法是教育者不断引导受教育者参与社会实践，在社会实践的过程中达到提高受教育者能力的目的的方法。高校持续向其提供各种实践锻炼的机会，使其在社会实践的过程中不断提高思想认知能力、自立能力和就业能力。高校在运用实践锻炼法的实际过程中，要注重个体性、持久性和稳定性。首先，实践锻炼要因人而异，选择适合贫困大学生个体的实践锻炼方式。根据贫困大学生的思想实际状况、能力状况、性格特点等具体情况，选择适合他们的实践方式。比如，有的贫困大学生缺乏集体意识，就增加其为班集体服务的机会；有的贫困大学生不善言辞、不怕吃苦，就交给他们一些需要细心和耐心的工作。其次，实践锻炼要持之以恒，而不应该是一时的心血来潮。贫困大学生只有在反复的实践锻炼中才能将良好的思想品德内化为坚定信念，并转化为良好的行为习惯。最后，要建立长期的实践锻炼基地。稳定的实践基地是贫困大学生进行长期实践锻炼的重要保证，有助于保证贫困大学生实践锻炼的稳定性、长期性和系统性。

自我教育法。自我教育是自我内化的过程。个体自我教育就是通过自学、自律和反思的方式不断加强自我行为管理。集体自我教育是通过讨论会、评比竞赛等方式，增强集体成员之间的相互影响，做到相互督促、共同进步。只有在共同体中，个人才能获得全面发展其才能的手段。自我教育法并不是纯粹的自我教育，更需要发挥教育者的引导作用。一方面，贫困大学生思想政治教育者要善于挖掘和引导贫困大学生的内在需求，逐步引导其进行自我教育。内在动力才是不断促使贫困大学生需求外化的重要因素。高校要及时督促贫困大学生进行自我反思，激发其自我教育需要，引导他们不断进行自我发展、自我完善。另外，高校要积极组织开展各种有利于贫困大学生进行自我教育的活动，有意识地加强其进行群体自我教育的机会。参与群体活动，可以让贫困大学生在交流中观摩学习，明白自身能力的欠缺、明晰努力的方向。在与他人比较之中，对自我进行合理的实际评价，从而自觉调整自我。

心理咨询法。高校对贫困大学生定期开展心理咨询，是关注其心理健康发展的需要。通过对贫困大学生心理的及时了解与分析，可以帮助其宣泄情绪、疏导心理、引导贫困大学生获得理性的认识并做出合理的选择。首先，高校必须要注意营造教育者与贫困大学生之间的良好氛围。和谐、平等、民主的交往氛围，更有助于贫困大学生坦露心声。良好的师生关系显得尤为重要。其次要注重了解贫困大学生个体的实际情况，进行针对性的个体心理辅导。统一化的心理教育只会加剧贫困大学生的抵触心理，弱化思想政治教育的作用效果。最后要注重引导贫困大学生培养良好的自我认知能力，增强其理性分析能力。思想政治教育者要帮助贫困大学生对各种问题进行梳理，引导其看到问题的本质，从而使其思想观念深处得到改善。因此，各类教育者要普遍提高运用心理咨询技术的能力，不能仅仅依靠心理健康咨询中心的教师。

新媒体技术的运用。随着信息科学技术的飞速发展，贫困大学生掌握和运用现代信息技术能力的意识越来越强。高校要运用好新媒体技术的先进性和灵活性，不断推进贫困大学生思想政治教育信息化。因此，高校贫困大学生思政工作者要创新改进网上宣传，巧用网络热词，提高微博、微信推送内容的趣味性。运用网络传播规律，借助贴吧、论坛、知乎、微博、微信等网络社交平台与贫困大学生进行互动。推荐贫困大学生积极关注网易云阅读开放平台，推动线上教育与线下教育的有效融合。同时，及时关注贫困大学生的最新动态并利用大数据平台进行实时分析，深度挖掘其兴趣点，切实满足其合理实际需求。

（三）重视贫困大学生思想政治教育的工作队伍建设

1. 严格坚持准入机制，提高队伍专业化

高校贫困大学生不同于一般的大学生，需要教育者用更多的细心和耐心，从经济、思想、心理、学业、能力等层面关爱其成长。思想政治教育工作队伍的人员配备，直接影响到贫困大学生的教育质量。一方面，贫困大学生数量不断增多；另一方面，部分高校并未拥有责任划分清晰的专门从事贫困大学生工作的教育者，数量不够充足，且高校行政岗位录用的多为本科生，故其队伍整体素质不够高。为此，工作人员的选拔，要做好以下几方面工作。一是要按照 1∶200 的比例足额配备各类辅导员。高校可以从思想政治教育专业优秀硕博毕业生中选拔，挑选德才兼备的毕业生从事辅导员工作，以解决辅导员数量不足问题。二是依照国家相关法规和学校制度，严格执行辅导员准入机制，提升辅导员的整体素质水平。在选拔的过程中，要严格限制辅导员的学科体系和专业方向，增强辅导员队伍整体的专业性，严格考核辅导员的各项能力。高校还可以通过出台相应的优惠政策，吸引博士高学历人才从事贫困大学生辅导员工作。三是努力保持贫

困大学生教育工作队伍的稳定性。辅导员是贫困大学生工作的主力军，要维持贫困大学生工作队伍的稳定性，就必须减少辅导员队伍的流动性。高校要对辅导员进行精心培训，使其更加认可“辅导员”这个职业，把这项工作当成自己的事业看待。一方面，在辅导员数量充足的前提下，划分每位辅导员关于贫困大学生工作的专项具体范围，降低个人工作量。另一方面，优化辅导员结构。高校要扩大男性辅导员的招聘比例，不断优化辅导员的性别结构。进一步提高准入机制，优化贫困大学生专职辅导员的学科结构、学历结构和职称结构。

2. 强化培养晋升机制，增强职业认同感

在高校贫困大学生管理工作中，辅导员是主要的思想政治教育工作者之一。他们往往同时具有干部和教师两种身份，既是管理工作人员，也是人民教师。正是辅导员两种身份的存在，使得辅导员处于行政管理人员与教师之间的尴尬地位。为此，高校必须明确辅导员的职业定位，建立完善的辅导员奖励机制，增加辅导员的岗位津贴，核定辅导员的事业编制，拓宽辅导员的发展路径。高校要为辅导员发展搭建更为广阔的平台，采用按照实际能力的大小而晋升的用人办法，进一步优化辅导员的流动和晋升机制。鼓励志愿从事辅导员工作的辅导员增加业绩，不断提高业务能力，组成一支职业化队伍；选拔出能力强、政治素质高的辅导员，作为优秀储备干部来培养；推荐有较高科研能力和教学能力的辅导员从事教学科研工作，并提供学术进修的机会。无论是成为职业化、专家化的辅导员，或转为从事教学科研工作者，还是作为党政干部的储备资源，高校辅导员的出路和发展都应根据其自身的意愿、条件和要求进行选择。各高校党委务必须同等对待辅导员和专业教师，做好编制、职称、培训、晋升等工作，为其解决专业化和职业化发展道路上的各类阻碍。

同时，高校要在政策向他们有所倾斜、重视他们的工作、关心他们的生活，努力创造出更好的生活条件和工作环境，不断提高其工作积极性。除此之外，高校还要不断优化贫困大学生教育工作者的培训。从辅导员新人到成长为一名优秀的辅导员，强化辅导员的培养机制是一个关键环节。高校可以根据本校实际状况，建立不同层次、不同类别、形式多样的培训机制，定期对他们进行相关的教育培训，并做好签到和反馈工作。组织新入职辅导员进行岗位职责学习、教育心理学理论知识的学习，推动其了解工作内容和学习工作经验。对在职辅导员进行专业化业务能力培训，提高其心理咨询与辅导能力，增强其危机干预能力。高校可以经常开展各院系辅导员的业务交流活动，创造机会选送在职辅导员到其他高校进行短期顶岗交流，学习其他高校的管理经验，并将工作经验在全校全体辅导员中进行分享。最后，要不断拓展辅导员的职业发展空间，优化晋升通道，支持其进行出国研修、学历提升和交流任职。高校要积极创造相关条件，推荐优秀辅导员攻读相应的博士学位，增长理论知识，提高理论修养，以便返校后做好辅导员工作。

（四）加强贫困大学生思想政治教育的工作机制建设

1. 健全物质与道德激励融合的资助育人长效机制

高校要"实现无偿资助与有偿资助、显性资助与隐性资助的有机融合，形成'解困—育人—成才—回馈'的良性循环。"贫困大学生思想政治教育工作要始终坚持把扶困、扶智和扶志结合起来。全面统筹实现贫困大学生培养的各种资源和力量，将经济资助与理想信念、道德素养、能力培养有机结合，健全资助育人长效机制。思想素质是精神层面的一部分，也是最为重要的一部分，占据着举重若轻的地位。长期的贫困会在贫困群体间形成一种贫困亚文化，而由于贫困文化的代际传递影响，贫困大学生或多或少会沾染一些不良的贫困思想。长此以往，贫困亚文化中包含的一些惰性思想会渐渐动摇贫困大学生的拼搏意志，磨掉其吃苦耐劳的精神，进一步吞噬其思想信念支撑，使其不思进取、得过且过。因此，高校务必要在物质帮扶过程中展开思想政治教育。一是避免只重视社会帮扶，忽视思想引导。鼓励贫困大学生勤俭节约，树立正确的消费观念，继续发扬朴素的生活作风。加强对贫困大学生的理想信念教育、诚信教育、感恩教育和法律意识教育，培养其奉献精神和高度的社会责任感。

2. 健全辅导员和思想政治理论课教师融合育人机制

思想政治教育各方面力量的综合化运用是高校思想政治教育的综合育人趋势的重要表现。从整个社会的范围来看，增强思想政治教育的社会合力意味着促进学校教育、家庭教育和社会教育相互之间的不断融合。从高校内部来看，贫困大学生的思想政治教育工作涉及方方面面，需要高校领导、宣传部、心理咨询中心、学工部、教务处、校团委与各院系团委相互协作、共同完成。坚持学校党委统一领导、各部门广泛参与，发挥出贫困大学生思想政治教育工作的最大效力。辅导员和思想政治理论课教师都是高校贫困大学生教育工作队伍的主要力量。他们具有各自的优势，恰好能够形成优势互补效应，二者协同发展，有助于组建高理论水平与强实践能力并存的专业化教师队伍，有助于高校贫困大学生培养目标的实现。贫困大学生作为二者共同的教育对象，思想政治理论课教师侧重于理论研究与教学，辅导员则侧重于对贫困大学生的日常事务处理、基本规范检查等实践性方面。思想政治理论课教师的理论知识与辅导员的实际工作经验都是贫困大学生的思想政治教育工作所需要的隐性教育经验。思想政治理论课教师在具体工作中，要以贫困大学生为中心，把握好学生的思想特点和发展需求，不断优化内容、改进方法、创新工作新形式。

辅导员要熟悉贫困大学生的基本情况，掌握其思想动态情况，做好资助工作和奖助学金评比等日常事务管理工作。高校要在辅导员和思想政治理论课教师之间搭建合作平台，形成优势互补效应，充分发挥课程育人、科研育人、实践育人、资助育人对贫困大学生的影响作用，构建十大育人体系。二者的工作有着明显的差异性，但正是这种差异性的存在，使得他们互相合作、相互推进成为可能。思想政治理论课教师有着丰富的教育学、心理学理论知识，但与贫困大学生的深入接触并不多，对其实际情况不太了解。辅导员虽然与贫困大学生联系密切，较为了解贫困大学生实际状况，但由于长期的工作压力，其理论知识较为匮乏。因此，高校可以推动辅导员和思想政治理论课教师相互合作，共同从事贫困大学生方面的工作。

3. 健全档案动态管理及受助资金使用跟踪调查机制

健全贫困大学生的档案动态管理机制。高校要特别重视贫困大学生的档案管理工作，聘请专人负责贫困大学生的档案分类管理工作，维护好贫困大学生信息管理数据库。高校要从新生入学开始就做好规划统筹，将新入学贫困大学生的基本信息及时录入贫困大学生信息库。高校要督促大学生心理健康中心做好新生的心理状况评估工作，指派专攻心理学、教育学、管理学方面，有经验的教师，对新入学的贫困大学生进行群体思想心理状况评估和个体情况科学分析，制定出详细的教育培养和资助指导规划方案。学校贫困大学生教育工作者要定时通过问卷、访谈、抽查等方式，了解各院系贫困大学生的整体情况。各院系相关的贫困大学生教育工作者要定期与本院贫困大学生进行“一对一”深度谈话，获取贫困大学生情况的第一手资料。辅导员可以对贫困大学生近三个月家庭状况、学习进度、思想困惑、生活状态、参加实践活动的频率等方面进行量化考察，全面掌握其当前情况，引导其总结反思以往、规划未来。

此外，各院系辅导员要将本院贫困大学生的基本情况写成书面报告，以增加学校对贫困大学生状况的及时了解。学校与各院系通力合作，保证每位贫困大学生都能得到应有的关心和爱护，健全贫困大学生受助资金后续使用问题的跟踪调查机制。多数高校仅仅关注贫困大学生资金短缺问题，通过发放一系列的奖学金、助学金和补贴的方式，期望能够解决贫困大学生的窘迫状况。过高估计贫困大学生的自控力和成熟度，使得很少有高校会主动关心受助资金的后续使用问题。充分利用制度的规范性，才能确保受助资金效用发挥最大化。为此，高校必须健全贫困大学生受助资金后续使用问题的跟踪调查机制，以保证奖助学金真正地帮助到贫困大学生健康成长。高校可以对贫困大学生资助卡的使用情况进行大数据分析，调查资金的使用去向，确保受助资金整体使用的有效性。高校可以设置匿名举报热线，发动大学生对购置高档化妆品、奢侈品，铺张浪费的贫困大学生进行举报，一旦发现，立即撤销其受助资格并要求返还受助资金。高校还可以对贫困大学生的学业成绩排名、学业进步幅度、学习笔记等进行考核，建立相应的奖优惩劣制度，将考核情况与受助资金的金额相挂钩，勉励贫困大学生努力学习。

第四章　心理健康教育与心理品质培养

大学生心理健康教育一直是高校学生工作的重点，而贫困大学生相对来说，面临的心理困境和心理问题会更加复杂，因此，在高校贫困大学生扶助工作中，贫困大学生的心理健康教育和心理问题干预是非常重要的一环。本章主要介绍了目前贫困大学生的心理健康状况，针对这种现状，本章提出了贫困大学生心理问题的对策以及高校贫困大学生心理健康管理的路径。

第一节　贫困大学生的心理素质与心理健康状况

一、贫困大学生的生存状况

与普通学生相比，贫困大学生的问题主要体现在以下几个方面：首先是经济困难，贫困大学生面对着更加窘迫的物质生活条件和沉重的竞争压力。很多贫困大学生无法负担基本的学费和生活费，在衣、食、住、行方面没有基本的保障，无法承担生病等意外开销，也没有更多的钱来获得足够的学习资源，这严重影响了他们正常的学习；而又由于经济压力，贫困大学生不得不花大量的时间做兼职，这使得学生的学习时间无法得到保证，从而影响了他们的学习成绩。贫困大学生还面临着因贫困而产生的羞耻感，进而变得自卑敏感，从而影响了他们的心理健康状况，不良的心理状况也会影响他们的学习积极性和学习效率。长期的自卑和焦虑使他们不能像普通学生那样乐观开朗，人际关系也会面临困境。许多贫困大学生宁愿封闭自己，不愿参加集体活动，很少与人互动，这又进一步恶化了他们的心理健康状况。久而久之，他们丧失了自我表达和社交的欲望和能力，进而削弱了自身的竞争力，导致他们在走上社会求职的过程中更容易缺乏自信心，不知道如何展示自己的优势，进而在职场上不受重视，遭受挫折。此外，一些贫困大学生的主动性相对较弱，这使得他们在就业方面处于不利地位。

二、当代贫困大学生心理问题主要表现形式

（一）自卑和过度自尊并存

贫困是当前的社会现实，我们不可能完全消除贫困。贫困对于一个人的影响有好有坏，贫困是把双刃剑，一方面贫困可以锻炼一个人的意志，激发一个人的奋斗意识，另一方面贫困带来的困境会限制一个人的眼界，带来心理上的悲观和自卑。贫困大学生的压力问题包括：家庭经济困难、难以承担学费和生活费、学习压力大、考试成绩不理想等。这些问题都会给贫困大学生带来沉重的心理压力，导致各种各样的心理问题。过于沉重的压力会消磨一个人的意志，对于个人成长反而会带来不好的影响。在悲观情绪的影响下，大学生很可能会茫然失措，缺乏斗志。

贫困给一些大学生带来了强烈的自卑感，导致他们难以正确地认识自我，缺乏自我意识，看不到自身的优点和长处，认为自己各方面都不如别人，从而陷入了长久的自我怀疑中，限制了对自身潜力的挖掘，沉迷于“我很穷，我做不到”的想法，对自己的成就不确定，也不敢展示自己的能力。这种心理很容易让他们错失机遇，不敢挑战自己，而因为没有正面的反馈，导致他们陷入进一步的负面自我评价，从而形成恶性循环。同时，强烈的自卑情结也会导致自尊心过于强烈，在人际交往中往往给人留下不好的印象。

（二）焦虑与抑郁并存

焦虑是一种常见的情绪，主要表现为不安、紧张和担忧。焦虑心理主要是由于害怕失败，担心不能完成任务或达成目标而产生自责并丧失自信心。处于焦虑状态下的学生会感到紧张、躁动，还会引起失眠等问题。焦

虑、抑郁一词已经成为很多年轻人的口头用语。现代人由于竞争压力大、人际关系淡漠，抑郁已经成为一种很常见的心理疾病。轻微的抑郁只是暂时的，经过自我调节即可消除，不会给生活带来严重的影响。但少数人的抑郁体验会持续很长时间，形成心理疾病，这就需要尽快调试或就医。如此看来，抑郁是焦虑情绪的更为严重的、升级的体验。贫困大学生群体由于各方面的不利因素，焦虑、抑郁的情绪在他们中间较为普遍，如果得不到有效的干预，就很有可能发展为抑郁症。抑郁症会带来失眠、健忘、疲惫、懈怠、注意力不集中、食欲下降、思维迟缓、精力不足等症状，另外，抑郁者还有可能伴随发热、头痛、四肢酸痛的躯体症状。这都会给大学生的人际交往和学习带来严重的不良影响。大学本该是充满朝气、活力和进取心的阶段，而抑郁症会使大学生彻底丧失活力，错过了人生中重要的成长期，所有这些都是不健康的情绪体验，会严重损害生活质量，不利于贫困大学生的身心健康。

（三）期待交往与自我封闭并存

人际交往指的是人们通过交换信号（语言或者其他形式）来表述思想、表达情感和需要的过程，是人们通过一定的方式相互接触所进行的动态活动。自我封闭首先是一种逃避的心理体现，由于外界因素的不适应而把自己封闭在正常交往之外。期待交往与自我封闭这对矛盾是贫困大学生中典型存在的心理危机，我们称之为“围城现象”。每个大学生都有期待交往、被人关注的共同愿望，贫困大学生亦然。然而，在现实生活中，贫困大学生往往会因为各种害怕而抵制交往甚至放弃与外界社会的接触，表现出较高的不合群性。关于贫困大学生自我封闭而导致的交往障碍，其原因主要包括经济条件差、外貌因素、学习成绩等。

（四）敏感与多疑并存

长期的自卑和压抑会使部分贫困大学生的内心非常脆弱、敏感，通常不想让别人知道自己的困难情况，宁可自己艰苦一些，也从不轻易求助。经济条件困难容易造成自卑，在人际交往中表现为敏感多疑。与经济条件较好的学生相比，贫困大学生在日常交往中无法和其他人在经济上互助互利，这种情况造成很多贫困大学生不敢与同学交往，不喜欢参加集体活动。另一方面，又因为与大家的疏远而对周围的同学、老师等极为敏感，以至于过分关注同学们无心的说笑，本与自己无关的事情，他们也会认为是在背后议论自己、嘲笑自己。这样既为他们自己增添了许多不必要的麻烦，又使他们容易受到更多挫折。部分贫困大学生因为自身个性的原因而敏感、多疑与自我封闭，他们在交往中常感到不被人接纳，怕别人瞧不起自己。他们往往会持逆反心理，常用不平衡的心理面对一切，一些叛逆的行为既伤害同学间的情感，又挫伤本人的自尊心，形成人际危机，乃至暴力事件。2004 年云南大学特大杀人案中的马加爵就是一个因为贫困导致心理变态的案例，刚刚过去的复旦投毒案依旧是如此。

三、贫困大学生心理问题成因分析

对于贫困大学生心理问题的研究，大多数研究者采用综述的方法系统阐明其主要的心理特点。如李蓉在《贫困大学生心理特点及教育对策》中指出，经济上的重负，往往导致贫困大学生心理上承受着巨大的压力，贫困使大学生心灵深处自觉或不自觉地产生了一种挫折感，从而导致了自卑、焦虑、抑郁、自尊心过强、人际关系敏感等一系列心理问题。另外李忠在《贫困大学生心理问题成因分析及对策》中提出，城乡差别、心理不适应、心理上缺乏对地位转变的重新定位、就业压力增大、学校和社会在经济救助时采用的不当方法或失误都会加重贫困大学生心理问题的产生。总的来说，要分析贫困大学生心理问题的原因，要从以下四个方面入手。

（一）社会因素的影响

社会因素对贫困大学生的心理健康有着重要影响。从宏观角度来说，我国当下正处于社会转型的特殊历史时期，在较长时间内，人均教育支出低下的现状很难得到改变。而目前我国的社会保障体系并不完善，贫困大学生作为普遍存在的弱势群体，并不能得到绝对公平、公正的待遇，严重的贫富差距和高昂的收费制度给贫困大学生带来了经济上的窘迫和心理上的自卑，使之陷入“多困”的境地。

第一，社会收入的不公平，特别是在法制不完善的情况下，看到有的人靠非法手段大肆敛财，迅速暴富而一掷千金，但自己却在为每天几元钱的生计发愁时，不平衡的心态很快形成，甚至发展成反社会的偏执人格。

第二，在市场经济负面因素影响下，人际关系逐渐变得势利和冷漠，加剧了人们对金钱的渴望，更加看重物质利益的作用。一旦别人讥笑自己穿戴不时髦、经济不宽裕，贫困大学生就很容易产生自卑感和焦虑感。

第三，由于社会选人用人机制还不够完善，人才市场的择业竞争还存在一些不公正的现象。贫困大学生没有父母可以依赖，自身在言谈、举止、气质等方面也有不足之处，因而面临的就业压力更大。

①社会经济资助覆盖面不全。高等教育在政府和社会各界的支持下，采取了奖学金、困难补助、勤工助学、减免学杂费、贷款等助学措施，力求帮助解决贫困大学生的经济困难。然而，毕竟国家和学校的财力有限，不能彻底解决贫困大学生的经济困难。另外，即使有一定程度的物质资助，但远远不能够满足贫困大学生的实际需求，依然不能解决贫困大学生的心理问题。贫困大学生由于经济拮据，为生活奔波，既无经济实力，也无精力更多地进行人际交往，参与校园文化生活。这不仅使他们在行为上与当前校园文化氛围不符，而且也使他们心理上自感寒酸，进而产生人际关系敏感、防卫反应、敌对态度和部分强迫症状，冲动行为也易表现出来。另外，社会上一些善意的捐助行为因实施方式、方法不当也无意中加大了贫困大学生的心理压力。如某些赞助商在帮助贫困大学生的活动中，片面考虑商业炒作的效果，而不考虑贫困大学生的自尊和感受，有的甚至以贫困大学生的隐私作为卖点，使一些学生虽然物质上得到了资助，但精神上却遭受了挫伤，感到是在接受“施舍”，挫伤了自尊心，从而加重了自卑心理。

②贫困大学生认定标准不清晰。高校对贫困大学生虽然已经开展了奖学金、助学金、助学贷款、勤工俭学等一系列资助，但是贫困大学生身份认定过程的简单化、教条化导致目前贫困大学生资格认定工作不够公平，也有待改进。学生是否贫困完全取决于一张加盖公章的“家庭经济情况证明”，学校基于对政府公章的信任，不可能千里迢迢远赴学生家乡实地调查，这在无形之中促进了虚假贫困证明的催生。这种单一的以家庭收入和支出的数据来判断学生是否贫困的现象缺乏逻辑性、严谨性和科学性。此外，因为监督机制的不健全，国家给予补贴有没有落实也不得而知。贫困大学生审批程序一般先由贫困大学生写申请书，辅导员根据“家庭经济情

况证明”（三级证明）核实情况后决定人选。在这个时候，哪位同学与老师关系亲近哪位同学就能得到优先考虑，或是一些家庭背景很强的学生进入审批程序的行列。相反，那些真正需要帮助的贫困大学生则是“徘徊在‘幸福’门外”，出现了“劫贫济富”的现象。另外，正如前面提到的，随着高校招生数量不断增加，教师数量明显不足，缺乏工作责任感的辅导员将资助工作简单分拣，“花落满地家家有”的现象屡见不鲜，个别班级甚至按照所谓的“公开、公平、公正”的原则，采取“轮流坐庄”的形式，这对贫困大学生的利益造成了不同程度的损害。

（二）家庭因素的影响

家庭是社会的细胞，是一种最基本的社会单元。它建立在婚姻、血缘关系基础之上，是一个人最早接触且与其他成员终身保持密切联系的重要环境。家庭中的各种因素不仅影响着子女早期的思想意识、智力和身体发展，而且还影响着他们的人格发展和社会属性发展，对贫困大学生的心理健康起着至关重要的作用。

1. 家庭客观环境的影响

通常来说，家庭客观环境指的是家庭的经济条件、家长的文化程度和家庭结构状况。贫困大学生大多来自偏远农村或失业的城镇家庭，经济本身就比较困难，对于金钱的渴望比较强烈，这使得他们常常挣扎在学习与工作的矛盾之中，心理负担异常沉重。一旦学习成绩达不到理想目标就会感到自责，下降的成绩与失之交臂的奖学金又加剧了经济的贫困，形成了“贫困打工——打工耗时——成绩下降——再度贫困”的恶性循环。这些因素引发了学生的自卑、焦虑和恐惧等问题。另外，家长的文化程度往往决定着家庭的教育方式，而家庭环境则代表着一个家庭的氛围，贫困大学生的心理稳不稳定与他们的生活品质高不高、受教方式好不好，还有家庭气氛是否和谐融洽都是分不开的。

2. 家庭主观环境的影响

家庭教育肩负着教导文化知识、培养高尚道德、指导行为规范、引导和帮助其独立谋生的责任。家长教育的方式方法、对子女的期望程度的高低、家庭气氛是否和谐等都属于家庭主观环境。尤其是家长的性格、家长的观念和家长对待成功与挫折的态度往往会给子女留下深刻的印象，对子女的心理素质及人格发展等产生重要影响。家庭的贫困往往影响着父母的心态，影响着父母对子女的教育方式，进而影响着孩子的心理品质。

（三）学校因素的影响

学校是有目的、有计划、有组织地向受教育者传授文化知识、劳动技能、价值观念、政治观点、社会规范，以培养符合一定社会要求的公民的机构，是一种特殊的组织。高校是大学生学习和生活的主要场所，在大学生的心理健康方面肩负着重任，发挥着积极的作用。单一的教学不再能够满足社会所需要的综合型人才的标准，学生的综合评价体系、贫困大学生的资助与服务工作、大学生心理健康教育程度等因素都会制约贫困大学生的健康成长。

1. 学校不同群体生活习惯的多元化

相对于普通高中时期的统一着装、严格管理来说，高校是一个相对开放的环境，社会上的流行趋势与各种消费信息在校园流通率激增，各种聚会的举行都不同程度地存在着从众、攀比、求异的消费心理。受这些负面信息的影响，一些贫困大学生有了不良的消费行为，进而享乐主义滋生，引发同学们中的消费攀比，出现了铺张浪费的现象。在这种气氛中贫困大学生没有经济实力，与高消费的生活状态有强烈反差，容易导致心理失衡，在人际交往中自我封闭。甚至有少数贫困大学生不感激父母倾尽所有供他读书的现状，无视家庭的艰辛，拿着银行贷款的同时，盲目追求华服美食、电子数码产品，花钱毫无节制，抽烟喝酒，请客送礼，养成诸多不良的消费习惯。

2. 不同教育阶段的评价体系不一致

在传统的教育模式影响下，各级各类学校长期以来忽视对学生健康人格的培养。中小学教育以应试教育为主，提倡了多年的素质教育并没有在社会上站稳脚跟，无论学校还是家长，注意力最终还是落在学生的成绩证书上，忽视了对学生健康人格的培养与塑造，而对可能存在的心理问题，更是没有做到提前预防，导致贫困大学生心理上的先天不足。从中学到大学转换的不仅是头衔与方位，衡量与评价学生的标准也发生了很大的变化。仅仅以学习成绩来评价学生综合素质的体系，是发生在中学时期的；与中小学评价标准相比，大学中对于学生整体的评判准则是多层次、全方位的。相较于单一的学习成绩，大学的评价体系更加注重学生的实践能力和不断开发出来的潜能。贫困大学生大多没有接受各种特长和技能的培养，甚至在如英语、计算机等基础学科上的掌握度也不如别人，面对这种巨大的反差，贫困大学生缺少足够的心理承受能力，无法面对现实，无法正视自我、接纳自我，心理落差得不到妥善调节，很容易走向歧途。

思想政治教育工作是一项系统工程，其实效需要依靠有效体系的支撑。贫困大学生思想政治教育也是如此，其实效也必须依托一套针对贫困大学生这个特殊群体的有效的、系统的教育体系。就目前许多高校对贫困大学生的思想政治教育情况来看，道德教育缺乏相应的管理体系、实践体系和测评体系作支撑，高校贫困大学生思想政治教育工作缺乏稳定的制度保障，造成有事临时处理、没事无人问津的被动局面，更谈不上工作的系统性和长期性。经调查，一般高校都有资助科室、勤工助学中心等物质资助机构和专门的工作人员，但这些人员一般只从事资金的筹措和资助项目管理运作，不负责贫困大学生的思想政治教育工作。多数高校设立了心理咨询机构，但受过系统训练的专业人才太少，完全没达到教育部要求的比例。有不少高校尚未将心理咨询工作所需经费列入正常的财务预算，相对于国外而言，我们的工作还处于起步阶段，对贫困大学生内心世界的关爱还远远不够。

（四）个体因素的影响

对处于青年期的贫困大学生而言，他们常常面临理智与情感、孤独与依赖、理想与实践的矛盾斗争中。贫困大学生也是如此，在众多矛盾中，他们是否能够对“自我”做出适当评价，他们的自我认识与自我控制程度如何，直接影响着他们的心理健康。

1. 自我认知的偏差

自我认知是指个体对自己、对他人以及自己与他人的关系的认识和评价。很多贫困大学生缺乏正确的自我认知，自我评价偏低，认知的偏差使他们在思索自身与他人及社会关系时，产生自卑、自怜等情感体验。

不能正确地认识自己是产生心理问题的主要原因。一些贫穷学生总是认为自己很穷，所以自己的各个方面都比不上别人。当这部分学生遭遇挫折或者失败时，往往不能准确找出错误的原因，而把它归为自己能力不够又或者是上天的不公平待遇，难以客观评价自己，难以在失败中获得经验教训。这种不正确的认知导致的心理问题不在少数。

2. 人生观、价值观的偏差

马克思主义唯物观教导我们，人生价值在于个人对于社会的奉献，而不是个人对社会的索取。你对社会的贡献越大，你实现的自身价值就越大。因此，对大学生进行价值观教育，就是要激发人们的社会责任感与集体荣誉感，并将其统一为为实现我国又好又快的发展而努力奋斗。一些贫困大学生在经济困难的情况下，无法向社会索取到平等的权利，便会产生消极厌世的情绪，把贫困当作横亘在前进道路上无法逾越的鸿沟：有的自怜自艾，有的埋怨父母社会。而有些学生，当他个人所树立的理想太过远大，脱离了现实基础而无法实现的时候，便会引发他的挫折心理，更严重者甚至产生心理危机。这些都是人生价值观出现偏差的表现。

第二节　贫困大学生的心理问题对策及心理教育方式

党的十八大以来，习近平总书记指出要始终把教育摆在优先发展战略位置。教育优先发展是党和国家长期坚持的一项重大方针。人才是衡量一个国家综合国力的重要指标。全面落实立德树人根本任务，坚持以人为本，努力发展全民教育，自觉将青少年学生的健康成长作为学校一切工作的出发点和落脚点。解决好“培养什么人，怎样培养人”的重大问题，大力培养德智体美全面发展的社会主义建设者和接班人。

大学生要成为全面发展的高素质人才，就需要具备健康的心理素质。一个人的心理素质对一个人的人格具有重要的作用。因此，应该重视贫困大学生的心理健康教育，提高他们的心理素质，培养他们完善的人格，使他们能够更好地面对生活中各种问题，促进他们的健康成长和成功。

一、贫困大学生心理健康教育原则

（一）全面发展原则

高校注重大学生心理健康教育，是为了实现大学生全面发展的教育目标。教育的目标不仅是传授知识，更是培养德智体美劳全面发展的高素质人才。因此，针对贫困大学生的心理健康教育是十分必要的，在开展针对所有贫困大学生的心理教育过程中，既要有一定的针对性，也要有一定的普适性和典型性，发挥心理健康教育的预防作用，从而促进贫困大学生的身心发展。这符合马克思主义对人类全面发展的要求。马克思关于人的全面发展的理论是我们制定教育政策和目标的重要理论基础。马克思主义价值论的最高目标是实现每个人的自由全面发展。它不仅包括身体力量的充分发展，还包括智力的自由发展，还包括各种个人能力的全面发展和高度的个人社会关系。

我们的思想政治教育之所以要以马克思主义的全面发展理论为指导，是因为：首先，自由而全面的发展能激发人的潜能、带动人的个性发展；其次，只有先发展全面的教育，才有可能培养出全面的人才。我党创造性地提出了“全面发展”这一理论，把个人发展和社会主义的物质文明、精神文明都看作永不止步的历史进程，提出教育为现代化服务，必须与生产劳动相结合，培养德、智、体、美、劳全面发展的社会主义建设者和接班人。

（二）区别对待原则

要想提高贫困大学生的心理健康水平，加强他们的心理素质，必须充分认识到贫困大学生的身心发展特点，遵循他们特殊的心理轨迹。同时，还应该看到贫困大学生之中的个性差异，根据不同的学生特点开展不同的教育工作。这是矛盾的特殊性原理的体现。马克思主义矛盾原理认为：矛盾着的事物及其每一个方面各有其特点；不同事物的矛盾不同，同一事物在发展不同阶段的矛盾也各不相同。贫困大学生虽然都是在贫寒的环境中成长起来，但是他们自小的遭遇不一样，贫困产生的原因以及由于贫困而带来的心理问题也不尽相同。这就需要我们想问题办事情要具体问题具体分析，不能“一刀切”，不能盲目地把贫困大学生看作一个统一的整体而忽略了每一位具体学生或同一学生在不同成长阶段所呈现的个性差异。例如，由于天灾人祸等意外原因而沦为贫困的学生，由于他们以往的经济条件尚可，在原本生活中养成的生活及消费习惯一时间无法得到满足，心理落差较大，发生心理偏激的可能性大大增高。这部分学生所产生的心理问题尤其值得注意，不可和一般的贫困大学生混为一谈。

（三）学生主体性原则

我们首先要明确高校服务的对象是学生，在贫困大学生的心理健康教育中，必须以学生为主体，围绕学生展开工作，这是“以人为本”思想落在实处的体现。

贫困大学生的帮扶工作要从贫困大学生的实际利益出发，在物质上给予资助，在思想和精神上给予关怀，真正解决他们在生活、学习和工作中遇到的困难，改善他们的处境，特别是经济困境给他们带来的心理问题。要特别关注并照顾到他们较为敏感和脆弱的心理特点，在进行心理健康教育的过程中，遵循平等的原则，给予他们充分的理解和尊重，能够有效地解决他们心理上的困境，帮助他们成长。

（四）活动性与多样化原则

根据实践性和应用性的要求，在确定贫困大学生心理健康教育的内容和形式时，应突出以活动性为特点，注重思想政治教育的方法与艺术，避免填鸭式教学，在具体操作过程中，实践锻炼法不失为一个好的选择。实践锻炼法顾名思义就是要引导贫困大学生积极参加社会活动。把教育的内容渗透到生动活泼、情感丰富的活动中去，这样一来有利于教育效果的强化，给贫困大学生留下更为深刻的印象，为他们的学习、生活、工作增添力量，二来有助于提高他们的认识能力。

二、贫困大学生心理健康教育的内容

（一）认知能力教育

认知是一个信息加工处理的过程，指人们获取和理解知识的过程。它包括六个部分，即感知、视觉、记忆、思维、注意力和语言，这是人类最基本的心理过程。对于大学生来说，大学阶段是培养他们认知能力的重要时期，学习科学文化知识根本上的目的是为了培养一个人的认知能力，锻炼其思维能力。但是，部分贫困大学生由于存在自卑、抑郁等情况，其认知能力会受到影响，在自我认识、自我控制等方面有一定的劣势。改善贫困大学生的认知能力，优化他们的知识结构，帮助他们消除认知偏差，有利于提高贫困大学生的心理健康水平。

（二）人格健康教育

人格是一个人的品格，反映了一个人的灵魂和精神世界。对于人格的定义，心理学家给出了很多建议，最为简单的定义是：人格是个体心理特性的整合体，在不同的时空背景下影响人的外显和内隐的行为模式。健全的人格可以在后天进行培养，心理健康教育帮助学生认识心理活动的规律和特点，让学生能够客观分析自我，能够及时适应现实并做出正确判断，积极面对生活与学习中的外来压力，最大限度地发掘自己的潜能，不因贫困等非本质的现象而自暴自弃。

我们尤其不能忽视的是，并非所有的贫困大学生都自暴自弃，也并不都是因为经济拮据才产生诸如以上所分析的心理问题。我们说贫困是把“双刃剑”，它在引起不良情绪的同时，必然还在磨炼着人的意志。相当一部分贫困大学生乐观开朗、成绩优秀，在逆境、挫折面前表现出极强的应变能力，能积极应对生活中发生的各种困难。在2005年央视“感动中国”栏目组迎来了最为年轻的获奖者洪战辉。洪战辉的家可以说是他一手建立的。父亲患有精神病，母亲离家出走，就是这样一个支离破碎的家庭，当时年幼的洪战辉一人承担，他甚至还独自抚养捡来的妹妹。苦难和贫穷并没有把他击垮，他在尽心照顾父亲与妹妹的同时完成学业，背起爸爸上了大学，靠打工维持一家的生计。可以说，正是苦难造就了他坚忍不拔的品质和艰苦奋斗的精神。

（三）情绪情感教育

人在对外界输入的信息加工处理时，不仅能够产生对事物的客观认识，如事物的属性、特征及其关系，还会产生对事物的主观体验，如喜欢、厌恶、憎恨等，这些主观体验就是情绪或情感。良好的情绪和情感犹如春天的微风，和煦温暖，让人心旷神怡。不良的情绪就像刺鼻的一氧化碳一样让人无法呼吸，情绪障碍就像毒气一般会损害我们的肌体功能。在现实生活中，如果我们能够控制自己的情绪，排解不良情绪，就能乘风破浪，勇往直前；反之，如果我们被不良的情绪情感左右，就会摇摆不定，有石沉大海的危险。因此，培养大学生特别是贫困大学生拥有良好的情绪情感是适应身心发展需要的必要措施。通过有效的手段进行情绪调控，使贫困大学生形成适度的情绪反应和较强的抗干扰能力，使他们始终保持良好的情绪和乐观的生活态度，避免情绪的两极化波动。

（四）人际和谐教育

人际关系是指人与人的相互交往中，彼此间相互影响而形成的一种心理距离。人际关系反映了交往双方“有需求”和“被满足”的心理状态。当今社会所倡导的经济全球化、科技全球化与信息全球化，归根到底离不开人与人之间的交流、合作与竞争。开展心理健康教育有利于贫困大学生对自身人际关系产生客观的认识和分析，便于贫困大学生掌握人际交往的方法与技巧。在实际交往过程中要做到尊重他人、理解他人与信任他人，与之同心协力、合作共事，努力建立广博的人际关系。

大学生自踏入校园的那一刻起就不再是单个的人，就需要与人打交道，就已经具备了交往的需要。美国著名的成功学研究机构卡耐基公司对于个案记录进行分析，结果发现，“智商”“技术”和“经验”这三种因素只占成功要素中的一部分，而剩余都取决于良好的人际关系。

（五）融入适应教育

从一个人身心发展的规律来看，大学时期他们正处于心理发展最为曲折、充满矛盾的阶段，尤其对于贫困大学生来说，人际交往方式、学习方法及消费方式的反差都会使他们在适应环境的过程中产生困惑。与城市学生相比较而言，那些来自农村的贫困大学生在大学期间更容易出现心理问题。这是因为来自偏远农村的贫困大学生承受着更多的变化，他们更加缺乏安全感。

大学时期是人生中关键的转折点，是一个人树立人生观和价值观的重要时期。对于贫困大学生来说，由于在消费水平、人际交往、生活习惯等方面的不适应，他们很容易产生迷茫和困惑。许多从贫困地区和农村地区走出的大学生，面临着各方面的压力，更容易缺乏安全感和归属感，更容易出现心理问题。贫困大学生在大学阶段由于环境的突然变化，容易出现以下问题：①不能适应环境。农村地区与城市地区，发达地区与不发达地区生活环境差别较大。贫困大学生面对着环境的突然变化，会显得格格不入，生活方式的差别使他们无所适从，消费水平的悬殊会使他们自信心不足。②学习不适应。对于农村地区和小城镇的学生来说，他们所受的教育更注重死记硬背，将应试作为唯一的目的，缺少启发式和互助式的教育，更加缺乏课外兴趣的培养，因此，他们面对大学学习生活时会有许多不适应。③文化不适应。地域文化的差异、城乡生活方式的差异等会使来自不同地域的学生有不同的生活习惯、饮食习惯、卫生习惯，甚至礼貌用语都与城市生活不相适应。④心理不适应。身处陌生的环境，面对同学们优越的物质生活而产生的落差感和自卑感，会使贫困大学生产生心理上的不平衡，甚至产生仇富心理，对社会不公产生悲观和怨恨的心态。因此，要使大学生树立正确的价值观，培养他们自尊自爱的品格，认识到自身的价值，鞭策他们努力上进，寻找属于自己的人生意义，而不是进行不必要的攀比，使他们能够以更好的心态看待社会现实，迎接挑战。

三、贫困大学生心理健康教育的方法

（一）思想教育与心理健康教育相结合

心理健康教育是思想政治教育的一个重要组成部分，它与思想政治教育是一对利益共同体，二者相辅相成，不可分割。二者的教育主体都是高校，而教育的客体都是大学生。思想政治教育的任务是用马列主义、毛泽东思想和中国特色社会主义理论教育广大人民群众，培养和造就有理想、有道德、有纪律、有文化的社会主义“四有新人”；心理健康教育的任务则是培养学生具有良好的情感、坚强的意志和完善的人格。对贫困大学生进行心理健康教育是整个思想政治教育的重中之重，这是高度建设社会主义精神文明的内在需求，解决好心理问题有利于促进“四有新人”品质的形成，而良好的品质又为稳定的心理素质打下了坚实的基础，两者相辅相成，相互促进。

（二）家庭教育与学校教育相结合

家庭是一个人出身首先要面对的环境，家庭的贫困会对一个人的心理健康状况有直接的影响。因此，家庭教育在教育中应该占有重要的位置，它的作用是学校教育代替不了的。高校心理健康教育要重视与家庭教育的相互合作和相互补充。学校与家长要及时沟通，密切注意学生的家庭生活状况，及时发现原生家庭的问题，学校要定期与家长进行沟通和交流，指导家长参与心理健康教育活动，创造良好的家庭氛围，促进学生与家长的互动，共同促进贫困大学生的全面发展。

（三）团体辅导与自我教育相结合

心理健康教育既要充分发挥学校教育的主导作用，又要注重学生的自我教育。让学生们学会了自我教育，才有利于学生自我素质的全面提高。团体辅导的主体是学校，学校可以通过心理健康知识的宣传、大学生心理健康课程的开设、开展心理健康教育的讲座与组织活动等方式对贫困大学生的心理健康教育资源进行统一的优化配置，充分调动学生的积极性，从而达到普及与强化的目的；自我教育的主体是学生自己，学生要将从学校层面获取的心理知识慢慢转化为自我目标，这就要求学校在普及过程中要结合实际，注重趣味性和实践性的考量，不得单纯地搞理论灌输。

四、贫困大学生心理健康干预与心理辅导

（一）贫困大学生心理问题排除与干预

随着社会的进步，高校对大学生的心理问题日益重视起来，而学生心理健康状况却不容乐观，贫困大学生的心理问题需要引起高校的格外注意。在过去，高校心理健康工作往往侧重于帮助那些已经出现心理问题的学生，但这种做法显然已经不能应对当前层出不穷的情况了。高校应该对大学生的心理健康状况做全面的调查和把握，对有心理健康问题的学生进行及早的干预，防止情况恶化，不仅要致力于解决大学生的心理问题，也要注重构建大学生良好的心理状态，帮助他们提高自主的能力。

因子分析最早应用于心理学，是提取共性因子、测量隐性变量的一种统计分析方法。因子分析在教育研究中已有一定的应用基础，李鹏等在科学探究指导能力的研究上利用 SPSS 对提前完成的问卷结果进行了因子分析。扈航等在对大学生基层就业意愿的研究中使用了 SPSS 进行数据分析，包括因子分析和二元 logistic 回归。贫困大学生心理问题目前已经成为社会关注的热点问题之一，众多学者也从产生原因、心理分析、解决对策等方面做了大量的研究，各有所侧重。但是大都仅仅停留在浅显的理论分析层面，缺少科学的定量预判分析方法，更缺少对干预策略的详细制定。因此，如何建立更为科学、客观的贫困大学生心理预警体系是当前相关研究需要思考的问题。①

针对已经发现的心理问题，以及心理问题引起的不良反应，应做出及时的干预，尽快联系家长并对学生进行心理辅导，防止情况进一步恶化。通过将危机转化为具体问题，选择适当的干预手段，建立情绪协调，给有心理问题的学生带来希望，帮助他们从不同角度思考，增强环境的适应性，并使学生的心理问题得到合理的处理和解决。如果无法一次解决危机，则可以再次或多次干预危机，最终可以合理地解决危机。评估后，如果学生的心理问题超出心理干预的范围，则应保持警惕，并按照计划前的

① 武秋月：《基于因子分析的高校贫困大学生心理问题预警及干预策略研究》，《济南职业学院学报》2019 年第 5 期，第 68—70 页。

程序立即向有关部门报告，并及时进行医疗转诊，以防止发生校园恶性事件。

（二）贫困大学生团体辅导

1. 团体心理辅导

积极心理学视角下的团体辅导积极心理学兴起于美国，从传统心理学的消极和病态心理研究，转而去关注和研究人的积极的情绪体验、认知过程和人格特征等。它更注重去挖掘人的潜在力量，去塑造积极的行为，从而幸福地生活。团体辅导是从英文 group counseling 翻译而来的，源于美国 1947 年成立的团体人际关系技术训练实验室，即著名的 NTL。20 世纪七八十年代团体辅导开始活跃在我国台湾、香港地区的大学校园，20 世纪 90 年代传入大陆，促进学生认识自我、探讨自我、接纳自我，发展良好的助人行为。团体辅导是在团体情境下进行的一种心理辅导形式，通过密集的互动，每名成员都会产生一些积极的改变，如：认识自我、理解他人，改善沟通、增强适应，排除困扰、提升能力，从而增进身体健康。它被称为“神奇的圆圈”，国内外实证研究证明这种方法的有效性，尤其对于那些有共同需求的人群，更是具有特殊的效能和应有价值。本团体辅导方案是以已有的研究为借鉴，结合贫困大学生团体特点，编制而成。团体心理辅导应注重激发贫困大学生积极的情感体验，塑造积极的人格特征，培养积极的行为方式，从而提高团体成员的心理健康水平，展望未来。

团体心理辅导后贫困大学生演说者的信心自评量表得分显著降低，说明贫困大学生在交往过程中的焦虑状况有所改善，自信心明显提高。同时，大学生自我效能感前后测评结果也存在显著性差异，说明团体心理辅导后贫困大学生自我效能感显著提高。团体心理辅导后贫困大学生乐群性、恃强性、兴奋性、敏感性和幻想性与辅导前有显著性差异，说明团体心理辅导有助于贫困大学生在人格方面的完善。

团体心理辅导后贫困大学生 SCL-90 各因子得分与辅导前相比显著降低，其中强迫、人际关系敏感、抑郁、焦虑、敌对和精神病性 6 个因子存在极其显著性差异，说明团体心理辅导后贫困大学生的心理健康水平显著提升。①

2. 团体心理辅导的效用

研究结果表明，经过团体干预，团体成员心理健康水平明显改善，团体心理训练对促进贫困大学生心理健康具有有效性。

①团体心理训练有利于增强贫困大学生的自信心。美国心理学家马斯诺在其著名的“需要层次理论”中，提到人都有爱和归属的需要、尊重的需要，这是较高层次的需要，这种需要得不到满足会使人产生自卑和失去信心。团体训练把具有同类问题的同学组织在一起，使他们认识到周围也有与自己情况相似的同学，发现自己并不孤单，这无形中增强了贫困大学生的归属感，从而降低了他们的焦虑和紧张情绪，减轻了他们的心理压力和自卑感。在团体心理训练的过程中，成员们面临同样的问题，敞开心扉，畅所欲言，相互启发，相互影响，学习了许多新的经验和行为模式，从而使他们正确认识自我，体验到自己的力量和价值，增强他们的自信。

②团体心理训练有利于帮助贫困大学生重新认识自我。团体心理训练结合埃利斯的 ABC 理论改变贫困大学生的不合理认知。ABC 理论主要观点是强调情绪或不良行为并非由外部事件本身引起，而是由于个体对这些事件的评价和解释造成的。在团体心理训练中，通过自我探索的活动，引导团体成员进行讨论，帮助贫困大学生澄清人生观、世界观，分析不合理信念，以合理的信念代替不合理的信念，从而使他们正确认识贫困，树立正确的贫富观，以积极的态度面对生活的挑战。

③团体心理训练有利于改善贫困大学生的人际关系。贫困大学生在人际交往过程中，往往过分看重自己的缺点和不足，有不自在感和自卑感。团体心理训练为团体成员提供轻松、和谐、友好的良好氛围，使贫困大学生觉得自己是团体的一员并感到踏实、温暖、有归属感，成员之间相互关心、相互帮助进一步形成信任。在这种关系中，贫困大学生可以更加深入地认识自己的优势与不足，从而调整对他人的看法，相互取长补短，改善自己待人接物的能力，学习到人际交往的技巧，也意识到如何在日常生活中处理人际隔阂，增强了与他人建立良好关系的愿望，从而使大学生人际交往的主动性更强，人际关系更和谐。

---

① 吴桂坤：《团体心理辅导对提升贫困大学生心理健康水平的作用研究》，《卫生职业教育》2019 年第 21 期，第 158—159 页。

④团体心理训练有助于改善贫困大学生的人际关系。一些贫困大学生由于自卑，很难在人际交往过程中充分展现自己，团体心理训练可以为学生们提供一个轻松、友好、互助的氛围，使贫困大学生感受到被接纳，从而能够打开心扉，与他人真诚交流和互相帮助。在不断的交流与互动中，贫困大学生可以更好地认识自己，提高自己的交际能力，提高与他人交流的欲望，使自己不再自我封闭，与他人建立联结，使人际关系更加和谐，从人际关系中获得支持，从而提高心理健康水平，回归正常的学习生活。

⑤团体心理训练有利于树立贫困大学生的团队意识。经济的贫困带来的不仅是物质上的艰辛，也限制了他们的活动空间和积极性，制约着他们综合素质的提高。一部分贫困大学生仅仅用自己比较优异的学习成绩来弥补生活疲困带来的自卑，在动态中保持着自己脆弱的心理平衡，而对班级、学校组织的校园活动漠不关心，焦虑自卑的心理使他们成为“边缘人”。团体心理训练以“团体”作为活动的主体，使成员认识到自己在团体中的能力和价值，只有人人承担起自己的责任，多为集体做贡献，个人的利益才能得以实现。同时，人也只有在承担社会责任、履行社会义务中，在别人的帮助和支持下才能顺利完成任务，才能使自己的人格健全、品德高尚，个人的自我社会价值也才能得到充分体现。团体心理训练帮助贫困大学生更好地融入集体中，树立更强烈的团队意识和集体荣誉感。

第三节　构建贫困大学生心理健康管理体系

一、贫困大学生精神扶贫的重要性

我国贫困大学生数量庞大，只靠社会、政府、学校资助是不够的，要真正走出贫困，还需要贫困大学生自身努力。高校应从精神上给予贫困大学生关爱，引导其树立远大志向，学得更多知识，增强克服困难的勇气和信心。精神扶贫意义重大，对社会、学校、家庭和学生本人都有积极作用。

（一）有利于社会和谐稳定

贫富差距会影响部分贫困大学生对社会及当前改革开放的态度和看法，并使其对社会产生不满和愤恨情绪，甚至演化为极端行为，这成为青少年犯罪的重要原因和危害社会稳定的重要因素。因此，对那些因贫困而持有极端观点的学生应及时正确引导和教育，从而促进社会的和谐稳定。

贫富差距的进一步拉大，会使一些人产生不满的情绪，进而影响到其对我国改革开放的看法，严重的会促使仇富情绪滋生甚至演变为极端行为。而经济条件上的贫困也很容易促使一些人做出冒险行为，从而提高了青少年的犯罪率，对社会的稳定有一定的威胁。对贫苦大学生的心理辅导可以避免他们产生极端情绪和心理扭曲，有利于社会和谐稳定。

（二）有利于学校可持续发展

由于经济困难，很多贫困大学生放弃了参加培训、考证和社会实践等的机会，难以全面发展并提高自身综合素质。甚至有少数贫困大学生学习不认真，迟到、早退、旷课、考试作弊等，最后无法顺利毕业，甚至无法胜任未来的本职工作，这会对学校声誉产生严重影响。同时，贫困大学生的精神贫困导致学校对其培养难度加大，其不良精神状态也会影响身边同学，不利于学校管理，学校教育质量难以提高，最终影响学校可持续发展。

（三）有利于增强贫困大学生家庭接受高等教育的信心

很多贫困大学生家庭都将希望寄托在子女身上，希望其能通过接受高等教育来改变家庭贫穷落后的面貌，提高家庭的经济地位和社会地位。即使在获得资助的情况下，仍有部分贫困大学生因为精神贫困而影响了学业，在毕业时没有找到理想工作，这和家庭的期望值相差甚远，导致其接受高等教育的信心大打折扣，同时还会影响到身边情况相似的家庭。

（四）有利于贫困大学生自身综合素质提高

贫困大学生常因经济压力过大造成心理创伤和痛苦，可能会出现精神紧张、烦躁焦虑、学习效率差甚至厌学等情况，同时还会出现生理上的不良反应，如失眠、厌食、身体疲乏等，这些都将对其学习造成不利影响。此外，因为身心疲惫，他们也不愿意参加校内外各项活动，除了专业学习之外的其他能力得不到锻炼，不利于自身综合素质的提高。

二、高校贫困大学生心理健康教育的具体途径

（一）国家资助政策的宣传引导

党和政府高度重视贫困大学生的教育，教育部、财政部和其他有关部门也相继出台了一系列的资助政策。从2004年起，高等教育在我国逐步建立起以奖学金、助学贷款、勤工助学基金、特殊困难学生补助（简称“奖、贷、助、补”）以及国家助学贷款为主体的，面向贫困大学生的多元化的资助政策体系。各地高校也纷纷扩大资金来源，寻求社会、企业的捐赠。这些措施的实施对于确保贫困大学生继续接受教育，保证经济困难学生拥有良好学习环境发挥了积极作用。

我们应加强班级民主建设，规范贫困大学生评定程序，切实让党和国家的阳光雨露滋润到每一个贫困大学生的心田。针对有的贫困大学生不敢申请补贴，怕老师与同学会看轻自己，有的学生不知该如何申请或申请哪种资助方式最为合理的情况，要大力宣传国家的资助政策，让每位有需要的学生了解到资助动态和措施，帮助他们寻找最为合理的资助形式。这不仅有利于国家资金最大效能地发挥作用，而且能给贫困大学生带去良好的竞争效益。高额的奖金有利于他们将自己的行为规范纳入国家政策所提倡的行列，减少心理问题的发生。

物质扶贫是精神扶贫的前提和保障，精神扶贫又可以增加物质扶贫的效果，二者有效结合才能更好地帮助贫困大学生。高校学生资助管理中心的主要职责是面向全校学生开展资助管理工作，统一协调管理全校学生的资助工作。应坚持助学育人的工作理念，以解决学生实际困难为主要工作内容，以贫困大学生思想教育为重要抓手，做到教育与资助并举，资助与育人并重，构建物质扶贫和精神扶贫相结合的“双线资助”模式，为贫困大学生顺利完成学业、健康成才解除后顾之忧。高校学生资助管理中心应充分发挥其作用，组织相关部门、人员做好贫困大学生物质、精神资助

工作。

（二）开展贫困大学生就业教育

当今社会严峻的就业形势也给大学生造成了很大的心理压力。而对于贫困大学生来说，由于他们考上大学付出了比别人更高的成本，背负了更多的期望，就业压力对于他们来说更是难以承受，进而增加了他们的心理压力。我们必须高度重视就业问题，尽早建立就业制度，为提高贫困大学生的就业率提供政策支持。

首先，我们要收集广泛的就业信息，对现有信息进行科学判断，帮助贫困大学生分析当前的就业形势，加强对贫困大学生就业观念的教育，认识到自己在竞争中的优缺点和核心价值观，从客观现实出发，合理定位自己的职业方向，做好工作。职业规划应使贫困大学生从心理上正确地定位自己，避免眼高手低，指导贫困毕业生将自己的条件与用人单位的要求和就业情况结合起来，不要错过任何就业机会。

其次，要注重职业技能的培训。教育部人事部及劳动保障部在《关于积极做好普通高等学校毕业生就业工作的通知》中明确指出："高校要对家庭经济困难并就业困难的毕业生提供'一对一'的就业指导、就业服务和重点推荐，各地要对离校回原籍的零就业家庭和未就业的毕业生实施重点帮扶，提供有针对性的就业服务和岗位帮助。"大学生特别是贫困大学生的就业指导应当从一年级抓起，贯穿于整个大学生活。从根本上说，学生能否顺利就业取决于社会需求量和学生自身素质的高低。高校应科学预测社会岗位的需求，建立一个与之相应的人才培养方式，调节专业课程的设置，而且还要结合贫困大学生的真实情况展开针对性的就业指导，点对点交流、面对面沟通，提供广阔的就业信息与专业化、个性化的就业指导，开展职业倾向测评、模拟面试等提升面试成功的概率。

最后，可以鼓励贫困大学生创业。在大学四年中，一些贫困大学生没有脱离社会实践，许多人在上学期间通过勤工俭学和兼职工作积攒了不少的社会经验。此外，大多数贫困大学生往往具有吃苦和奋斗的精神，这些都是对创业有利的因素。因此，政府和高校应该鼓励和支持这些学生创业。中央或地方政府最近发布了一系列政策，鼓励大学生创业，并从资金、项目和税收等各个方面提供帮助。

（三）健全三级心理健康教育网络

心理问题的有效防治，在于及时沟通、深入了解。每个学生都有自己的思想世界，就好比敞开的屋门前垂下一片纱帘，我们无法知晓屋内是整洁还是混乱，唯有掀起遮盖，方能直视内部环境。我们做心理健康教育就需要全面开展观察与沟通工作，构建一个广阔而有效的心理健康教育网络。

第一级的网络的构建应从学校层面出发，围绕校内大学生心理健康指导中心展开工作，对于贫困大学生心理健康教育起着导向性作用。以学校为首的心理辅导中心要以专职的心理工作人员为基础，承担大学生特别是贫困大学生等特殊群体的心理健康教育工作；为学生提供个体辅导和团体咨询；定期开展贫困大学生心理健康测量工作；记录档案并进行追踪观察；制定贫困大学生危机事件尤其是心理危机的干预预案并组织干预。

第二级心理健康教育网络从班级层面出发，主要工作由每个学院专职的心理辅导员、各班班主任承担。二级网络在整个贫困大学生心理健康教育中起着承上启下的作用，各学院在校方心理健康中心的宏观指挥下承担贫困大学生的心理健康教育的专题，组织丰富多彩的心理健康教育活动，了解学生的心理状况并及时处理汇报，协助大学生心理辅导中心的观察与检测。

第三级心理健康教育网络应深入学生内部，要求班委增选心理健康委员，在专职教师的指导下进行心理健康知识的宣传，配合二级网络进行丰富多彩的活动，了解学生特别是贫困大学生的心理状况并及时向老师反馈。

（四）建立贫困大学生心理档案，开展贫困大学生心理健康教育

建立贫困大学生资料库是高校学生资助管理中心工作的重点内容之一，这样可以有重点地对贫困大学生开展相关工作。同时，应针对个体不同的心理状况建立贫困大学生心理档案，以便尽早发现其特殊心理问题，及时进行诊断和心理疏导，从而更有针对性地开展精神扶贫工作。在建立心理档案的具体操作过程中，学校要详细调查和掌握贫困大学生各方面情

况，包括个人基本信息、家庭背景、学习成绩、健康状况、品行说明、经济状况、心理状况等。建立贫困大学生心理档案，能为心理健康教育工作科学化和规范化的开展提供依据。

（五）开展心理资本提升教育

进行心理资本教育可以增强贫困大学生的自信心和自我效能感，使学生养成乐观的态度，对生活、学习和工作充满希望，并改善他们的心理状况，从而促其克服自卑感，消除后顾之忧，保持对生活的希望和热情，能够积极应对困难和挫折。心理资本作为个体学生的积极心理状态，主要包括积极心理能力的四个方面：自信、自我效能感、乐观主义、希望和韧性。这几个方面的素质能够帮助大学生培养积极生活、努力奋斗的精神。

第一，帮助贫困大学生增强自信心。增强自信心最直接的方法就是得到成就感或得到认同和肯定。教师应该善于发现贫困大学生在生活或学习中较容易成功或感兴趣的方面，必要时给予协助使得他们获得成功，培养成功体验，继而产生成就感；同时要适时给予积极的、肯定的评价，这非常有利于贫困大学生尤其是自卑学生自信心的提高。教师要对学生的成功做出积极的评价和鼓励，指导贫困大学生不断对自己进行正面心理强化，形成螺旋式的持续上升。此外，指导学生阅读名人传记，模仿学习，以增加成功的机会，这也有助于自信的形成。

第二，进行提升贫困大学生希望感的心理教育。强化目标、动力与途径，分布动作、化整为零，让学生感到有希望。具体方法是：设立有效的目标，指导学生做好学业和职业规划，设立充满希望的、具有可实现性的目标，然后分步实现；切记目标一定要适当，过小的目标无法获得期望中的成就感，过大的目标不易实现反而容易适得其反。当小目标实现后鼓励学生进行自我激励，增强实现总体目标的动力，鼓励学生参加实践活动，提升他们的团队合作能力和组织交往能力。

第三，开发贫困大学生积极乐观的心态。这主要包括了宽容过去、珍惜现在与着眼未来三个方面。让贫困大学生学会重新认识和正确对待过去的失败、错误和挫折，做出有利的判断。引导贫困大学生发现并享受现实生活和学习中的积极方面，发现自己的闪光点，形成自己的核心竞争力。一方面珍惜现在的生活心态逐渐从消极厌世转变为积极乐观；另一方面将目光着眼于未来，抓住所有可能发展的机会，以一种自信、进取的态度迎接光明的未来。

第四，铸造贫困大学生坚韧的性格和意志力。引导贫困大学生注重提高自身素质和资源水平，如经验、知识、技能、人际关系、社会网络等；转化学习与生活中的危害和脆弱因素，例如将贫困导致的压力转化为学习的动力，对于各种不良情绪采取不同的措施，将注意力从消极方面转移开来。在面对逆境时，帮助学生冷静客观地分析自身优势，克服困难，学会自我调节，实现成长。

（六）利用网络对贫困大学生进行心理健康教育

书籍，还包括期刊、广播电视、电影录像、网络等都是一种教育媒介，我们称之大众传播载体。这个概念包含两层意思：一是更好地传播教育信息，使内容丰富多彩，具有鲜明的时代特征，可以有效地吸引公众；二是对广大群众的阅读和聆听等行为进行主动的引导，帮助人们接受大众传播的积极影响。网络具有丰富性、时效性、兼容性和交互性等特征。网络载体是一种大众传播载体具体形式的表现，顾名思义，就是运用网络这个科技含量高的信息交换系统，向人们传播丰富正确的教育信息，以帮助学生形成社会主义核心价值观。

网络心理健康与传统的心理健康教育相比，其优点在于保密性、便捷性，在一个较为安全的环境下，贫困大学生可以放心地与人交流，暴露自己的问题，从而使心理咨询师能够更好地发现他们的心理问题，可以在短时间内掌握学生的心理状况，并提供实际的指导和处理。利用互联网对贫困大学生进行心理健康教育，可以拓宽心理健康教育的渠道，大大节省了时间和空间成本，成为传统教育方法的有益补充。

1. 丰富教育资源

我国的心理健康教育起步较晚，大部分学生的心理健康知识比较欠缺，在这种情况下，网络以其开放性和丰富性等特点，在心理健康知识宣传方面有着独特的自身优势。网络信息承载量大、内容丰富、形式多样。开辟心理健康知识专题网站、播放优秀心理视频、开设论坛等全面的心理指导模式，可丰富教育资源，帮助贫困大学生处理好环境适应、自我调节、学习求职、人际交往等方面的困惑，促进健康发展。

2. 开展心理咨询

在线咨询是一种新型的心理咨询。如今，社会生存的压力越来越大，这造成了一种奇怪的情况，即许多互联网用户不与他们的亲戚和朋友说话，而是喜欢与陌生人交流。在线辅导打破了传统的面对面辅导模式，避免了辅导员在第一次会议上的尴尬，并为许多不想出现的学生提供了良好的指导。辅导员使用互联网来教学生如何解决问题，帮助有困难的学生纠正其认知偏见以及克服其思想中的矛盾和情感障碍。当前的在线咨询方法主要包括电子邮件咨询、论坛中咨询以及我们最常见的即时聊天咨询。这些方法不仅使贫困大学生能够及时有效地获得帮助，而且还可以保护学生的隐私。

（七）开展贫困大学生心理素质拓展训练

教育者为达到一定的教育目的，有意识地开展各种实践活动，寓教育内容于活动之中，这种活动就被称为“活动载体”。活动载体能“活化”思想政治教育内容，一方面使得教育内容得以生动、具体、形象地体现出来，使受教育者能够更好地直接感知它，并将自身的理性认识与感性认识相结合，另一方面受教育者在实践活动中又能践行教育内容，从而产生直接经验，将外在知识内化为自身素质，实现教育与自我教育的统一。

素质拓展训练起源于“二战”时期的英国，本名原意为船只离开了安全的海港，驶向波涛汹涌的大海迎接挑战。在当时用于训练海员们拥有强健的体格、坚韧的意志力和户外生存的能力与技巧。战争结束后，为表扬海军的精神便将拓展训练保留下来，其创意和方式得到了发展，训练对象由军人扩展到包括学生、企业团队在内的各个群体。其训练目标由单纯的体能延伸到心理素质、团队合作及管理能力等。这是一种实践性的学习方式，利用自然环境设计了情景教学，让学生在参与体验的过程中，主动去体会并解决问题，使他们在特定的环境中去思考，对个人和团队重新认识，重新定位。

对贫困大学生开展心理素质拓展训练的目的在于使学生认识到自身的无限潜能，帮助贫困大学生建立自信而高尚的人格，同时让学生能体会到个人与他人的相互协作、个人与集体间唇齿相依的关系。在制定心理素质拓展具体方案时，一定要注意以下几个问题：

第一，学员才是活动的主角。这是区别于以往培训的重要方面。由于心理素质拓展更加注重活动性原则，所有的训练都是在活动中完成的，教练只是扮演组织和引导的角色，故这能最大限度地发挥学生参与的积极性。

第二，游戏简单但要蕴含深刻的道理。拓展训练的游戏往往简而易行，便于掌握和操作，但又不同于以往的常规项目。例如水上拔河能更好地体现出团体协作。另外，学员往往在运动中能获得自豪感。

第三，参训者情感距离被迅速拉近。参加素质拓展训练的队员通常被分成若干个小组，每个小组通过培训师的调动充分融合，活动本身由于都面临着挑战，许多项目需要大家忘我的合作才能完成。这样形成的感情就如同在军营、在班级形成的感情，其感情距离远远低于通常情况下社会性的朋友关系。

（八）营造有利于贫困大学生心理健康的校园文化

营造良好的校园氛围对改变贫困大学生的精神状况具有重要意义，应大力倡导平等互爱、勤俭节约、自立自强的文明风尚，充分尊重贫困大学生人格，鼓励其正视贫穷，通过自己的努力来建设美好未来。还要鼓励其他学生关爱贫困同学，帮助其摆脱心理负担，在学习和生活上积极为其提供帮助。同时，学校相关部门还应积极开展符合贫困大学生心理特征和生活实际的校园文化活动，免费开放体育馆、活动室等设施，以全面提升贫困大学生综合素质，培养健全人格。

高校对于学生思想品德的影响，主要通过以下四个方面：教学活动、课外活动、教师榜样和校园风气。文化环境对人们具有潜移默化的影响，人们往往在不知不觉中受到其熏陶和感染，这就要求我们要优化文化环境，使其对人们产生更加积极的引导。对思想政治教育体系的文化环境进行优化，最根本的是要在整个文化建设中坚持社会主义核心价值体系；即坚持马克思主义指导思想；高扬中国特色社会主义共同理想；弘扬以爱国主义为核心的民族精神和改革创新为核心的时代精神；倡导社会主义荣辱观；使社会主义文化建设始终保持正确的政治方向，持续发挥全面提高公民综合素质的作用。

校园文化不仅是一些校园文化活动，它是整个大学学习和生活的综合状态，它还包括学校的办学宗旨和学习氛围等。在校园文化的概念中，学生是主体，课外活动是主要内容，整个校园是发展空间。校园文化是一种群体文化，通常通过两种途径表达：一种是课堂以外的文化概念。例如，俱乐部文化（由学生在学校行政部门的监督下自发并定期组织的团体）和学生会文化（由团委管理并为学生服务的学生团体的核心组织）。一种是传承下来的基本精神。校园文化意味着一种历史积淀，是由高校的创办人、校友事迹等构成的历史和传统，这对于大学生来说是一种精神财富。

校园文化的育人作用往往具有全面性、阶级性、渗透性和导向性。这种影响对于思维尚未完全成熟的大学生来说是深刻而长远的。营建良好的校园文化，首先要进一步提高对校园文化概念的整体把握，把校园文化放进学校的总体发展规划中考量，加强管理，深化意义。对于消极、腐朽、落后的文化要采取强硬态度坚决抵制，提倡高尚的内容与先进的形式，通过开展丰富多彩的校园活动，美化学生心灵，陶冶学生情操，开阔学生的事业与胸襟。

贫困大学生心理健康教育作为思想政治教育的一个重要方面，已经引起了社会各界的广泛关注，本书对此进行了专题研究，为高校决策者提供一些工作思路与建议。与思想政治教育是系统性工程一样，贫困大学生的心理健康教育也是一项系统性的工作。本书对当代贫困大学生心理问题的现状及成因进行了分析。由于社会因素、家庭因素、学校因素、个体因素的影响，当代贫困大学生心理健康问题主要表现在自卑和过度自尊并存、焦虑与抑郁并存、期待交往与自我封闭并存、敏感与多疑并存等问题。通过分析，确定了当代贫困大学生心理健康教育的基本原则、内容和方法，提出要从国家资助政策的宣传引导、开展贫困大学生就业教育、健全三级心理健康教育网络、开展心理资本提升教育、利用网络对贫困大学生进行心理健康教育、开展贫困大学生心理素质拓展训练、营造有利于贫困大学生的心理健康校园文化七个方面寻找载体开展引导教育和贫困大学生心理健康教育。一方面，本文的研究结果对开展当代大学生心理健康教育有一定指导意义和现实意义；另一方面，高校应当继续探索实践，积极寻找导致贫困大学生各种不良心理状态形成的原因，寻求适当的思想政治教育方法和心理健康教育方法。

总之，本文的研究成果具有局限性，各高校应一切从实际出发，切实改善贫困大学生不健康的心理状态，引导他们树立起正确的人生价值取向。这样既实现了贫困大学生的求学目的，又有利于高校人才的培养。

第五章　就业指导工作

在本章内容中，我们将围绕就业指导工作展开论述，主要介绍三个方面的内容，分别是高校贫困毕业生就业现状分析、高校贫困毕业生影响因素、针对贫困大学生的就业指导与帮扶对策。

第一节　高校贫困毕业生就业现状分析

就业是民生之本。做好高校毕业生就业工作，不仅关系到建设人才资源强国和创新型国家的大局，关系到经济的健康发展、社会的和谐稳定、民生的不断改善，还关系到高校的可持续发展、高校毕业生的前途命运，以及关系到高校毕业生的家庭幸福。高校毕业生能体面就业，就能体现党和政府爱民、为民、惠民的根本目的，就能促进经济的健康发展、社会的和谐稳定和高校的可持续发展，就能为毕业生开辟服务社会、施展才华的用武之地。因此，高校必须不断提高思想认识，不断拓宽工作思路，不断完善工作措施，按照相关政策法规，与有关部门一道，切实加强就业指导，切实做好毕业生就业工作。

一、新形势下高校毕业生就业的现状

在新形势下，党和国家高度重视高校毕业生就业工作，实施了就业优先的战略和更加积极的就业政策，采取了多种行之有效的政策措施，注重从体制机制入手，努力破解高校毕业生就业的难题，取得了显著成效。但是，高校毕业生就业难的问题还没有得到根本解决，就业形势依然复杂、

严峻。

（一）高校毕业生总量不断增加致使就业市场竞争不断加剧

1999年高校扩招以来，全国高校毕业生总量都不断增长。当然，云南省及昭通市的高校毕业生总量也不例外地有增长。有关资料显示：2014年全国普通高校毕业生总量达727万人，比扩招前的101万增加了6.2倍，加上历年未就业的毕业生，需要就业的毕业生估计要超过800万人。2014年云南省高校毕业生总量达15.5万人，比扩招前的1.6万增加了8.7倍，加上历年未就业的毕业生，需要就业的毕业生估计要超过20万人。2014年云南省昭通市的昭通籍高校毕业生达1.8万人，比扩招前的1645人增加了9.9倍，加上历年未就业的1万人，尚未实现稳定就业的有1.7万人，总计需要就业的昭通籍高校毕业生估计要超过4.5万人（包括昭通学院的外籍毕业生几百人）。最近一些年，昭通能够提供的城镇就业岗位不到3万个。如果昭通籍的高校毕业生都回昭通就业，那至少会有1.5万人没有着落。此外，昭通农村富余劳动力有200多万人，每年向长三角、珠三角、北京、昆明等地输出130万—140万人，尚有60万—70万人需要在本地寻找就业岗位。在这种情况下，高校毕业生总量不断增加，需要就业的毕业生总量不断扩大，必然会加剧高校毕业生在就业市场的竞争，造成更加困难的就业局面。高校毕业生能不能就业，不仅关系到人才的合理使用、人民群众的切身利益，还关系到社会的和谐稳定。因此，搞好高校毕业生就业工作，是各级政府和高校极为艰巨而紧迫的政治任务。高校毕业生总量不断增长，需要就业的毕业生总量不断扩张，必然加大各级政府和高校解决毕业生就业问题的工作压力，必然加大毕业生及其家长对毕业生能否就业的担忧，必然使高校毕业生就业形势更加复杂严峻。解决高校毕业生的就业问题，人多面广，情况复杂，各方面都不轻松，笔者对此感受颇深。从高校学生毕业到就业这段时间，政府、高校、毕业生都处在高度紧张状态之中。

（二）就业市场呈现“两难”局面致使供需矛盾更加尖锐

所谓“两难”，就是高校毕业生就业市场出现的“招工难”与“就业难”的并存现象。一方面是用人单位“招工难”，左挑右选，很难招到非常满意的毕业生；另一方面是毕业生“找工作难”，右挑左选，很难找到非常满意的工作。出现这种现象，主要是发生了“四大变化”：一是就业市场供需关系发生了变化。高校毕业生不断增加，就业市场出现了供大于求的情况，就业市场由卖方市场转变为买方市场。二是用人单位选人观念发生了变化。卖方市场充足，有足够的挑选余地，于是部分用人单位的选人观念就发生了变化。有的提高了进入门槛，不仅提高了学历要求，甚至还提出非名牌高校毕业生不予录用，把很多高校毕业生排斥在外；有的不仅延长了试用期，还降低了薪酬，致使一些毕业生下决心不到这些单位求职；有的找出种种理由，对性别、年龄、户籍提出了要求，限制了一些毕业生。三是毕业生择业观念发生了变化。有的择业教育缺失，致使择业观念出现偏差。只想到行政机关或事业单位过稳定日子，只想到待遇好、收入多的国有企业过富裕日子，只想到大城市过清闲日子，没有想到要到贫困地区、农村基层过艰苦奋斗的日子。有的对自己的“实力”研判不准，高估或低估了很多就业岗位，放弃了很多就业机会。有的本来可以考取特岗教师却不去报考，偏偏要去报考公务员。结果，公务员没有考取，考特岗教师的时间也错过了。这种“高不成，低不就”的例子，比比皆是。四是就业结构发生了变化。从区域结构来说，发达地区、大城市工作难找，毕业生“就业难”，有的毕业生偏偏要去碰；贫困地区、农村基层缺乏人才，不少毕业生不愿去，出现贫困地区、农村基层“招工难”。从专业结构来说。专业不对口，没有一技之长，到处求职都很难找到，高校毕业生“就业难”；离职高专人员、专业技术人员很难招聘到，用人单位“招工难”。从职业结构来说，教师、医生、法官等职业都有职业要求，达不到要求不可能到这些岗位就业，达不到要求的毕业生“就业难”；很多高校毕业生不愿当普通工人，用人单位“招工难”。这“四大变化”，使离校毕业生就业市场供需矛盾更加尖锐，使高校毕业生就业形势更加严峻复杂。面对这“四大变化”，政府工作、高校服务、毕业生就业变得更难。

（三）贫困地区就业困难致使高校毕业生难以就业

按理说，为了改变贫困地区的贫困落后面貌，贫困地区更需要高校毕业生。但是，目前高校毕业生到贫困地区就业非常困难。像昭通这样的边远贫困山区，高校毕业生就业还存在诸多问题。一是到农村就业渠道狭窄。虽然农村基础教育、医疗卫生、宣传文化、科学技术、社会管理等方面非常缺乏人才，但能够提供高校毕业生就业的岗位非常少。近年来，招聘了一些补员教师和特岗教师，但因受编制限制，仍然不能满足需要；招聘了一些医生，但数量很少，且没有高级职称的医生，也远远不能满足需要；宣传文化、科学技术、社会管理等方面，还没有适合高校毕业生就业的岗位。至于已经实施的“选聘高校毕业生到村任职”“三支一扶”“大学生志愿服务两部计划”，由于受编制的限制，到农村就业的高校毕业生也不多。总之，目前高校毕业生到农村就业的渠道是非常狭窄的。二是高校毕业生回乡就业创业制约因素很多。在昭通，所谓农村的高校毕业生，大多家住农村小集镇。这些小集镇，大多是乡镇政府所在地，人多地少，没有像样的企业，没有像样的工业，无职无业人很多。高校毕业生回家，大多无业可就，创业亦非常困难。创什么业、怎么创，资金、技术、场地是否具备，一大堆问题摆在毕业生面前。这些问题不解决，银行的贷款也得不到。但解决这些问题谈何容易，毕业生只好远走高飞，到别的地方求职谋业。在这种思想的影响下，不少昭通籍高校毕业生都没有回乡就业。笔者深知，不少毕业生不是不想回乡就业，而是无法回乡就业。三是贫困地区企业就业岗位十分有限。昭通原有的企业都是国有企业和集体企业，企业改制后，大多不复存在，原来的企业职工绝大多数下岗失业。改制后的个体企业、私营企业，大多规模甚小，就业岗位极少。国有企业屈指可数，且提质增效后，就业岗位明显减少，基本上不准进入。像昭通这样的贫困地区，企业吸纳高校毕业生就业的能力是非常薄弱的。四是城乡差别影响毕业生到农村就业。在农村特别是边远贫困山区，其工作条件、生活环境、工资福利都比在城市、在发达地区条件差，工作更辛苦，生活更艰苦，还受人歧视。在这些情况下，愿意到边远贫困山区工作的毕业生不是很多。由于自然条件差，教师待遇偏低，边远农村学校生活条件艰苦，招聘教师存在招不来、留不住的情况。有关资料显示，2012 年昭通市计划招聘教师 3672 人，实际招聘到位 2674 人，仅占计划的 72.8%。其中，紧缺教师计划招聘 769 人，实际招聘到位 499 人，占计划的 64.88%；特岗计划招聘 1456 人，实际招聘到位 909 人，占计划的 62.43%。部分学校教师招聘到位后，短期就自动离职。仅 2012 年，自动辞职、改行、调往市外的新聘教师就达 1200 人，占当年减员数的 66.29%。镇雄县 2011 年以来，共招聘中小学教师1185人，但流失数却高达1302人；彝良县2012年义务教育阶段新增教师211名，而当年减员就达214人，教师数量呈负增长趋势。这种状况如果没有特殊措施，恐怕短期内改变不了。同样，如果没有特殊措施，短期内贫困地区招工难的状况改变不了，高校毕业生到贫困地区就业难的状况也改变不了。

这就是新形势下高校毕业生的就业现状。改变这种现状，不仅是高校毕业生面临的严峻挑战，更是各级政府和高校面临的严峻挑战。

二、高校毕业生就业形势复杂严峻的原因

（一）高校毕业生就业市场供需矛盾加剧

高校快速发展，就业需求快速增加。自从1999年扩招以来，高校招生总量迅猛增长。有关资料显示：1999年全国普通高校招生160万人，比1998年增加52万人，增长48%；2003年全国普通高校招生382万人，比1999年增加222万人，增长38.8%；2013年全国普通高校招生699.8万人，比2003年增加317.8万人，增长83.2%。1999年全国普通高校在云南省招生2.75万人，比1998年增加0.71万人，增长34.8%；2003年全国普通高校在云南省招生6.22万人，比1999年增加3.47万人，增长126.2%；2013年全国普通高校在云南省招生21万人，比2003年增加14.78万人，增长137.6%。1999年全国普通高校在昭通市招生2958人，比1998年增加810人，增长37.7%；2003年全国普通高校在昭通市招生5010人，比1999年增加2052人，增长69.4%；2013年全国普通高校在昭通市招生2.8万人，比2003年增加2.3万人，增长358.8%。据调查，贫困地区学生读大学的热情正在高涨。比如地处乌蒙山特困片区腹心的昭通，随着经济的快速发展，随着市委、市政府对高中阶段教育的特别重视，今后一段时间报考高校的人数还会猛增，全国普通高校在昭通的招生人数还会大幅度增长。在这些贫困地方，不少高中毕业生及其家长都认为只有上大学才是最好的出路。对这些贫困地方，国家出台了包括定向录取高校学生在内的许多优惠政策，不仅录取率高，而且学习成绩优秀的学生还可以上重点大学，调动了学生上大学的积极性。据专家了解，与昭通毗

邻的贵州毕节市、四川凉山州也有类似情况。从全国来看，虽然近年一些省、市高考报名人数有所减少，但历年录取人数都在上升。这些情况都说明，当前和今后一段时间，全国普通高校仍将保持快速发展的势头。高校快速发展，必然增加就业需求。

经济增速放缓，影响就业岗位增长。有资料显示，国际上自金融危机以来，一些国家经济复苏步伐缓慢，自由贸易理念弱化，贸易保护主义升温，直接影响我国的国际贸易。在这种情况下，我国与国际贸易相关的一些部门和产业势必进行相应的调整。这些部门和产业的调整，必然要提高工作人员的工作效率，提高产品的质量和效益，精简结构和人员，必然会影响我国就业岗位的增长。国内全面深化改革，不断扩大开放，转变经济发展方式，调整经济结构，提高经济发展的质量和效益，必然要精简结构和人员，必然使就业结构、就业方式、就业人数发生不可避免的变化。人力资源和社会保障部（以下简称“人社部”）调查认为，经济增速放缓对就业的影响已经开始显现。事实证明。这种“显现”不是就业岗位负增长，而是就业岗位增长速度在放慢。就业岗位增长速度放慢，就是就业岗位的增长滞后于就业需求的增长。

在贫困地区，也存在就业岗位增长滞后于就业需求增长的情况。但这不是经济增速放慢的结果，而是人才匮乏的结果。贫困地区不仅仅是经济、资源、生态贫困，基础教育、医疗卫生、文化宣传、科学技术、社会管理等方面也非常贫困。贫困的背后是人才匮乏，人才匮乏的显著特征是发展缺乏活力和动力。像昭通这样的贫困地区，虽然在国家一系列优惠政策的扶持下，经济发展很快，多年的增速都超过全国、全省平均水平，但由于人才匮乏等因素的影响，就业岗位增长非常缓慢。屈指可数的国有企业，大多发展不景气，加上深化改革和产业转型升级，使原有的就业岗位都难保住。城镇集体企业，上百人的也没有几个，且大多小而弱，就业岗位少得可怜。行政机关增编不大，事业单位增编极少。总体情况是：就业岗位增长滞后于就业需求增长。

推进城镇化进程，必然增加就业需求。2011 年 11 月以来，云南省以“两床被子、十件衣服”的政策措施，大力推进城镇化进程（即促进农业转移人口转变为城镇居民，以下简称“农转城”）。所谓“两床被子、十件衣服”，就是在一定时期内给予进城农民“城乡兼有”的特殊身份，盖上“城乡两床被子”，继续享有土地承包经营权、宅基地及农房的使用权、林地承包权和林木所有权、原户籍地计划生育政策、参与原农村集体经济资产分红权共五项权利，提供农村转户进城居民城镇住房、养老、医疗、就业、教育五大保障。到2013年年底，全省“农转城”人口总量达至370万人。贯彻落实省委指示，昭通市“农转城”人口总量达到26.9万人。农业转移人口转变为城镇居民，为了生存和发展，必然要求增加城镇就业岗位。

总而言之，随着全面深化改革的不断深入，农村城镇化进程的推进，各种企业的转型升级，以及政府机构改革和事业单位改革的深化，就业岗位的增长必然不多，就业需求的增长必然不少，高校毕业生就业市场的供需矛盾必然加剧。

（二）高校毕业生就业市场结构性矛盾突出

改革开放以来，高校教育教学体制机制改革做了大量的工作，取得了明显的成效。但是明显滞后于经济社会发展的需要和市场经济体制机制的需要。笔者认为，高校教育不仅要从“精英型”向“大众型”转变，还应当从“精英型”“大众型”向“适应型”转变。所谓“适应型”，就是高校要适应全国政治建设、经济建设、文化建设、社会建设和生态文明建设的需要，要适应地方政治建设、经济建设、文化建设、社会建设和生态文明建设的需要。从“精英型”向“大众型”转变，主要解决教育公平问题，使具备上大学条件的人都能上大学，但没有重点解决上大学是为了什么的问题。需要让学生明白上大学，就是为了适应我国政治建设、经济建设、文化建设、社会建设和生态文明建设的需要。现在一些高校毕业生就不了业，一个重要的原因就是不适应我国政治建设、经济建设、文化建设、社会建设和生态文明建设的需要。

存在上述问题，有高校方面的原因，也有高校学生方面的原因。从高校来讲，主要是高校还没有完全转变成“适应型”高校；有的高校观念陈旧，教学内容、教学方法没有大的改变，其应试教育使毕业生很难适应就业市场的“双向选择”；有的高校脱离实际，其教学内容从理论到理论、从课堂到课堂，不适应经济社会发展的需要，使毕业生没有能力应对就业市场的“双向选择”；有的高校偏重学术教育而轻视职业教育，特别是一些条件不具备、能力欠佳的高校也一心向综合性研究型大学靠拢，结果是上不沾天（靠拢综合性研究型大学）、下不接地（适应经济社会发展的需要），使这些高校的毕业生很难融入现代社会和就业市场，很难应对就业市场的“双向选择”；有的高校专业设置与市场需求不相适应，致使许多专业的毕业生很难应对就业市场的“双向选择”。从高校学生方面来说，除上述原因外，还存在择业结构上的问题。在区域结构上，有的毕业生不愿到贫困地区、农村基层，没有就业。在专业结构上，有的毕业生没有找到与所学专业对口的岗位，不愿意就业。在专业结构上，有的毕业生不愿到中小企业就业，也不愿意到非公务员的岗位就业。因此，开展公务员招考以来，不少考生就是因为不愿报考贫困地区和农村基层的岗位而丧失了就业的机会。如此种种，足以说明高校毕业生就业市场存在着尖锐的结构性矛盾。

（三）高校毕业生就业政策尚未完全落实

近年来，各地区、各有关部门和高校认真贯彻落实党中央、国务院制定的各项政策，做了大量工作，取得明显成效，高校毕业生就业形势总体保持稳定。但是，在一些地方、一些企事业单位还存在政策落实不到位，政策效应发挥不充分的问题。在边远贫困山区，这些问题表现得尤为突出。

一是宣传工作不深入。从客观上讲，边远贫困山区群众居住分散，山一家水一家，交通不便，加之信息传播渠道不畅，就业信息、就业知识、就业政策很难知晓；从主观上讲，缺乏掌握就业信息的意识，不少高校学生只顾埋头苦读、热衷考证或忙于各类社团活动，却没有认识到了解就业政策、就业过程和就业形势的重要性，对党中央、国务院制定的帮助高校毕业生就业的优惠政策，不仅有些学生家长不知道，有些毕业生本人也不知道，因此，这一些毕业生对报考什么岗位、如何报考这些岗位，全然不知。另外，有关部门和高校的工作还不深入、还不细致，致使一些毕业生对就业政策、就业程序、就业形势了解不多，一些毕业生想就业而不知应如何争取就业。有的地方、有的部门对高校毕业生到贫困地区、到中小企业就业和应征入伍的优惠政策宣传不够、执行不力。

二是政策落实不到位。从客观上讲，存在一些制约因素。贫困地区地方财政十分薄弱，为解决毕业生就业问题，地方财政很难为企业提供技术改造贷款贴息、小额贷款担保贴息等资金；贫困地区高校毕业生具备创业条件的极少，地方政府、金融部门也很难为这些毕业生提供创业条件；贫困地区企业本身僧多粥少，发展步履艰难，很难为毕业生提供就业岗位。从主观上讲，工作中存在一些问题，体制性障碍仍然存在。目前，我国高校毕业生就业工作涉及很多部门，有教育部门、公安部门、人事及劳动部门，还有财税部门、工商部门、金融部门等等，管理体制弊端甚多，相关部门各有权利又各有义务，相互之间很难沟通，加之有较强的计划人事管理制度，使不少虚位以待的用人单位受到限制。在高校毕业生就业过程中，有一些中小型私营企业需要大学水平的管理技术人员，但却因没有申报用人指标的途径，解决不了大学生的派遣、落户、接收档案等问题而招不到高校毕业生。有的地方还存在地方保护主义。在高校毕业生就业过程中，有的地方对生源是本地的毕业生大开绿灯，对一些外地毕业生则附加各种条件进行限制。有的用人单位随意提高招聘门槛，设置一些不合理、不公平的就业条件，导致一些专业的毕业生就业困难，导致一些女性毕业生就业困难。有些用人单位只接收高学历毕业生，随意提高用人标准，既造成了人才的浪费，又给毕业生就业带来难度。有些用人单位缺乏人才培养机制，对招聘人员不进行培训，希望所招聘人员马上就能发挥作用、创造价值。有的高校尚未把就业指导课程纳入教学计划，建立贯穿于整个大学教育期间的职业发展和就业指导课程体系，帮助大学生树立正确的成才和就业观念。有的企业片面认为执行政策有损企业利益，千方百计减少招收高校毕业生的数量，致使毕业生就业政策未能完全落实，从而把一些毕业生排斥在企业就业大门之外。

三是服务工作不扎实。高校毕业生到基层、企业就业，或报考行政机关、报考事业单位，都需要相关部门给予具体帮助。这些部门如稍有疏忽，毕业生就会因缺乏积极热情的就业指导、就业服务和就业援助而难以就业。笔者在实践中感到，有些政策确实很难落实，其间有宣传方面的问题，有服务不到位的问题，有用人单位的问题，也有毕业生本人的问题。

三、缓解高校毕业生就业严峻形势的对策

(一) 充分发挥就业政策的政策效应

缓解高校毕业生就业严峻形势的有效途径是全面落实毕业生就业政策，充分发挥就业政策的政策效应。只有全面落实毕业生就业政策，才能搞好毕业生就业工作，促进毕业生及时就业。只有把毕业生就业政策落到实处，才能发挥毕业生就业政策的政策效应。为了把毕业生就业政策全面落到实处，针对贫困地区存在的问题，应当着力做好四个方面的工作。第一，切实加强组织领导。高校毕业生就业是整个就业工作的重点和难点，各级各部门都必须高度重视。应当建立健全以政府领导为组长、相关部门负责人为成员的领导组，切实加强对毕业生就业工作的组织领导。相关部门之间应当分工协作，齐抓共管，形成合力。各部门应当各司其职，各负其责，确保毕业生就业政策在本部门不走样。第二，深入做好宣传工作。在宣传内容上，各项政策都要宣传并解释清楚，还应针对毕业生的实际专门讲解相关政策。在宣传方式上，各地、各高校应当从自己的实际出发，保证每一名高校毕业生都知道就业政策的具体内容，都懂得就业程序和方法。第三，督促各项政策落实。对于有的地方、有的单位不能解决的问题，应由相关职能部门通过调查研究，提出解决问题的意见建议，呈请上级相关部门解决。属于有的地方、有的单位未落实的政策，应当抽调相关职能部门的领导任组长，组建有权威的督导组，到相关地方、相关单位督促落实有关政策。通过督促，破除政策障碍，消除政策壁垒，发挥政策效应，确保各项政策措施落到实处。第四，切实转变工作作风。不论是政府部门还是高校的工作人员，首先，应当提高对毕业生就业工作的认识，增强对毕业生的感情，把毕业生视为自己的亲人，想毕业生所想，急毕业生所急，帮毕业生所需；其次，应当树立责任意识，把促进毕业生就业视为自己义不容辞的责任；最后，要建立责任追究制，谁影响毕业生就业就追究谁的责任。上述措施和方法，可使毕业生就业政策全面正确落实到位，使政策效应得到充分发挥，使高校毕业生顺利、体面地实现就业。

（二）千方百计增加就业岗位

缓解高校毕业生就业的严峻形势，根本途径是千方百计增加就业岗位。贫困地区增加就业岗位，其主要途径是：

第一，依靠发展增加就业岗位。改革开放以来，贫困地区经济以超过全国平均速度的增长率快速发展。在经济社会发展的过程中，推进了工业化、城镇化、产业化的进程，促进了发展方式的转变和经济结构的调整，加快了现代农业、新型工业、现代服务业、特色产业的发展。在现代农业、新型工业、现代服务业、特色产业的发展过程中，开发了不少就业岗位。同时，增强了地方的经济实力。地方具有一定的经济实力，才能与国家出台的政策相配套，提供毕业生就业产业需要的资金。

第二，依靠政策增加就业岗位。为了吸引更多高校毕业生到贫困地区就业，国家已经出台了很多政策措施。从目前情况看，这些政策措施还不能满足贫困地区的需要。国家应当根据贫困地区的实际情况，再制定出台一些政策措施。一是通过政府购买服务的方式，进一步开发农村基础教育、医疗卫生、文化宣传、科学技术、社会管理等方面的工作岗位，解决农村没有编制或编制紧缺的问题。二是加大面向基层考录公务员和招聘事业单位工作人员的力度，提高在农村定向考录公务员和招聘事业单位工作人员的比例。三是尽快启动和实施“农业技术推广服务特岗计划”“社会养老服务事业特岗计划”等新项目，为毕业生到贫困地区就业增加岗位。四是加大“农村教师特岗”“大学生村官”“三支一扶”“西部计划”等基层就业项目的实施力度。增加毕业生到基层就业的人数。五是在继续定向招收免费师范生和医务人员、动植物防疫、社区服务人员的同时，出台新的政策措施，定向招收农村市场经济、文化宣传、社会管理等方面的专职工作人员。

第三，依靠工作增加就业岗位。一是改善农村生活工作环境，建立健全鼓励高校毕业生到基层工作的服务保障机制，使贫困地区引得进、留得住高校毕业生。二是鼓励中小企业、民营企业、非公有制经济组织努力承担社会责任，全力开发就业岗位，主动吸纳高校毕业生就业。三是用人单位招用毕业生、职业中介机构从事职业中介活动，不得对毕业生设置性别、民族等条件限制，不得以毕业院校、年龄、户籍等作为限制性要求，确保毕业生公平公正就业。四是充分发挥驻外联络机构、驻外商会等平台的沟通桥梁作用，与外地党政机关、企事业单位建立广泛、稳定的人才合作关系，积极实施“万名大学生走出云南行动计划”，向外输送更多的高校毕业生。

（三）奋力提高毕业生的竞争力

在市场经济条件下，高校毕业生能不能就业，关键在于高校毕业生有没有过硬本领，就业竞争力强不强。所谓过硬本领，就是毕业生的素质和能力。素质好、能力强，就具备了过硬本领和较强的竞争力，就业率就高；反之，就业率就低。锤炼高校毕业生过硬本领，增强毕业生的竞争力，关键在于高校和毕业生本人。

锤炼高校毕业生过硬本领，增强毕业生的竞争力，高校责任重大。高校为了切实履职、担当责任，应该努力做好下列几个方面的工作。

第一，调整优化教育结构。深入贯彻党的十八届三中全会精神，深化教育领域综合改革，防止高等教育生态结构失调，注重高等教育生态结构合理，推进高校治理系统和治理能力现代化。不能改革不从实际出发，不管什么层次、什么类型的高校都向综合性研究型世界一流大学靠拢的做法。一般高校和贫困地区高校应该走自己的路，创自己的特色。围绕经济社会发展需要，实现从“精英教育”到“大众教育”的转变，从“应试教育”到“素质教育”的转变，从培养“理论型人才”“研究型人才”到培养“应用型人才”“技能型人才”的转变，加快发展现代职业教育，加大应用型、复合型人才培养力度。

第二，调整优化专业设置。一般高校和贫困地区高校都应该面向社会、面向市场办学，根据经济社会发展的需要，根据就业市场的供需情况，及时调整优化学校的学科结构和专业设置，使招生专业和人数与毕业生就业率相匹配，逐步加大社会和市场急需专业的招生人数，缩减专业设置不科学、不合理的学科和专业招生人数。

第三，改革人才培养模式。对于一般高校和贫困地区高校来说，应该围绕“立德树人”这个总目标，改革教学方式和教学方法，改变传统的重理论、轻实践，重知识、轻能力的教学模式，注重专业知识培养和实际技能的提高，强化实践育人，面向经济建设和社会主义事业发展这个主战场，注重对毕业生进行实际操作能力、适应工作能力和组织协调能力、待人接物能力的培养，增强毕业生的综合素质和实践能力。

第四，切实加强就业指导。不论是重点高校、一般高校还是贫困地区高校，都应当从下列三个方面着力：一是增强责任意识。从主要领导到一般员工（特别是领导）都应当认识到，高校毕业生能不能就业，高校肩负着重要责任。按现在的教育体制，高校毕业生在高校的学习时间至少是3年。这一时期的学生，其生理、心理、知识都处在承前启后的关键阶段，是世界观、人生观、价值观形成的重要时期，最需要真诚的体贴、热情的呵护、细心的培养。高校的责任就在于体贴、呵护学生和培养、锤炼学生，使他们拥有过硬本领，提高竞争力。高校的各部门都应当有这种意识，有这种责任。二是高扬担当精神。当前，高校毕业生就业处在十分困难的阶段，形势严峻而复杂。面对这种形势，为了学生的利益，勇敢担当起学校的责任，真正做到有责、负责、尽责。克服各种困难，排除各种干扰，怀着一颗为毕业生解难的赤诚的心，义无反顾地到毕业生需要的地方去，尽心竭力地与毕业生一起解决就业难题。三是崇尚真抓实干作风。为了加强对高校毕业生的就业指导，必须建立健全强有力的工作机构和工作班子，做到有机构专管，有人专办。为了加强对高校毕业生的就业指导，必须把就业指导这项工作贯穿于学生整个大学学习过程，使其随时了解就业形势，分析研究对策，提高应对能力。为了搞好就业指导工作，必须建立一支责任心强、素质高的专业化就业指导队伍。师高弟子强，对从事毕业生就业指导的专职人员必须进行精心挑选、严格培训，努力提高他们的业务水平和综合素质。

一是要锤炼过硬本领。增强高校毕业生就业的竞争能力关键在于毕业生本人。俗话说："打铁还需自身硬。"就业市场上的激烈竞争，实际上是能力与素质的竞争。高校毕业生就业，靠的就是自己的素质和能力，靠的就是自己的过硬本领。高校毕业生要把就业的主动权掌握在自己的手上，必须转变传统的就业观念，正确评估自己的实力，提高自己的综合素质和实践能力，扎扎实实练就过硬本领。现在的就业市场，很大程度取决于用人单位。用人单位用人，主要看毕业生能不能用；如果有多的人选，就会录用最好的人选。因此，高校毕业生就业要走一个“三部曲”：第一步，毕业生所学的专业是否与用人单位的需求相符；第二步，毕业生所学的专业是否能用，即毕业生所学的知识是死的还是活的，所学的知识能不能用于实践；第三步，在所有报考这个职位的人中，谁的成绩最好，谁就是最佳录取人选。这就是说，毕业生不仅要学的专业对路，学得最好，而且还要实践能力最强，这就要求有过硬本领。面对就业市场上的激烈竞争，高校学生要充分利用高校这一一平台，扎实学习，认真实践，切实造就自己的过硬本领，真正做到“最好”“最强”，把就业的主动权牢牢掌握在自己的手上。二是研判自己的实力。高校毕业生就业市场是“自主择业”“双向选择”。“双向选择”是一种市场机制，市场机制的基本规律是优胜劣汰。高校毕业生要在激烈的就业竞争中占据主动地位，掌握主动权，提高就业概率，除了练就过硬的本领外，还要懂得市场机制的基本规律。为了应对市场机制的基本规律，打有把握之仗，首先要对自己的实力进行正确的研判，根据自己的实力，对准竞争者较少的岗位选择地区、选择单位、选择职业。如实力平平，切忌不可一味追求大城市、高工资、好待遇的岗位；也不要一味追求公务员、机关单位的好岗位。三是树立良好的择业观。为了提高就业的概率，适应时代发展的需要，适应经济社会发展的需要，充分体现高校毕业生的人生价值，不论毕业生是佼佼者还是平庸者，都要树立良好的、与自己实力相对应的择业观。在区域取向上，重点是贫困地区、民族地区、边远山区和革命老区，而且是小城镇、乡镇的基层单位。在单位取向上，重点是学校、医院和中小企业、民营企业、乡镇企业。在职业取向上，重点是专业型、技术型和管理型的岗位，最好先到生产工作第一线，从第一线干起，施展才华，奉献青春。这种选择虽然眼前生活艰苦、工作劳累，但经过一线的磨炼，从长远来看，对毕业生好处甚多。

第二节　高校贫困毕业生就业影响因素

一、高校毕业生就业存在的心理误区

通过总结多年的就业工作实践，笔者深刻地认识到，由于心理教育还存在缺陷，就业服务未能及时跟上，致使一些高校毕业生在择业时还存在一些心理误区。这些心理误区造成了一些高校毕业生未能及时就业。因此笔者认为，高校应当加强对高校学生的心理教育，引导高校学生树立正确的价值观念，增强择业之自信，走出不健康的心理误区。高校应当引导毕业生学会心理调适、分析形势、考量利弊、把握机会，消除等待、依赖、自卑等不健康的心理认知。树立自我主体意识、机遇难得意识、竞争风险意识，培养勇于竞争、不怕挫折的勇气，积极参与就业岗位的竞争。同时，高校还要加强就业指导和就业服务。笔者综合多年的学生实例，发现高校毕业就业的主要心理误区如下。

（一）等待心理

在择业的关键时刻，一些高校毕业生存在等待心理。这种消极、被动的心理，直接造成毕业生就业失败。由于就业形势一年比一年严峻，就业竞争一年比一年激烈，如消极等待，就业岗位将都被别人争去。毕业生在就业时没有针对实际情况做到冷静分析、合理判断，缺乏对自己的理性思考与认识，一味在消极中等待机会。要知道，机会是等不来的，机会是要去争取的，机会是留给有准备的人的。我们要做的是找寻机会，而不是被动地等待。还有一些大学生对自己的综合认识不足，觉得自己很厉害，而在择业面试的时候，却处处碰壁，从而产生了一种“怀才不遇，知音难觅”的心理。这对他们今后的就业也产生了不好的影响。

（二）失落心理

一些高校毕业生在择业时过多地考虑地域、工作条件、福利待遇等等。总是向往高起点、好地方、好环境、好待遇。部分高校毕业生由于眼高手低，不愿去贫困地区从事艰苦的工作，结果，好地方没有去成，艰苦的工作也没有得到。于是，心理便产生了失落感。

（三）自卑心理

部分高校毕业生由于低估了自己的实际水平和潜在能力，对自己能够适应某个岗位缺乏自信，在择业的关键时刻便产生了自卑心理。自卑是一种缺乏自信心的表现，也是一种消极心理。这样的消极心理是由于长期只注重在学校学习，而不注重人际交往与实践锻炼造成的。这样的消极心理，使毕业生在激烈的市场竞争面前不敢参与竞争，在面试的时候不敢说我能行，只会说试试看。几次失败之后，对自己全盘否定，接着便一蹶不振，丧失了继续求职的信心。

（四）焦虑心理

在择业的关键时刻，一些高校毕业生会产生焦虑心理。既忧虑自己选择的岗位竞争者太多，担心自己竞争不到这个岗位；又忧虑自己竞争上岗日后不适应，担心今后工作难做。在面试前夕，一些高校毕业生也会产生忧虑心理。既忧虑心情紧张，影响回答情绪；又忧虑对面试内容不了解，回答不上来。总之，这是高校毕业生在就业中经常发生的一个心理问题。很多高校毕业生在择业时会本能地感到恐慌与焦虑，在面试时也会本能地感到恐慌与焦虑。这种恐慌与焦虑，是不正常的心理，致使不少毕业生就业失败。

（五）茫然心理

招聘公告发布以后，面对众多的招聘岗位，一些高校毕业生感到茫然，不知所措。他们一方面很渴望在社会中找到适合自己的发展空间，但另一方面又不知道什么岗位才是适合自己的发展的。他们对自己想要做什么，能做什么却并不清楚。最终出现两种结果：一种是过高地估计了自己的水平与能力，选择了与自己实际不相符的职业，所以没有得到机会选择岗位；另一种是对自己的水平与能力认识不足，没有主动选择与自己实际相符的职业，同时也没有向用人单位充分展示自己的才华，也会失去就业的机会。

（六）依赖心理

“90后”的高校毕业生年纪较轻，涉世较少。与以前的大学生相比，依赖心理更严重。不论是择业还是就业，往往自己都不会主动去考虑，而是依靠父母或学校。他们在择业中处于一种相对被动的地位，积极性、主动性没有得到充分发挥。一旦父母为他们选择了岗位，如果他们满意，也不会用正确的态度去面对；如果他们不满意，就会责怪父母，抑或得过且过。

二、高校毕业生就业存在的不正确意愿

目前，高校毕业生就业难已经成为我国社会经济发展中的一个热点与难点问题。调查发现，本来就业就十分艰难，但仍有少数毕业生就业心态不良，就业意愿偏颇，就业行为轻率。虽然这种情况不多见，但也必须引起高度重视，及时加强教育，树立良好心态，正确对待就业。通过对某高校100位毕业生的问卷调查，受调查毕业生的就业意愿主要是：

（一）希望工作能体现自己的价值

在调查中我们发现，高校毕业生通过四年的专业学习，都希望在走上社会的时候能得到社会的认同。这种强烈的认同需求，直接影响着他们就业的选择。经过数据统计，我们发现在受调查毕业生中超过50%的学生希望自己以后从事的职业，能体现自己的价值，将自己最好的一面充分地展现出来；而有近30%的受调查毕业生认为做什么行业并不那么重要，就业只是一种生活需要；还有少数受调查毕业生是把就业作为自己实现兴趣爱好的一种方式。从中我们不难发现，渴望得到认同、得到社会肯定的学生占了多数。

（二）希望到条件好的地方工作

由于该高校地处贫困地区，自然环境与经济条件都比不上发达地区的大城市，因此毕业生在就业的时候都想去大城市或者经济发达的地区。从

我们的调查结果来看，在受调查毕业生中，60%的毕业生希望到沿海发达地区工作，25%的毕业生希望到上海、北京、深圳等大城市工作，15%的毕业生希望到省会城市工作，没有人选择留在贫困地区工作，渴望走出去的想法十分强烈。他们普遍认为在经济较发达的地区就业，相对发展空间大，工资待遇高，环境好。基于这样的想法，我国每年都会出现贫困地区“招工难”，而发达地区特别是大中型城市“就业难”的情况。

（三）希望到国企工作

在对企业的选择上，毕业生普遍青睐国有企业（以下简称“国企”）和事业单位，他们觉得进入了那些单位以后，工作稳定而体面。在被调查的毕业生中就有55%的毕业生选择了国企或事业单位，30%的毕业生选择了三资企业，仅有15%的毕业生选择去中小型企业和民营企业。从中，我们不难看出高校毕业生在企业选择上存在着严重的偏见。随着我国经济结构的不断调整。私营企业（以下简称“私企”）和中小型企业会不断增多，每年它们都需要招纳大量的优秀人才，能够满足高校毕业生就业的需要。到这些企业工作，往往会受到领导的重视，有更大的空间去发挥自己的专长，这样高校毕业生的就业之路会走得更好。

（四）多数毕业生看重工作待遇

什么因素是大学生在择业的时候最看重的呢？我们在调查中发现，有56%的毕业生比较看重工作待遇，有24%的毕业生注重工作的稳定，还有20%的毕业生是倾向于自己的兴趣爱好。如果一个行业需要从底层做起，而且给的待遇相对比较低的话，那么即便它以后具有发展空间，毕业生也不会去考虑。

通过上面的调查，我们发现，现在高校毕业生在就业的选择上普遍存在着一些不良的心态。这些心态在他们择业就业过程中，往往会影响工作的顺利开展，致使他们很难就业。这是我们调查的一个典型情况。

三、高校毕业生就业存在不稳定的情况

这是我们调查的又一个典型情况。某高校2009年的毕业生是400多

名，全部就业。他们工作半年后，我们对其就业情况做了调查：在 400 多名毕业生中，离职率竟然高达 70%。其中，主动离职的占 45%，被用人单位解雇的占 25%。从中我们不难看出，目前我国高校毕业生的就业情况是很不稳定的。我们进一步与那些主动离职的学生进行沟通，了解到造成他们离职的原因主要有以下几个方面：

（一）工作压力大

由于我们的高校毕业生大学四年都是在学校学习，没有过多的时间去接触社会，进行一系列的实践活动，这就造成了他们在实践上和综合能力上的不足。在走上社会以后，面对不同的行业需求和激烈的竞争，他们普遍会感到工作压力大，自己无法胜任。另外，高校毕业生在踏入社会之初，对社会的认识度和了解度都不深，相对会缺乏安全感。他们对自己走上社会要面对的一些问题、要接触的一些人群的了解都是不够的，在工作中发现了问题后，就开始退缩。

（二）发展空间不足

很多高校毕业生在选择第一份职业的时候，都比较茫然。一旦有用人单位通知他们入职，他们会基于迫切的就业心态而匆匆入职。等工作了一段时间后才发现，这份工作的前景不是很理想，发展空间也相对狭小，于是就会考虑重新调换工作。另外，高校毕业生在对职业的选择上，刚开始都会存在一些误区。当他们经过了一段时间的工作后，调整了一些观点与看法，知道自己适合做哪些工作，不适合做哪些工作，于是就想重新选择职业。

（三）薪水福利偏低

由于现在的工作单位大多存在试用期，在试用期内的工资是相对比较低的。对有的学生来说，由于刚开始工作工资水平较低，物价水平较高，又没有自己掌控收支的经历，不会计划用钱、节约用钱，常常入不敷出。工作两三个月后，他们觉得自己的收入与支出完全不成正比，就会因心理上的落差而不愿意继续工作下去。

四、解决高校毕业生就业问题的对策

不论是高校毕业生的就业意愿，还是就业中存在的不稳定情况，都说明少数高校毕业生在就业方面确实存在一些问题。解决这些问题，笔者认为应当采取如下对策：

（一）加强教育体制改革，实施就业优先战略

解决我国的就业问题归根结底要靠发展经济。目前，我国仍然存在着产业结构不合理、所有制结构不协调等问题，这些问题造成了经济增长与就业比率的失衡。因此，要在不断转变经济发展方式、不断优化经济结构中促进经济持续健康发展，通过稳定经济增长和调整经济结构来增加就业岗位。有了就业岗位，才有条件谈就业。从调查情况看，要使高校毕业生体面就业、稳定就业，还必须切实加快教育体制改革，按照“立德树人”的总目标，切实对毕业生进行新型择业观念和新型就业形式教育。通过教育，使毕业生转变不良心态，树立正确的择业意愿，克服怕苦怕累的思想，乐意在艰苦条件下就业，到艰苦环境中成长。

（二）完善高校就业指导体系，培养毕业生良好的心理素质

目前，我国的高校就业指导体系还不够完善，还不能对高校毕业生的择业进行合理、有效的指导。因此，建立健全高校就业指导体系，帮助高校毕业生正确择业，指导毕业生稳定就业，是当前就业工作的关键所在。在进行具体指导的过程中，首先要明确指导方向，做出科学的职业规划，针对大学生普遍存在的就业择业心理问题进行逐一的疏导，引导毕业生对自身的能力、经验、优势、不足等方面进行全面的考量，学会客观正确地评估自己，能够正确处理择业问题。要教育毕业生学会辩证地看问题，越是艰苦的环境，越是艰难的岗位，越能锻炼人。“艰难困苦，玉汝于成”，很多有作为的人都是这样成长起来的。

（三）贯彻毕业生就业优惠政策，鼓励毕业生自主创业

当前，我国就业环境相对复杂，就业压力相对较大。在这种情况下，

除了引导毕业生积极就业之外，还可以引导毕业生主动自主创业。有些自动放弃就业岗位的毕业生，走的就是这条路。他们放弃已经就业的岗位，根据自己的特长和条件，开创了新的就业门路。其实，为了不让这些毕业生走弯路，在他们未就业前就应当针对他们的特长和条件，认真宣传讲解高校毕业生创业的优惠政策，让他们找到属于自己的位置，鼓励他们自主创业，用更好的就业方式实现自己的人生价值。

综上所述，解决高校毕业生在就业方面存在的问题，已成为各级政府和高校的一项重要工作。各级政府要积极实施就业优先战略，全面贯彻各项优惠政策，为毕业生就业创造良好的条件。高校要按照“立德树人”的总目标，对毕业生进行新型择业观念和新型就业形式教育，完善高校就业指导体系，做到真正的关心学生、服务学生。高校毕业生要用良好的心态择业，在体面的就业中实现自己的人生价值。

第三节　针对贫困大学生的就业指导与帮扶对策

一、高校就业服务工作的针对性和有效性

高校毕业生就业工作是一个复杂的系统工程，需要个人、社会、高校三方面协同配合，共同努力。高校是实现毕业生就业的中间桥梁，应该充分发挥其就业指导服务作用，培养大学生正确的择业观和良好的就业心态，提高他们的就业竞争能力，帮助他们顺利就业、成功就业。毕业生就业指导服务水平的高低，关键在于高校是否对就业指导工作有清醒的认识和务实的作为。教育部教学〔2013〕4 号文件指出：“做好高校毕业生就业工作，关乎经济发展、民生改善和社会稳定。教育部门和高校要充分认识做好高校毕业生就业工作的重要性和紧迫性，把贯彻落实中央决策部署作为当前高校毕业生就业工作的首要任务，加强组织领导和统筹协调，切实落实‘一把手工程’，主要领导亲自抓、负总责。各高校要细化分解目标任务，把责任落实到院系、职能部门和有关工作人员。教育部门要会同有关部门抓紧对高校毕业生就业政策和工作落实情况组织一次集中检查，

逐项督促落实；加强分类指导，对就业率偏低的高校和专业，增强工作的‘针对性和有效性’，切实保障本地本校毕业生就业水平不降低、有提高。”

（一）加强就业指导，促进和优化毕业生就业的重要意义

当今世界高等教育中，大学生就业指导工作的优劣直接关系到大学生能否顺利就业、成功就业，直接影响到高校的社会声誉和生存发展，已成为现代高等教育的一项重要内容。

1. 攸关家庭幸福和个体发展

1999年扩招以来，特别是近几年来，高校毕业生人数逐年攀升，每年有600万—700万高校毕业生，其就业问题影响到了数百万家庭的幸福和稳定。由于区域发展不平衡、贫富悬殊等多种原因，大学生中经济困难学生的比例较大。据统计，目前我国高校家庭经济困难学生总数已高达700多万人，占在校生总数的20%—25%，家庭经济特别困难学生占在校生总数的8%—10%，贫困地区高校的经济困难学生比例还会更高。由于受经济困难的限制和社会环境等因素的影响，这一部分经济困难毕业生成了就业中的弱势群体。经济困难毕业生家庭希望子女尽快就业的愿望十分迫切。在贫困地区农村调查中，有的家长曾说：“三年不吃过年猪，要让娃儿读出书。”有的家庭为了子女读书，全家举债数万元。有的家庭为了子女能完成学业，父母节衣缩食，四处打工筹集学费。有的家庭因贫困甚至牺牲姐妹不读书，集中供一个男孩子读书。如果付出了高昂的读书费用却不能及时就业或尽快就业，那将会直接影响到家庭的幸福和社会的稳定，也将直接影响到构建和谐社会。特别是在欠发达地区的广大农村，导致贫困家庭贫困的主要原因之一是子女读书。因此从一定意义上来说，解决了一个贫困大学生的就业，就相当于解决了一个贫困家庭的脱贫问题。大学生就业工作涉及方方面面，高校就业指导工作是其中的重要一环，应当发挥就业指导工作的积极作用，为大学生就业提供科学指导和优质服务。

2. 攸关社会和谐与稳定

就业是民生之本、社会稳定之基，历来为党和国家高度重视，为社会各界广泛关注。高校毕业生就业是一个关乎其个人前途和全社会发展稳定的大事，国家先后出台了多项政策措施，积极促进大学生就业。如拓宽高校毕业生到基层就业的渠道，鼓励高校毕业生到基层、到艰苦的地方去建

功立业。对大学生申请自主创业时，给予资金支持或优惠政策，等等。此外，还规范毕业生就业市场，建立健全有关法律法规，如出台了《中华人民共和国就业促进法》等法律法规。同时，高校毕业生择业观的演变也呈现出了新的趋势。第一，择业观由一元向多元并存发展。高校毕业生不仅仅只满足于“铁饭碗”的工作岗位，一部分毕业生开始自主创业，毕业生就业呈现出了多元化态势。第二，择业主体意识增强。毕业生被动就业的体制已不复存在，大多数毕业生的就业主体意识明显增强，主动找工作已成为大势所趋。第三，择业观由“社会价值型”向“经济价值型”转变。高校能否结合毕业生自身发展的需要和社会对人才的岗位需求来培养人才，关系到个人幸福和社会和谐。大学生是未来的栋梁，是国家最宝贵的人力资源，也是国家实施科教兴国战略的潜力军。能否最大限度地实现人才资源的合理配置，让毕业生做到学用一致、人尽其才，在最适合自己的岗位上充分发挥作用，为祖国建设做出应有的贡献，是高校毕业生就业指导的中心工作和主要目标。

3. 攸关学校教学质量与声誉

高校毕业生的就业质量是衡量高校办学质量和办学效率的重要指标之一。一个学校办得好不好，教育教学质量高不高，归根到底要看培养出来的学生是否适应市场需求和满足社会需要。因此，如何以就业现状为切入点和突破口，准确把握市场需求，找准自己的办学定位，为社会培养适销对路的人才，从而真正提高教育质量是学校办学的根本。提高人才培养质量是学校的中心工作，也是一切教学活动的出发点和归宿。就业指导工作是学校人才培养工作的有机组成部分，是学校培养的人才与社会人才的结合点，是学校联系社会的重要纽带。高校在人才培养方面不仅要重视大学生智力因素的培养（如专业知识、专业技能和专业水平的培养和提高），更应该重视非智力因素的培养（如人格的不断健全、人文精神的养成和不断提高等）。就业指导水平的高低直接关系到大学生的就业质量、就业率，就业质量的高低直接反映了学校的办学水平，直接关系到学校的声誉、生存和发展空间。就业指导的成效与否，可以反映出高校教学质量的优劣，特别是专业设置、人才培养模式等是否适应社会需要和市场需求，从而是否促进了教学质量的提升和高校发展。

（二）高校毕业生就业指导工作地位不高，就业指导师资能力欠缺

1. 就业指导工作地位不高

计划经济时代，高校是知识的主体、拥有者，对社会有一定的软威慑能力，主要担当社会知识的传送者角色。学校是从上向下的俯瞰，学生硬性分配，就业不是问题，也不会关系到学校发展的前途与命运，高校有足够高的地位，也根本没有就业指导教师一说。但是随着市场经济的到来，招生与就业挂钩、专业设置与就业挂钩等，高校开始逐步适应市场，初步认识到就业的重要性。但是，时至今日，有的高校就业指导工作还停留在针对上级检查，而不针对学生就业的实际情况。还没有从学校生存发展的高度认识到就业工作的重要性和紧迫性，从没有在学校层面召开就业工作会议，研究问题，部署就业方案。有的高校还认为就业是政府的问题，与学校无关。从一定程度上讲，就业仍不是学校的主要工作，制约了就业指导工作的发展，从而也导致了就业指导师资相当紧缺，就业指导师资队伍建设滞后，使师资问题成为制约大学生就业指导整体水平提高的“瓶颈”。计划经济时代，大学生就业实行分配制度，“统包统分”，根本不存在就业难的问题；市场经济条件下，大学生就业实行“市场导向、政府调控、学校推荐、学生与用人单位双向选择的就业机制”。随着高等教育“大众化”和就业“市场化”，大学生就业矛盾凸显，就业难已成为不争的事实。在高校就业指导课处于附属地位的情况下，就业指导课太多为选修课，且没有明确的学科归属，课程建设尚未得到足够的重视，发展速度仍较缓慢。就业指导教师多由党政机关或学校、学院学生工作人员兼职担任，他们的教师身份不太明确，搞好就业指导或教学工作的动力不足。此外，就业指导机构大多是应付性机构，承担着传声筒的功能，而且就业指导机构本身很少做理论研究，较少的研究成果的指导性和针对性也不足，无法满足现在就业发展的需要。我国高校就业指导工作开始时间较短，适合我国国情和高等教育规律的理论研究与实践成果较少。

2. 就业指导师资能力欠缺

据相关调查显示，我国高校就业指导师资主要有三个来源：一是辅导

员。多数高校大多聘请辅导员兼任就业指导教师。随着高校扩招和毕业生就业制度的不断改革和深化，高校学生工作的内容越来越丰富，包括学生日常事务管理和服务、贫困大学生资助、就业指导、政治思想教育、党建、校园文化建设、社会实践等多项工作，辅导员根本无法对每一方面都进行深入的研究和探索，就业指导只是其中的一项工作而已。另外，辅导员在学校地位不高，并且多数年纪比较轻，大多是刚毕业的高学历青年教师，经历比较少，学科背景较杂，从事就业工作的专业素质参差不齐。二是行政人员。主要是地方党政机关的办事员、退伍军人等通过一些渠道进入高校工作的，他们有一定的行政工作经验，工作也比较认真，有的从事过文秘、人力资源管理工作，人际关系较广，但是明显缺乏教育理论，大多是经验型就业指导，无法形成正规的指导力。三是一些在教学上、行政上发展有障碍的老师或者工作人员，被领导调剂或者安放到学生管理部门或者就业指导部门充当就业指导老师。这部分老师大多不安心于就业指导工作，主要是应付或被动型指导学生就业。上述情况均反映出部分高校对学生就业工作的不重视，把学生就业指导部门视为安置落后人员的地方。从就业指导师资来源来看，高校就业指导师资总体上存在能力欠缺的问题，就业指导师资队伍的结构不太合理，从事就业指导的教师的积极性、主动性不高。

（三）加强能力建设，发挥高校优质的就业指导服务

目前，高校就业指导主要有两种工作模式。一种是学校职能部门工作模式。只设学校层面的就业工作机构和人员，不设院系级的就业指导机构和专职人员，学校就业指导中心或招生就业处直接针对全体学生开展就业指导工作。另一种则是学校职能部门+院系就业工作专职人员工作模式。在这种模式里，学校就业指导中心或招生就业处与院系就业工作专职人员共同完成对学生的就业指导工作；但各有侧重，学校就业指导中心或招生就业处负责为全体学生提供就业信息、指导与咨询等服务，而院系就业工作专职人员则主要为毕业生提供具体的辅导和咨询。两种就业指导工作模式各有利弊。但从目前大学生就业的多元化趋势和大学生需要更多的个性化服务来分析，无论是按哪一种就业指导工作模式，都不能适应新形势发展的要求。因此，高校要与时俱进，构建全方位、多元化、结构合理、功

能齐全的大学生就业指导和服务系统。根据上述分析，笔者认为可以从以下几方面加强高校的就业指导教育。

1. 降低姿态，明确意义，健全就业服务管理体系与制度

高校要降低姿态，贴近市场，认清形势，统一认识，重视就业工作。首先需要解决的是健全就业服务管理体系和制度。

第一，统筹安排，强势推进。就业工作是系统工程，必须重视顶层设计，在制度设计上强势推进。学校院系两级都要坚持党政一把手工程。就业难，关键是领导重视了就不难。因此，在学校领导层面，明确由党委书记、校长总负责，成立包括企业成功人士、杰出校友和相关部门人力资源专家等代表组成的学校就业工作指导委员会，由一名党委副书记或副校长具体分管就业指导工作并抓落实。在职能部门管理层面，学校成立招生就业处或大学生就业指导中心，下设职业生涯规划办公室、就业创业教育教研室、就业心理咨询室和校友就业促进会。在系部管理层面，明确由系主任、书记亲自抓，成立包括有该系毕业生中的企业成功人士、杰出校友等代表组成的系部就业指导工作组，由一名院系领导具体分管就业指导并抓落实。在班级管理层面，成立包括由辅导员、班主任和学生骨干组成的毕业班就业指导工作办公室。

第二，分解目标，层层落实。就业工作是系统工程，必须全校一盘棋，上下联动、共同推进。学校应该根据“责、权、利”相等的原则，在机构建设、人员配备和经费保障方面给予进一步的统筹。学校层面主要负责机构设置和人员编制、经费、场地的总体规划和具体落实，同时制定工作目标，明确工作任务，抓好督促检查。职能部门负责制订具体实施计划，分解就业工作目标，组织职业生涯规划指导的教育实施和研究，开展就业心理咨询活动。系部门具体负责抓好就业政策的组织学习和制订具体的目标落实计划，具体实施对学生的职业生涯规划指导，配合就业心理咨询室开展工作。

第三，目标管理，强化考核。就业工作是系统工程，必须强化考核，围绕目标稳步推进。目标管理是以目标为导向，以人为中心，以成果为标准，而使组织和个人取得最佳业绩的现代管理方法。目标管理亦称成果管理，俗称责任制，是指在企业个体职工的积极参与下，自上而下地确定工作目标，并在工作中实行“自我控制”，自下而上地保证目标实现的一种管理办法。高校就业指导工作要引进目标管理理念，就业工作考评办法围绕实施目标管理制订。这样，可以将总目标任务分解到每个组织和成员，各级领导可根据分解的任务，有针对性地对下属进行指导、管理、考核，从而保证高校就业指导工作总目标得以实现。考评中要实行自评、互评，上级对下级考评等结合，上级组织要将这些成果评价与物质奖励和精神奖励挂钩，并将评价结果及时反馈，让各级评价主体充分总结经验，在今后的工作中更加精心组织，精心实施，注重实效，形成良性循环。

2. 提高服务能力，努力打造一支专业化和职业化的队伍

研究结果表明，在大学生获取就业信息、就业相关知识的主要渠道中，位列前两位的是校园供需见面会和学校网站，这说明现在大学生找工作捕捉就业信息的渠道主要还是在学校。一所大学所提供的就业服务的质量，直接影响到毕业生的就业率和就业质量。除了通常强调的就业指导机构不健全、经费不足等方面外，高校就业服务机构指导人员的工作职责简单，专业化和职业化程度低也是重要的问题。目前，我国的高校就业指导人员的工作职责大多还停留在政策解说、信息发布、就业技巧指导与就业咨询等环节，而长远的职业生涯规划、职业适应性指导等重要环节还十分薄弱，就业指导人员的专业化水平亟待提高。就业指导专业化是国际职业指导的发展趋势，它既包括就业指导内容的专业化，也包括就业指导队伍的专业化。说到底教师是关键，没有教师的专业化，就不会有就业指导的专业化。专业化已成为社会职业发展的重要趋势，专业性也成为衡量职业成熟性的重要指标。学校应加强就业指导队伍的专业化和职业化建设。教育部在教学〔2002〕18号文件中指出："要尽快提高就业指导教师队伍的整体素质，把就业指导教师队伍建设摆到整个高校师资队伍建设的重要位置，努力提高就业指导队伍的专业化和职业化水平。"2003年，时任教育部部长的周济在高校毕业生就业工作会议上提出，要"加强就业指导机构和队伍建设，建立一支专兼结合的强有力的就业指导队伍和机构"。2007年教育部办公厅印发的《大学生职业发展与就业指导课程教学要求》明确将就业指导课程列入教学计划，并"贯穿学生从入学到毕业的整个培养过程。现阶段作为高校必修课或选修课开设，经过3—5年的完善后全部过渡到必修课"，同时指出："建设一支相对稳定、专兼结合、高素质、专业化、职业化的师资队伍，是保证大学生职业发展与就业指导课程教学的关键。”“就业指导已不再是简单的工作单位的推荐，而是涵盖了个人发展的自我认识、自我设计和自我实现诸多方面，是将择业技巧、心理咨询、心理素质教育、道德教育、职业生涯指导等融为一体的生涯指导。高校的就业指导工作需要向专业化、职业化、专家化的方向发展。”国务院办公厅在国办发〔2013〕35号文件中明确要求：“各地区、各高校要切实加强对高校毕业生的就业服务和职业指导。各高校要加快推进就业指导课程和学科建设，全面开展职业发展教育和就业指导，着力提高就业指导课程的针对性和实效性。加强专兼职结合的职业指导师资队伍建设，为高校毕业生提供个性化的咨询辅导。”一项统计表明，大学生就业前接受过系统的就业指导的比例很低，只有5%的大学生接受过系统的就业指导。大多数毕业生认为，就业指导内容单一，针对性不强；就业指导措施形式化，无实际意义；就业指导主要是针对毕业班的、阶段性的、临时性的，没有面向全校学生，没有做到全员化、全程化和专业化指导。这充分说明加强和改革对大学生的就业指导刻不容缓。

第一，高校应坚持以科学发展观为指导，充分挖掘和整合校内资源，适当引进社会资源，通过优化配置、分类指导，着力打造一支“专兼结合”的就业指导师资队伍。校内要稳定和盘活现有的就业指导队伍，对于现有就业指导队伍中存在的突出问题进行分类解决，不适应就业指导工作的人员要坚决调整，对于就业指导成绩显著的人员要充分肯定和加强培养，要从制度设计上保障就业指导人员的工作积极性，使他们想做事、能做事，构建工作有经费，做事有平台，成绩有激励的工作机制。要大胆引进校外资源，通过成立就业指导导师团、校友就业促进会等形式，聘请成功校友、行业专家、企事业人力资源负责人及社会成功人士，定期或不定期到校做讲座、做报告，作为校内就业指导的有力补充。通过整合校内外资源，加强高校与社会、企业的深度合作。通过合作，既可丰富就业指导教师资源，又可增强就业指导队伍的活力和稳定性。同时，高校就业指导人员要通过不断加强理论研究和工作实践，不断改进就业指导方式、方法，提高就业指导的层次和水平。

第二，加大就业指导的力度和深度，建立和完善选拔考核的激励机制，不断提高就业指导队伍的素质和能力。目前，高校就业指导工作过多地强调信息指导、政策指导和形势指导，而在职业生涯规划、观念指导和心理指导方面明显不足。高校要加大就业指导的深度和力度，应着力做好下列工作。一是要掌握基本知识。就业指导人员一般应掌握就业政策、心理学、经济学、教育学、法律、电脑网络等方面的基本知识。外聘成员拥有重点企业、党政机关工作的经历和经验抑或自主创业的成功经验，但一般都缺乏这些方面的基本知识，应当建议他们加以学习。二是要重点培养专职就业指导教师。采取通过听课评估、教学课件评比、学生网上评教等途径遴选出既有学生工作实践经验，又乐于为大学生就业服务且有激情从事就业指导工作的人作为专职教师。三是要建立必要的管理机制。建立和完善选拔、考核的激励机制，积极开展“优秀就业指导教师”和“大学生职业辅导、就业指导优秀课外指导教师”等评选活动，并将评选结果作为职称评比和职务晋升的重要依据。在建立和完善选拔、考核的激励机制的同时，要制定规范的管理机制，规范就业指导师资队伍的管理，促进就业指导师资队伍的和谐、健康发展。

第三，加大经费投入，大力开展培训工作。高校加强就业指导人员在岗和岗前的培训，不仅非常必要，而且显得尤其迫切。培训作为人力资本投资的一种方式，是一种持续发展的新动力，具有较高的回报率。对就业人员的培训要注意连续性和系统性，要充分考虑培训知识的内在逻辑联系，并能根据参加培训的就业指导人员的实际状况和特点，分层次有针对性地开展培训，同时要注意选用具有科学性和规范性的培训教材，增强理论指导实践的时效性。一是高校每年要有计划地组织就业指导教师参加国家或专业机构组织的相关培训，让教师熟练掌握和使用相关测评工具和量表，增强就业指导团体、个体辅导的实际操作能力。二是重视课题研究，鼓励支持教师申报国家、省或学校的科研课题。同时，建议学校成立毕业生就业工作研究会，设立就业指导专项研究课题。通过课题研究，提高就业指导教师的专业理论水平。三是不定期加强与外校、社会及企业的联系，定期组织教师参加考察及相关就业实践活动。四是提供条件，积极支持教师参加全国职业规划师、职业指导师等级考试，获得相关职业资格证书。

综上所述，当下我国高校务必站在更高的历史起点上，坚持以科学发展观为指导，客观地认识和分析我国高校就业指导工作面临的新环境、新形势和新任务，更加清醒，更加务实。一是大学生就业环境和就业制度发生了巨大变化。计划经济体制下，大学生就业实行“统包统分”分配制度的时代已经不复存在。市场经济条件下，大学生就业实行“市场导向、政府调控、学校推荐、学生与用人单位双向选择”的就业机制已成为不争的事实。高校必须坚定地走出计划经济对高校就业工作的潜在影响，充分认识大学生就业的重要意义，积极应对市场经济条件下的高校就业工作。因此，面对就业，高校要转变观念，走出计划经济的影响，扎扎实实地推进高校毕业生就业指导工作。二是大学生就业指导的传统模式和就业指导的能力不胜任新形势下大学生就业工作的新要求。不可否认，近年来，我国大学生就业在个人、社会、高校的共同努力下，取得了历史性的成就。但毕竟我国进入市场经济发展的时间不长，我国高校就业指导工作开始的时间较短，适合我国国情和市场经济条件下的高校就业指导的理论研究与实践成果还较少。从总体上看，我国高校就业指导工作还处于探索阶段。如何适应市场经济的发展，推进高校毕业生就业指导工作是高校当下不可回避的重要课题。高校要坚持把毕业生就业工作作为一个系统工程，必须重视顶层设计，在制度设计上强势推进；坚持全校一盘棋，上下联动，共同推进；必须强化责任考核，围绕目标稳步推进。三是提升高校就业指导的水平关键在师资，离开了高素质的师资，大学生就业指导工作要取得成效，将会是一句空话。高校应充分挖掘整合校内外资源，加大经费投入，大力开展培训工作，着力打造一支“专兼结合”的就业指导师资队伍；同时加大就业指导的力度和深度，在就业指导的内容、方法、方式上，与时俱进，大胆突破计划经济思维的禁锢，结合大学生实际，为大学生就业提供科学指导和优质服务。

二、构建高校毕业生就业指导工作新模式

就业是民生之本，是社会和谐稳定之基。高校毕业生的就业不仅关系到民生，而且与社会和谐稳定息息相关。搞好高校毕业生就业工作，不仅十分重要，而且十分迫切。亚洲金融危机以来，高校就业工作既要应对金融危机的不良影响，又要面对扩招以来毕业生大幅增加的就业压力，还要满足毕业生对就业层次、就业质量等方面的需求。在这样的外在压力和内在需求下，如何构建高校毕业生就业工作新模式，以适应工作的需要，已

成为当今高校亟须解决的重要问题。

（一）现行毕业生就业指导工作模式面临的挑战

1. 现行高校毕业生就业工作模式不适应就业工作多元化发展的需要

近年来，随着高校毕业生就业渠道逐步拓宽，高校毕业生就业呈现出多元化趋势。毕业生既可以报考公务员、参加事业单位考试，也可以到民营企业就业，还可以自主创业。以云南省为例，仅2010年，除报考公务员、参加事业单位考试者外，到非公单位就业或流动就业的超过5万人，占已就业毕业生总数的52.8%，到农村基层就业的毕业生总数大幅增长。高校毕业生就业呈现出了就业形式多元化，这既是经济发展的需求，也是社会发展的要求，更是高校毕业生就业的需要。计划经济条件下统一分配的就业工作模式，已不适应市场经济条件下就业多元化发展的需要。此外，通过就业制度的不断改革和发展，高校毕业生就业市场已逐步趋于规范，校内外招聘会已成为毕业生就业的主要途径，毕业生就业工作的内容已呈现出多元化。高校不仅要重视人才培养质量，还要定期或不定期开展就业咨询与职业生涯辅导工作。而高校毕业生就业工作的压力主要来自高校的就业职能部门，院系就业工作多数只是配合高校就业职能部门做一些事务性的工作。因此，高校要适应就业工作多元化发展的需要，必须改革高校就业职能部门单枪匹马的工作模式。

2. 现行毕业生就业指导工作模式不适应人才培养的要求

提高人才培养质量是高校的核心工作，毕业生就业质量是人才培养质量最基本的体现。高校毕业生就业难，从根本上看是由于高校培养的毕业生不能适应社会需求，这就需要高校根据市场导向和社会需求对人才培养模式进行改革。目前，我国就业市场已逐渐完善，就业平台也已初步形成。高校应适应这些发展和变化，及时掌握就业动态和人才需求，及时调整就业工作重心，不断提高人才培养质量和毕业生就业竞争力，不断加强对毕业生就业能力的培养和锻炼。高校就业工作重心调整的同时，毕业生对高校就业工作的需求也在调整，高校能否提供更优质的教育来适应未来就业的需要，已经被广大毕业生所关注。为了开拓就业门路，拓宽就业渠道，毕业生更希望高校能为其未来的职业规划提供专门的帮助和指导。同时，还要调整现行就业工作模式，许多计划经济时期形成的就业事务管理工作要退出，该市场调节的要还给市场，该法律管辖的要还给法律，学校把应该服务的工作做好。所有这些，都不是现行的单枪匹马的就业职能部门能够做到的。要适应人才培养质量的要求，学校必须及时调整就业工作的重心，适时调整就业工作模式。

3. 现行毕业生就业指导工作模式不适应信息化、网络化的需要

信息化、网络化社会，使就业工作呈现出许多新特点，网络、手机等新媒体对就业工作的方法和手段提出了新挑战。高校毕业生不出门也可以参加应聘和面试，高校就业职能部门仅靠传统的就业工作方法很难满足毕业生的就业需求。目前，高校促进供需双方信息沟通的方法和途径主要有毕业生就业网站和各种招聘网站、网络面试等。这些方法和途径尽管在深度和广度上仍有不足，但在很大程度上还是有效地推进了毕业生就业工作。为了更好地帮助毕业生了解就业政策、择业技巧和用人单位，高校应以毕业生的需求为出发点，应对信息化、网络化对就业工作的挑战，加强信息化、网络化建设，发挥新媒体的作用，及时创新高校就业工作的模式。

（二）创新毕业生就业指导工作模式的主要内容

1. 实行“统筹安排，分级管理，多管齐下，全员参与”的工作模式

在高校毕业生就业多元化的今天，传统的就业工作模式已经不能满足毕业生就业的需要。高校应采用新的工作模式——“统筹安排，分级管理，多管齐下，全员参与”的工作模式。这种工作模式，由高校党政一把手负总责，统筹安排毕业生就业工作。在此前提下，采用校系分级管理体制，同时加强与政府、企事业单位和人才市场的衔接，从而形成多方面的就业平台，共同推动就业工作。为了促进就业工作，要“分解职能，权力下放”。将中小型企事业单位招聘会、毕业生档案管理等相关工作下放到院系，从而高效地实现就业工作的整合。学校层面要建立就业工作考评制度，增强对院系就业工作的监督和规范，使院系的主观能动性和责任意识得到激发，从而真正发挥院系领导在就业工作中的基础作用；要在院系就业工作中建立目标责任制，制定奖罚机制，将就业工作的实绩与院系的目标考核关联起来。此外，还要促进高校与社会需求的联动，促进各职能部门、各教学系部主动参与就业工作，动员校友会联系校友为毕业生推荐工作，从而使校友资源转化为帮助毕业生就业的资源，形成以高校为主，全员参与，人人促进就业的良好局面。

2. 建立促进高校招生—培养—就业良性循环的工作模式

在现行就业体制下，一般来说，人才培养质量有保障，则毕业生就业质量亦有相应的保障；反之，毕业生就业质量欠佳，则人才培养质量也欠佳，最终会影响高校的发展。因此，高校要做好从招生到培养再到就业这三项流程间的良性循环，推动建立创新招生、就业工作与提高高等教育质量的有效措施，为提高人才培养质量打下坚实的基础。优质生源能提升高校人才培养质量，优质人才则能提高学校的就业率，毕业生踏上好的职业道路又会提高学校的影响力，进而帮助学校吸引更多更好的生源。从长远考虑，应该加强以市场需求和就业为导向的高校改革，将专业设置、人才培养模式等与市场对人才的需求统筹结合。根据市场需求确定招生的专业与规模，根据市场需求及时更新课程内容、进行教学质量监控，实现办学与社会需求相对接。强化对学生创新能力和创业意识的培养，不仅要传授学生必备的专业知识，也要培养学生的实践能力，综合提升学生的就业竞争力。通过毕业生招聘会的举办，用人单位可以直接到高校选拔人才，从而创造更多的机会实现毕业生的就业。要从根本上促进就业工作，需要将高校的招生、培养和就业三者连接成环状，环环相扣，形成“优质生源促进优秀人才培养——培养优秀人才促进毕业生体面就业——毕业生体面就业提升高校影响力——高校影响力吸引优质生源”的良性循环。

3. 建立整合资源，搭建平台，开拓毕业生就业市场的工作模式

在市场经济条件下，高校应主动出击，整合校内外各种资源，积极为毕业生开拓就业市场。当前，高校应积极搭建和运用好四个平台来开拓就业市场。第一是依靠地方政府，搭建区域性就业平台。高校应主动向地方政府汇报办学情况，了解当地各类人才的需求情况，积极当好地方政府抓好毕业生就业工作的参谋助手。还要争取政府支持，组织企事业单位到高校招募人才，推进高校与用人单位的联系，畅通毕业生就业的渠道。第二是依托主管部门，搭建行业性就业平台。高校应当根据其办学特点、专业特色，积极与相关部门互通信息，开拓毕业生就业的门路。通过举办行业专场招聘会、座谈会等形式，帮助高校毕业生就业。第三是借助校友资源，搭建人文性就业平台。校友与母校有着亲情般的感情。最容易沟通。

本着校友自愿的原则，与母校一起搭建毕业生就业工作平台，既能满足广大校友回报母校的心愿，又能帮助高校毕业生实现就业。高校还应通过校友会或者校友支持的招聘会等形式，促进毕业生就业。第四是依托信息技术，搭建就业信息平台。高校一方面要积极收集就业方面的信息，为毕业生提供信息服务；另一方面要充分运用 QQ 群、飞信群、短信、E-mail、就业网等方式，发布丰富的就业信息，为毕业生就业提供及时的信息服务。

4. 建立引导毕业生合理分流、多元就业的工作模式

面对严峻的就业形势，特别是面对毕业生对就业的不同期待，高校尤其应当及时引导毕业生合理分流，指导毕业生理性就业、多元就业。为了有效防止毕业生求职拥堵现象，高校应针对毕业生的实际，引导和帮扶毕业生合理分流。分流主要包括五种形式。一是向高走，鼓励毕业生继续深造，出国留学或者读研究生；二是向上走，鼓励毕业生去省内大中城市就业；三是向外走，鼓励毕业生到省外就业；四是向下走，鼓励毕业生下基层；五是独立走，鼓励毕业生自主创业。

三、增强做好毕业生就业指导工作的实效性

高校毕业生是社会中充满活力、富于创造的青年群体，是国家宝贵的人才资源。高校毕业生的就业问题，是关系到现代化建设、社会政治稳定和人民群众根本利益的一个重大的全局性问题。做好高校毕业生就业工作，不仅是政府及有关部门义不容辞的历史责任，同时也是高等教育持续健康协调发展的必然要求。笔者认为，做好高校毕业生就业工作，必须增强就业工作实效性。

（一）必须与时俱进，创新工作思路

随着社会主义市场经济体制的逐步完善和教育体制改革的不断深入，高校毕业生就业工作的背景已经发生了根本性转变。在计划经济条件下，高校主要是面向政府开展毕业生就业工作，其主要工作是着力于按照国家确定的分配计划做好毕业生的思想工作，高校毕业生分配工作呈现出被动性的特点。毕业生作为人才资源是整个计划经济中的一部分。但在市场经

济条件下，高校直接面向市场开展毕业生就业工作，由于市场的多变性，高校毕业生就业更具有主动性和挑战性，这就要求高校及毕业生必须主动适应市场需求，采取更为积极和灵活的态度，应对就业。必须清楚的是，毕业生就业制度的改革使计划经济条件下统招统分的就业模式不复存在，取而代之的是社会主义市场经济条件下的“双向选择”，即“市场导向、政府调控、学校推荐、学生与用人单位双向选择”的就业模式。毕业生就业面向政府与面向市场是完全不同的两种就业模式。贫困地区高校存在的一个突出问题，就是就业工作观念滞后、工作模式陈旧，许多思想还受制于计划经济的影响。因此，贫困地区高校要增强就业工作的实效性，就必须坚持与时俱进的观点，创新毕业生就业工作理念，大胆突破计划经济体制下的工作模式和思想观念，始终坚持在市场经济条件下思考和定位毕业生就业工作。

（二）必须齐抓共管，整体推进

关于毕业生就业工作，贫困地区高校还存在几种偏颇的认识。有的认为就业与学校无关，就业是政府的责任，学校只管教学，对于就业无能为力；有的认为就业是学校压倒一切的中心工作，教学等都是次要工作，只要抓好就业，学校就可以生存和发展了；有的认为就业是学校职能部门的责任，与学校院系工作无关。思想认识上的不统一，已经影响和制约了毕业生就业工作的开展。高校毕业生就业工作，贯穿学校工作全过程，必须统一思想认识，承担起学校应当承担的责任。从专业申报开始，学校就应该充分考虑到专业的市场需求和就业前景，对专业培养目标进行认真调研和科学分析。学生进入学校以后，学校应该尽快帮助学生了解所选专业的就业方向及应该具备的素质、能力、知识结构，培养学生的专业兴趣和职业意识。在此基础上，通过各种相关模块的心理测试，开展人生规划和职业生涯的初次设计，为学生确定基本的职业倾向提供帮助。就专科学校而言，学生在校三年期间，就业工作重点要有所区别并逐年推进。第一学年，要重点培养学生的学习能力。要通过向学生宣传和讲解国家就业的基本政策、毕业生供求的基本状况，特别是开展职业生涯规划，促进学生对自身知识和能力的正确认识，增强学生的学习紧迫感，提高学生的学习积极性，为就业打好基础。第二学年，要重点培养学生竞争能力。学校应该结合专业知识的学习，加强就业指导，引导学生挖掘潜能，发展专长，弥补性格、能力的明显缺陷，在提升学生的就业竞争能力方面开展工作。第三学年，要重点培养学生的社会适应能力和应聘能力。学校要具体指导毕业生如何写简历，加强面试训练，帮助毕业生了解需求信息，通过提供就业信息，向社会推介毕业生。这些工作仅靠学校职能部门是无法完成的。因此，高校毕业生就业工作人人有责，教学、行政、后勤部门都有责任。只有全校教职工思想统一了，认识提高了，各部门齐心协力抓就业，就业工作才可能整体推进，才可能真正取得实效。

（三）必须处理好就业率与就业力的关系

就业率是市场经济条件下对高校办学质量和办学水平评价的最重要指标。毕业生就业状况如何，直接影响着高校在社会中的地位、招生情况、高校的生存与发展。因此，高校普遍重视毕业生就业率。因而学校要不断转变就业观念，拓展就业渠道，帮助毕业生实现就业，提高毕业生就业率。但影响毕业生就业率的因素很多，如社会对该专业人才的需求量、就业信息、就业渠道、学生的综合素质、学校和班主任对毕业生就业工作的重视程度，等等。如果简单地在就业率上做文章，不注重相关工作，则不利于高校健康发展。就业力是指高校毕业生在校期间通过对知识的学习和综合素质的开发而获得的能够实现就业理想，满足社会需求，在社会生活中实现自身价值的能力。就业力是一种综合能力。有人认为，它包括学习能力、思维能力、实践能力、应聘能力和适应能力，等等。有人认为，大学生就业力取决于五个要素：一是就业动机及良好的个人素质；二是人际关系技巧；三是掌握丰富的科学知识；四是有效的工作方法；五是有敏锐的广阔视野。还有人认为，决定就业力的有责任感、找工作和得到工作的技能、推理和解决问题的能力、健康和安全习惯等。根据毕业生就业指导工作的实践，笔者认为就业力主要是指毕业生的就业竞争能力和社会适应能力。因此，贫困地区高校必须转变偏重就业率的认识，正确处理好就业率和就业力的关系。两者是辩证关系，就业力决定就业率，就业率反映就业力。高校应把主要精力和工作重点放在打造毕业生的就业力上，而不要仅仅盯在提高就业率上。可以说，高校的责任主要是提高毕业生就业力。

（四）必须改革教育模式，提高教学质量

毕业生就业状况就像一面镜子，专业开设是否对路、课程设置是否合理、教学质量高低与否都会在这面镜子里折射出来。要着力提高毕业生就业力，就必须在充分了解和分析就业市场的基础上，改革学校教育模式，提高教学质量。一是要依据经济社会的发展需要，结合学生的个性特点，制订与完善科学的教学计划、人才培养方案。二是专业设置除了强调学生具有扎实系统的专业基础知识外，还要重视学生实用技能的训练，培养学生具有较强的就业竞争能力和社会适应能力。三是课程设置要与以往注重理论知识灌输的课程安排有所不同，要及时把握市场动态与前沿，拓宽专业领域，有针对性地、适时地调整课程内容、课时计划，加强实用知识培训，增强实用性。四是师资队伍建设是人才培养的保证。教师除了要有深厚的专业修养以外，还应具备本专业领域的实践经验。因此，在加强师资队伍建设的同时，要大胆利用社会资源，聘任社会一线行业专家人士到校讲学，逐步推进人才培养社会化。五是扩大实践教学在教学计划中的比重，保证学生有充裕的时间通过反复实践，把知识转变为实际操作能力。六是把人才知识结构是否合理科学的评估标准纳入社会反馈评价体系中去考量。总之，贫困地区高校要增强毕业生就业工作的实效性，就必须改革学校教育模式，适应社会需求和市场需要，着力提高教学质量。

第六章　贫困大学生扶助策略的评估及优化

本章通过分析当前贫困大学生扶助体系的不足与问题、研究优化贫困大学生扶助策略、探索新时期贫困大学生社会支持模式，对贫困大学生扶持策略的评估及优化进行详细论述。

第一节　当前贫困大学生扶助体系的不足与问题

我们分析了各种政策的不足之处。通过调查研究，我们认为，在整个助学政策体系中，有以下几个问题需要注意和完善。这些问题反映在不同的政策上，是现行制度不足造成的，需要系统地加以完善。

一、信息不对称下的“模糊化”操作

从经济学的角度看，无论是宏观决策还是微观决策，无论是运用市场机制还是政府决策，都存在一个基本问题，即信息的不完全性和风险的不确定性。信息的不完全性不仅会导致市场失灵，还会导致政府失灵或政策失灵。目前，贫困大学生的确定存在着信息不对称的问题。在当前形势下，学生是否真正存在困难只有学生自己知道，学生向学校提出申请后，学校方也只能通过学生自诉、同学调查、学生居住社区开具证明等方式来对学生是否有申请补助的资格进行确认，而这些资格确认方法本身是具有模糊性的，无法对学生的真实情况进行客观的反映。这就导致国家的相关政策在落实效果上大打折扣，尤其是在减免学费、特困生补助等政策上反

应明显，同时在社会资助和国家助学贷款政策的执行中也有类似的问题。

尽管我国已经实现了全面脱贫，但各个地方的经济发展差异依然很大，经济发展的不平衡依然是我国在未来相当长时间面临的重要问题。在这样的时代背景下，如何保证信息来源的真实性、广泛性，如何拓宽信息来源渠道，使评价方式向多样化方向发展，如何进一步完善相关制度，使政策真正发挥作用，还需要学者们的不断探索。而目前我们缺乏与环境不利地区人群沟通的广泛渠道，以及尚无经国家资助与认定的专业性咨询调查机构。要解决这个问题，从长远来讲，需要以生源地为主，提高地方证明的公信度和可比较性，需要在全国建立家庭贫困信息系统，对各个家庭的情况进行较为清晰的把握，并且有一套标准可以参照，由权威部门提供给学校，这样会大大提高学校对贫困大学生救助的针对性。现行的方式是各地方开具证明，因为不牵涉地方的切身利益，同时也没有可参照的标准，往往缺乏管理，从而使得学校的确定工作更加困难。

教育部可发挥自身部门的资源优势，联合各个学校，建立起统一、安全的学生信息数据库，让每位学生从小学入学开始，直到毕业后走向社会过程中的所有信息能够保留下来，这些信息不仅能够成为学生个人履历证明的重要材料，也能够作为学生的升学、考核等评价的重要参考资料。在对学生的个人信息进行记录时，应当将每个阶段学生的家庭情况进行记录，以此作为划分贫困的参考依据。在制定贫富划分标准时，可根据学生所在城市的平均收入水平和消费水平，并综合考虑学生的其他家庭背景，从而给出较为科学、客观的评价结果。

目前比较现实的做法是学校要完善系统化的识别系统，建立以同学、老师等各方面为评价的综合考察体系，使得同学们在学校的平台上有一个比较清楚的可比较的标准，并保持对扶困的动态监管，从而降低救助政策的失效并能够及时纠正偏差。在这一方面，许多学校有着很好的经验，我们还需要在实践中大力探索。

二、系统合力的不足

一项政策的有效执行需要系统的整体优化，比如包含着各项子政策的贫困大学生救助政策牵涉到不同的政策主体，采用了不同的救助方法，其系统优化就更显得重要，但在现实中，我们发现贫困大学生救助政策系统确实还需要进一步的完善。

首先，政策的非系统化源于政策的相关环节缺乏系统的有机整合。具体表现在以下几个方面：

一是政策制定、执行主体不统一。在目前现有的资助贫困大学生的相关政策当中，绝大多数政策都是以教育部门为主体制定、以各学校为单位执行的。但也不排除有一些政策是“另起炉灶”的，例如西部开发助学工程政策却是中宣部和中央文明办来制定、执行，以省和地方为主体，在学生来源地开展，因此和学校内的救助政策体系有些分离。这样的格局导致各个单位的相关工作人员在政策的执行过程中存在信息不对等、不全面，沟通少、协调差等问题。如此便无法真正形成大学生资助的合力，资助政策的效果也不够理想。此外，在社会上也广泛存在一些各种各样的资助项目，这些项目间往往不存在任何关联，具有明显的分散性特征，且多存在资助力度不够、资助目标不明确、资格审批不严格的问题，导致资助效果不佳。在学校里也有类似的情况，在有的学校各救助政策的执行分属不同的部门，很难协调。

二是政策执行环节交叉，缺乏整合。这是指各项政策的执行时间存在前后矛盾，增加了救助工作的成本，使资金没有得到最大的利用。有的学生开学有钱不交，等着学费减免，最后减免了；而有的贫困大学生向别人借钱，一开学交清了学费，后来却不能再减免了。

三是同一学生受助程度不清。由于目前尚未建立起全面的学生信息库，因此校方无法对同一学生的受资助程度进行统计。事实上，社会资助分散化、多元化的现象也导致对学生受资助程度的了解困难重重。尽管目前各种渠道的大学生资助项目种类繁多，且整体上的资助力度不小，但这些项目之间也存在重复率高的问题。例如一位学生在申请了银行的助学贷款后，又申请了学费减免，在学校获取了综合奖学金，随后又拿了国家奖学金，后来又减免全部学费。这样一来，这位学生一下便成为“万元户”，由贫困大学生瞬间成为经济宽裕生。但另一些对各种资助政策不十分了解、没有获得这些资助机会的贫困大学生，则依然每天为基本的生活费用发愁。这样的资助显然是不合理的。许多学生在社会上得到了资助，但到学校来根本不说，因此，学校信息不全，工作自然难度更大。

针对上述情况，学校应该建立贫困大学生救助信息系统，详细记录各学生的受助金额，同时为更全面地掌握贫困大学生的受助情况，可尝试建立贫困大学生受助诚信登记制度，由学生自己向学校主管部门申报已获得资助的全部情况，作为学校决策的重要参考。还有类似于国家助学贷款银行、政府、学校的合作体系缺乏等问题，使救助工作的效率大为降低。勤工助学基金的分散化、社会资助的分散化问题也需要予以关注。

此外，政策的非系统化还源于政策在救助时间系统性上的不足。具体体现在以下两点：首先，缺乏从中学到大学的保持连续性的救助体系。有的学者认为，要促进国家助学贷款体系的构建，首先要适当地贷款给高中生。因为那些家庭条件真正贫困的学生，要想参加高考，就必须先完成高中的学业。事实上，那些真正经济困难的学生，在读到高中阶段时，已经不堪重负了。其次，大学阶段的资助应当划分阶段，且每个资助项目应当各有侧重，否则会出现个别学生重复领取资助，而大多数学生无法获得资助机会的问题。从时间上来看，大一阶段困难生的经济问题是最为严重的，这一时期他们尚缺乏自己勤工俭学的能力，对各种资助政策不十分清楚，特别需要学校的帮助，因此大一阶段应当是学校资助的核心阶段。

三、贫困大学生救助中的“贫富分化”

救助贫困大学生政策的原始目标是追求教育公平，如果在政策执行过程中又产生了“贫富分化”的现象，那么该政策就背离了它的初衷。国家助学贷款、社会资助政策执行过程中反映突出的不同地区、不同学校之间救助不平衡问题是影响贫困大学生救助政策进一步发挥效用的重要隐患。

在国家助学贷款发放的过程中，越是贫困地区，获得助学贷款的学生比例越低，越是贫困大学生集中的高校，获得助学贷款的学生比例越低；在社会资助中，重点高校获得的社会资助更多，经济与教育发达的地方获得的社会资助更多，一般高校和经济落后地区获得的社会资助相对稀缺。这样的一种“贫富分化”已带来了一些不良的后果，一些“弱势”地区和高校的贫困大学生要得到资助非常困难，而在一些“强势”地区和高校的贫困大学生获得的资助已远远超过了救助的合理限额。

尽管救助的不平衡问题受到诸多方面的影响，例如不同地方经济发展的不同、地方银行实力的不平等、国家宏观教育政策扶持的差异等，但在推行学生资助事业时，也应当尽量避免这些因素对政策本身的影响，应当最大限度体现这些政策的力量，并尽量克服困难，努力消除或弱化不均衡的问题。事实上，在国家发展的过程中，种种不均衡问题无法避免，因此要提升大学生资助政策的效果，就必须不断完善资助机制，并试图通过这种机制来解决各种不平衡的社会因素带来的问题。总之，不论是什么地区，不论是什么学校的困难学生，其获得国家资助的权利应该是平等的。

因此，我们需要进行新的制度设计，对经济落后地区和一般高校进行政策倾斜。虽然目前有类似于“西部开发助学工程”的政策资金流向西部地区，但还远远不够。还需要开发新的项目或者在原来的政策中添加关注这些地区和学校的相应政策。一部分学生认为，高校的资助工作应当将重心放在我国各个经济欠发达地区，例如一些西部城市，这样的战略调整可以在一定程度上提高资助的效果，减少资金浪费。

此外，国家可以将特困生救助与培养西部等落后地区人才联系起来，国家出钱培养优秀特困生，毕业后接受救济的特困生必须到西部预定的地区服务若干年，可抵偿培养费用，否则加倍偿还，如此则可谓两全其美。

四、缺乏“中间过渡政策”

我国目前正处在社会转型的重要阶段，这就导致我国社会方方面面正在以惊人的速度发生着改变，这一过程也会导致旧有的各种政策无法适应新的时代需求。为此，有必要将政策研究的重点放在制定“中间过渡政策”上，这样的政策既继承了过去政策的基本观念，又能够满足现实的需求。但就目前我国各种大学生扶助政策而言，尚缺乏朝向未来发展的种种积极因素。如国家助学贷款政策就是一个典型的例子，现在的国家助学贷款的政策方向是对的，但其执行效果欠佳就是因为它设计得过分理想化，而实质条件又不具备，所以执行效果不尽理想；同样在社会资助的发展、勤工助学的岗位等问题上，我们面临相似的困境。在政策设计中，我们需要考虑到中国特殊的国情并能做更为巧妙的设计，这是现有的政策体系所缺乏的。

大学生贫困群体的救助主要依靠政府、市场还是社会？按照中国的实际情况，目前国家资源非常匮乏，因此能够用到大学生扶助方面的资金也十分有限。同时，我国的社会资金也在这方面投入甚少。就这方面而言，欧美发达国家的资金投入要多于我国。美国平均每年由民间投入到慈善事业的社会捐助有 2000 亿美元之多。具体到高校，据美国权威机构统计，1991—1992 年度，被调查的 1060 所高校平均获得 852 万美元的私人或团体捐赠，其中哈佛大学获得 2.06 亿美元，为当年之最。这些捐赠大部分是以资助学生的名义给予的。从这些数据来看，我国在大学生资助方面和欧美发达国家相比，依然存在相当大的差距。所以，在现阶段，首要的任务是从多个角度入手，提升现有政策的执行效果，并努力形成全社会大学生扶助合力。只有真正发挥合力作用，才能真正达到帮助每位青年学子圆求学之梦的目的，而这是任何组织都无法仅靠单方面力量完成的。

值得注意的是，政府在“中间过渡政策”的制定中始终占据主导地位，只有政府相关部门率先带头，创造一个利于大学生扶助合力形成的社会环境，并为社会各界有志参与大学生扶助事业的人士搭建起交流平台，才能够真正推动“中间过渡政策”的形成。事实上，当下我国的学生扶助相关政策正在经历从“计划”到“市场”的转型过程。尽管我们看到了西方许多相关政策的优点，但由于社会现实情况有所不同，所以还不能立刻效仿。真正符合社会现状和国内市场规则的措施不会自动生成，需要在国家的鼓励和支撑下，由社会各界人士共同努力来进行探索。这就要求，现阶段相关学者应当将研究的重点放在如何进行转轨过程中的制度设计上。在这一过程中，政府一定要充分调动社会各界人士的参与积极性，仅仅依靠政府包办的扶助项目已经不能满足当代学生的真正需求，政府相关部门必须制定相关规则，建立奖惩机制，必要时可制定相关的法律法规，以此来吸引社会资金和社会力量。此外，政府相关部门还可根据地方教育发展需要，制定符合地方情况的《高等学校贫困大学生教育扶助条例》。与此同时，还政府部门还应当组建专项研究办公室，对大学生扶助政策的落实情况进行监控和分析，研究制度的创新。同时，也可将培养社会中介组织的重任交付专项研究办公室，使社会资助充分汇聚。在推动大学生扶助事业发展的过程中，我们必须巧妙设计，在立足现实的基础上，使制度始终保持着向未来延伸的张力，这样才能够实现自然的转化。

第二节 优化贫困大学生扶助策略

对政策过程的分析一般是从政策议题确定、政策制定、政策执行、政策监督、政策评估几个大的方面来进行。如果整个政策过程能够成为一个较为封闭的系统，则政策的整体效果则相对理想化，如果在此过程中出现这样或那样的问题，则政策过程需要大大地改进，中国的政策过程带有自己很鲜明的特点，它同我们的政治文化以及现实的国情紧密相关，通过对贫困大学生救助政策过程的全面考察，我们认为该政策过程在许多方面还有改善的必要。

一、政策议题确定

贫困大学生的扶助问题由来已久，且自从大学开始征收学费后，就一直存在，并一直是广大社会群体十分关心的问题。但要真正引起相关部门的重视，并促成政府部门制定相关决策，则需要一个复杂的过程，这就需要社会各界人士共同来推动。通过我们对各项政策产生的分析，在贫困大学生救助政策的制定中，最主要的推动力量来源于政府机构和社会机构的权力精英，他们对该问题有着强烈的认识，并有自己的一套思路，进而转化为国家的意志，这也是中国公共政策制定的一个普遍性的特点。虽然社会舆论与大众传媒的影响力也很大，科学研究成果也具有某种影响力，但由于他们和国家政策制定者之间缺乏相应的转化渠道，而最终仅仅成为决策人物的一种可参考也可不参考的弱音。类似于国家助学贷款政策的出台，就充分地反映了中国教育政策议题确定的鲜明特点。在中国，制定教育政策通常是由国家决策机构或领导人提出大致的政策目标、基本原则和指导思想，而后成立方案领导小组，小组授权研究机构或综合部门进行具体的调查研究，收集和分析有关部门信息，起草政策方案，再征求有关部门专家学者的意见，反复磋商、修改、审定政策方案，最后由决策机关执行。然而，随着时代的发展，决策过多地依赖精英人物的推动会产生越来越多的问题，因为政策的连续性和科学性是公共政策成熟的标志，而过多的人为因素会直接影响到政策的执行效果。

二、政策的制定

就中国而言，目前城市贫困大学生救助政策的最高制定机构是国家科技教育领导小组。国家科技教育领导小组的主要职责是：研究、审议国家科技和教育发展战略及重大政策；讨论、审议科技和教育重要任务及项目；协调国务院各部门及部门与地方之间涉及科技或教育的重大事项。而政策具体制定的部门是以教育部为核心的国务院相关部门，包括中国人民银行、劳动部、民政部等与“奖、贷、助、补、减”政策相关的部门。各省教育部门、各省人民银行和商业银行及相关部门，还有各高校都有自己相应的制定政策的权力。以上是贫困大学生救助政策的主线。政策制定的辅线包括：中央精神文明建设办公室（实施“西部开发助学工程”），它有着自己的一套运转体系；社会资助的政策制定者——各基金会等，也有自己的运作体系，这些成为主要政策制定渠道的补充。由此看来，目前我国尚未形成一个统一、高效的整合的机制，所以在具体的实践过程中，时常出现“政出多头”的现象。这样的问题使政策执行的效果大打折扣。

从对政策制定的总体考察来看，目前贫困大学生救助政策的制定还缺乏科学的程序，缺乏足够的论证，缺乏对系统影响的考虑，导致政策不断修改，如国家助学贷款政策的变化就证明了这一点。我们在调查的过程中发现，许多决策部门的工作人员每天忙于事务，根本没有时间从事调查研究，所以，主要的政策都来源于领导的智慧，这种政策的制定中“人治”的特色很容易影响其科学性，即使在政策的改善中还需要考虑政策之外的人情世故的因素，这使得公共政策制定脱离了应有的科学的轨道。为此，政府相关部门，有必要向专业咨询机构进行咨询，充分发挥学者的作用，并邀请专业咨询团队展开实地调查，为政府的决策提供真实可靠的一手资料，确保决策具有可实行。同时还要加大政策主体（贫困大学生）对政策制定过程的影响，强化大学生的参与利益表达渠道，倾听弱势群体的呼声，关注教育决策的民主性，提高政策主体的知情权、参与权、表决权、评估权、批评权等。

三、政策的执行

下面，我们从政策宣传和政策具体执行两个方面来分析贫困大学生救助政策执行的现状。

要推动某一政策的实施，首先要进行政策的宣传。具体而言，政策的宣传即指利用各种媒体，对即将执行的公共决策在相应的范围内传达、教育，为公共决策执行创造条件。在公共管理学理论中，政策宣传是推行公共政策执行的必要前提，只有当广大受众对某一政策的目的、意义以及具体执行流程有清晰的认识后，人们才会主动地参与政策的执行过程。目前在贫困大学生救助问题上教育部门已关注到了这一点，然而，在实际操作中却有相当多的盲区，使政策执行一开始就遇到挫折。从前面的报告中可以看到贫困大学生救助政策的普遍认知还是不够的。这主要是因为政策宣传不够。

大学生尚未真正踏入社会，因此他们对政府出台的各项政策并不十分清楚，甚至尚未形成关注社会新闻的习惯。因此，要全面推行大学生扶助政策，首先要让大学生对该政策有十分清晰的认识，这就需要在校园内部加强政策宣传力度。

为了解决这个问题，教育部对政策宣传工作颁布了若干文件，教育部的《关于2000年高等学校招生收费工作若干意见的通知》（教电〔2000〕188号）强调了“加强宣传，建立、完善资助家庭经济困难学生的告知制度”，《关于切实做好资助高校经济困难学生工作的紧急通知》（教电〔2003〕298号）强调了政策宣传工作。要让更多贫困大学生知道高校的资助制度，解决政策宣传中的断层无疑十分重要，在高中学生中进行国家助学贷款等相关政策的宣传，应该会达到较好的效果。这样一来，学生在中学阶段便已经了解了上大学的相关补助政策，那些家庭经济条件艰苦的学生在明确自己有机会克服经济困难进入高等院校学习后，便可得到激励，并增强高考信心。

为了使大学生能够真正从相关政策中受益，高校可不断创新政策的宣传方式。例如在寄发录取通知的同时，将助学金申请表、申请资格标准等相关文件一并寄发给学生，这样学生在入学前便可根据自己的情况考虑好是否要申请资助。在学生入校后，班主任应当分阶段告知学生如何申请资助，并将那些已经了解到的家庭经济困难的学生作为重点关注对象，及时提醒他们参与各种资助项目的申请。毕竟，对于那些经济真正存在困难的学生而言，或许一个信息便会改变他们的命运。所以，关注每位学生的生活和学习困难，并及时给予帮助，是每位大学教师共同的责任与义务。

考察政策的具体执行情况，我们会发现一个有意思的现象就是政策执行过程中的“变形”现象。这种变形有多种情况，有的是只执行一部分，有的是不执行，有的是“你有政策，我有对策”，有的是曲解执行，还有相当多的土政策存在，因而政策在全国的执行情况千差万别。比如奖学金设计各不相同，国家助学贷款基层的执行情况千差万别，勤工助学基金的建立方式和勤工助学的具体组织方式丰富多彩，困难补助和减免学费的方式则各有其道。应该说，这样的现象在中国政策的执行中普遍存在。由于中国幅员辽阔，各地实际情况差异很大，而我们又是中央集权体制，一般中央制定的政策过分地宏观，对地方的适应性差，地方只有再立具体政策。中国高校的情况更是千差万别，在国家主干政策下，各地方、各学校的“土政策”也是极其丰富，其中很多政策包含着基层的创新精神，这些土政策有时候能在一定程度上解决上级政策的“水土不服”问题，其中有效的政策往往会上升为更高层次、影响更为广泛的政策，甚至是国家政策的制定，成为国家政策改革的有益借鉴。然而，要促进政策的有效实施，就必须把握好灵活度的掌握问题。如果至今过程不够灵活，就会导致执行不到位，执行过程僵化死板，执行效率低下的问题。而如果过于灵活，则有可能导致执行不规范，甚至不执行的问题。地方相关部门在执行国家制定的政策时，往往会受到本地区的种种不利因素的影响，这都会或多或少对政策的执行产生影响。因此，国家在制定相关政策时，也必须充分考虑到各个地区的具体情况，并指派专门人员与地方政府进行沟通对接，帮助地方政府理解相关政策的意义，把握好具体执行的方式与进度，并要求地方政府及时提供反馈信息。

如何处理这个问题需要我们在更大的社会变革中去考虑。实质上，任何一项政策的执行都存在着中央和地方利益的合理布局问题，政策本身就是一种利益的均衡。如何在学校—国家—学生—社会中形成一个利益均衡的体系是基层政策执行者需要考虑的。贫困大学生的救助政策也有类似的特点。因此，在现在国家教育改革越来越放权的情况下，贫困大学生救助政策今后的发展趋势，将会和中央与地方的关系、高等学校与政府的关系、政府与社会的关系的变化紧密相关。

四、政策监督与政策评估

目前，中国在贫困大学生救助政策上缺乏有效监督和评估，更多的只是文件上的规定和号召，真正的监督和评估机制还没有建立。教育政策的过程评估正是我们政策推行过程中最薄弱的环节。例如，就高校的勤工助学基金问题，国家早出台了明确的规定，但并非所有高校都能够严格按照规定进行落实。这主要是由于地方教育主管部门没有将监督管理工作彻底落实造成的。

以统计数据为例，对于政策评估和开展政策研究来说，准确的统计数据是非常重要的，然而，在调查中和文献整理中，我们发现目前国内的数据统计非常混乱，有的国家政策部门前后发表的数据都自相矛盾，这说明目前我们国家在这方面还存在很大的问题。教育政策研究专家袁振国先生也指出："从事过教育规划工作的同志一定都有一个共同的感受：中国关于教育的数据很不健全，统计口径出入太大，非十分内行的人士很难搞清楚不同统计口径数据之间的关系。各级教育行政部门缺乏规范的数据档案制度，缺乏定期公布教育数据的措施，甚至没有必要地对应予公开的数据实施保密，使得任何一项实证研究都需要从原始数据开始收集、整理。"

综上所述，通过对现有贫困大学生救助的相关政策及其执行情况的精细考察，发现目前我国高校执行这些政策的过程和实际水平都有待提高，且普遍存在对真正困难的学生资助力度不够，同一名学生可能重复接受资助等问题。这说明这些政策在科学性方面还有待提高。造成这一问题的主要原因可归结为两个方面：一是我们政府工作的科学化水平总体比较低；二是我们国家从计划经济向市场经济转轨的过程中，还有很多地方没有完全到位。因此要实现政策的科学化还有一段较长的路要走，在救助贫困大学生政策问题上也是如此，我们应该为此而努力。

五、对国外经验的借鉴及制度创新

随着国家综合实力的不断发展，国内的教育事业得到了进一步的发展，高等教育资源也日益丰富。在这种情况下，越来越多的家庭希望自己的子女能够接受高等教育。国人接受高等教育需求的提升与学生接受高等教育的机会之间的矛盾，正是目前我国教育事业发展的重要矛盾之一。因此，推动贫困大学生救助政策的更新和实施志在必行。不断完善贫困大学生救助政策体系是建立一个服务型政府，促进高等教育公平的重要任务。从上述研究可以看到，目前的政策体系确实存在着诸多的问题，需要政府相关部门高度重视并制定更有成效的改革措施，促进贫困大学生救助政策的发展。

事实上，国外发达国家早就致力于探索贫困大学生的救助问题，并且已经形成了较为完整、有效的资助机制。这些国外的实践探索成果都可作为我们的经验。我们没有必要去寻找那些通用的方法，但对在其他国家执行十分成功的政策和相关制度进行研究，能够拓宽我国学者的学术视野，并为我们建设符合社会主义国家教育发展规律的贫困大学生救助体系提供灵感，是推行现有政策和制度不断改革创新的重要途径。

（一）世界各国对大学生资助的方式

国际上对大学生资助的方式有很多，以学生是否直接获得资助资金为标准，我们可以把高等教育的学生资助区分为间接资助和直接资助。

间接资助主要是指国家通过对高等学校的资助而使学生或家庭免予承担部分的教育费用。这种资助方式有三种：转移支付（包括一揽子学费经常性赠予、资本赠予、国家对学校的税费减免）、现时收入（商业活动和其他收入投入教育活动中的部分）、贷款（商业贷款、补助性贷款）。

直接资助是指学生可以获得可支配资金的资助。这种资助包括奖学金、助学金、勤工俭学、学费减免、教育凭单等赠予性资助和贷学金、大学毕业生税、雇主资助等推迟付费性资助。

目前在我们国内还没有实施的方式主要有：

1. 教育凭单

我国传统的公共教育制度的财政模式为政府把公共教育经费对公办学校直接进行分配，这种模式可行性较高，且便于管理，在全世界许多国家都有应用。但不可否认的是，这种模式相对保守，不利于教育制度的创新。为此，国内外许多学者都展开了对这一问题的研究。当代著名的美国经济学家、诺贝尔经济学奖获得者弗里德曼（Milton Friedman）曾提出了“教育凭单计划”，他在看到传统的公共教育资源分配的问题后，对如何避免传统公共教育财政体制的弊端这一问题进行了深入的探讨。他本人认为，通过执行“教育凭单计划”，能够利用市场机制改善公立教育系统的目的。教育凭单措施，就是政府向父母发放教育凭单，父母自由选择学校并向学校支付教育凭单，学校再拿收到的教育凭单向政府索取资助，这样能够保障学校的积极竞争、父母的选择自由以及政府普及教育的用意。

2. 雇主资助

雇主资助的主要方式有：由雇主和作为雇员的大学毕业生一起归还贷学金；学生与雇主签订协议，雇主先为大学生支付学费及其他费用，雇员在完成学业后回原来的雇用单位服务。接受大学毕业生的雇主需要向国家缴纳特定的税收。就这一资助方式而言，有一些雇主表现出较强的兴趣。对于学生而言，他们更希望相关部门或机构能够为他们和用人单位建立交流的平台，并希望用人单位也能够建立起较为成熟的人才培养体系，并由其担负一定的育人成本。

此外，还有一些学生认为，应该建立这样一种制度：学校可以根据学生的申请，考虑学生的能力，联系一些工作单位，促使学生与这些单位签订合同，由单位解决学生的经济问题，学生毕业后在一定年限内在该单位工作。这样，一方面解决一些学生的就业问题，另一方面也有效地引入外来资金资助了贫困大学生。

（二）美国的大学生资助政策

美国的大学生资助政策主要有以下几个特点：

1. 大学生“资助包”

美国的大学生资助项目数以千计，联邦资助也有十几种之多，资助过程中的公平与效率问题就显得日益突出。为防止对有些人重复资助乃至资助“过剩”，而另一些人资助不足乃至一无所获，美国政府采用了一揽子资助方案——“资助包”（Financial Aid Package）。这一政策最早诞生于20世纪50年代，当时由美国大学入学考试委员会设计开发，《1965年高等教育法》颁布后国会参与，形成国会方法（The Congress Method），美国教育部的解释是：“‘资助包’包容了学生收到的所有资助。把所有联邦政府的、非联邦政府的资助，诸如助学金、贷款、校园工读，都混合在一个‘包’中，以满足学生的资助需要。用能够使用的资源向每个学生提供最佳可能的资助包是学生资助管理人员的主要职责之一。”它包括五个核心步骤：第一步，计算由学杂费、书费文具、食宿、交通、其他个人生活费用组成的上学成本（Cost of Attendance），并每年公布全美六大地区、公私立本专科四类院校平均上学成本；第二步，计算家庭应做的贡献（Expected Family Contribution），由大学委员会核算出全美各地区参考标准；第三步，计算学生应得资助额，即学生经济资助需要（Financial Need），为上学成本减去家庭应做贡献后的差额；第四步，根据一揽子资助的基本配比标准，提供给学生以混合资助；第五步，报告其他资助，反馈信息。

通过实践证明，该政策能够较好地解决资助政策实施过程中的政策公平与效率问题。就目前我国大学生资助政策的发展势头而言，以后将会逐渐向“收费+以贷款为主的混合资助模式”发展。所以，现如今，我们面临的首要问题，是如何提高对学生进行资助的效果，将有限的资源进行充分的利用，并使社会上现存的相关资源能够得到整合和科学的分配。“资助包”的模式的确为我们提供了一个很好的思路。但我们也不能立刻将这种模式进行原样照抄，因为该模式的执行条件是国家对国民家庭经济情况的完备掌握，国家拥有能够严格管理的税收制度，并且社会上已经形成了完备的诚信机制。因此在目前，我国只能借鉴该模式提供的思路，并根据我国社会现状来制定政策。

2. 多元的混合资助模式

这突出表现为资助方式、资金来源、资金资助方向的多元化。据美国《高等教育纪事》1999—2000年度的统计报告，1999年美国人口2.7亿，有各类高校4096所，有各类注册大学生1436720人，其中，本专科生12326948人，研究生174260人，专业学位攻读者298312人。1998—1999

年大学生资助情况如下，资助总金额为641.24亿美元，资助来源、资助总额、占总额的百分比各为：联邦政府457.7亿美元，占71.69%；州政府39.66亿美元，占6.8%；学校和其他奖学金122.09亿美元，占19.05%；私人部分贷款19.79亿美元，占3.08%。政府共资助499.6亿美元，占总金额的77.87%，其中，联邦资助占政府资助的87.32%。

联邦资助的主体是八个“以经济需要为本”（financial need-based）项目，其中包括两个助学金计划、五个贷款计划、一项校园工读计划。

两个联邦级的助学金项目为“佩尔助学金”和“教育机会补充助学金”。“佩尔助学金”（Pell Grant）的前身是根据《1965年高等教育法》始设的“教育机会基本助学金计划”，这是美国目前最大的助学金项目，其发放对象为低收入家庭的大学生；“教育机会补充助学金”计划（Supplement Educational Opportunity Grant，简称SEOG），原称教育机会助学金，资助目标是“特别困难的学生”。

五个贷款计划为“帕金斯贷款计划”“斯坦福贷款计划”“学生家长贷款计划”“学生补充贷款计划”和“联邦直接学生贷款计划”。“帕金斯贷款计划”（Perkins Loan），由1958年《国防教育法》确立，原名为“国防贷款”，从20世纪80年代起改名为“帕金斯贷款”，它以校园为基础，联邦政府把奖学金拨给学校，由高校充任贷款机构，其宗旨是“为了国家利益，资助贫困大学生，造就国家所需专业人才”，该贷款学生在学期间政府付息，毕业后10年内还清，在各项贷款中利息最低。“斯坦福贷款”（Stanfford Loan）原名“国家担保贷款”，1988年为表示对议员罗伯特·T·斯坦福的敬意而改名。这是目前美国最主要的学生贷款计划，约占联邦学生贷款总额的5/6。它也是美国目前最大的大学生资助计划，每年资助额占全国资助总额的1/3以上。其资助对象为“有经济资助需要的学生”（Students with Financial Need），它包括“贴息贷款”和“无贴息贷款”两种，由商业银行系统将钱贷给学生，由各州教育担保机构代表政府担保，最长偿还期为10年，利息高于“帕金斯贷款”。“大学生家长贷款计划”（PLUS）和“学生补充贷款计划”（SLS）由政府提供担保，由银行或其他金融机构将款贷给有良好商业信誉的大学生家长，年最高贷款额为“教育成本”减去贷款人子女所获资助额之差额，利率属于所谓市场最惠利率。“联邦直接学生贷款计划”（Federal Direct Student Loan）是根据1993年国会通过的《学生贷款改革法》，从1994年开始实施的，采取独特的联邦教育部拨款给大学——学生从大学贷款——毕业后向联邦教育部还贷方式。

“工读计划”（Work-study Program），它产生于向贫穷宣战的20世纪60年代，依据《1964年经济机会法》而设，并根据《1965年高等教育法》从经济机会署转归教育署管理，它为需要经济帮助的大学生提供校园和社会的公共服务机会。1964—1965年，约有11.5万名学生在1095所学校中参与“工读”，而政府为此开支近3300万美元。1981—1982年，联邦政府支出高达近6.7亿美元。20世纪90年代克林顿政府推出的“社会服务计划”亦属此类，它旨在降低贷款拖欠率，克服经济困难，鼓励学生通过参与社会服务获取报酬，报酬可以以现金方式支付，也可充抵贷款。

在美国，政府提出的多元混合资助政策得到了各个州的一致认可，也受到高校学生的好评。在这样的政策指导下，美国高校已经与社会上有志参与助学事业的人士紧密地联系在一起，并形成了“同舟共济”的格局，这对促进美国高校事业的可持续发展有着深刻意义。这样的政策模式也对中国从“免费+助学金”资助范式向“收费+以贷款为主的混合资助”范式的全面转型提供了参考。自从我国将“科教兴国”作为重要战略以来，我国一直坚持走穷国办大教育的路线，且逐渐从精英高等教育向大众高等教育转型。在这一过程中，越来越多家境贫寒的学生有机会进入高校，自然，需要国家帮助的贫困大学生在数量上也有了明显的提高。在这种情形下，单靠学校的助学金很难满足高校教育的大众化发展，如果单靠贷款又难以解决特困生的燃眉之急，特别是我国目前各个地方的经济、文化、教育事业发展还存在不平衡的问题，院校、学科、专业的发展差异较大，这时我们如果提出“决不让一个大学生因经济困难而辍学”的口号，很显然是空洞的。因此，地方政府必须根据本地的实际情况来制定具有地方特色的相关政策，所谓的统一的指导思想和政策是无法从根本上解决问题的。为了全方位提高大学生资助工作的执行效率，还有必要调动全社会的力量，从而形成立体的资助格局，我们也需要多元资助理念的指导，在这方面美国的多元理念并存且互动，这无疑拓展了我们的视野。

除以上两点之外，美国的大学生资助中还有一些做法值得我们借鉴。比如：学生资助由教育部专门部门管理，建立了完善的大学生救助信息系统（包括中央信息库），实现了全国的网上统一申请；诸项贷款还款方式设计灵活，富有人性化，根据不同的贷款类别和贷款人的不同情况制定不同的宽限期、延缓期及减免额度等，学生可以灵活选择还款方式。勤工助学鼓励学生为社会公益事业服务，并严格限制在保证正常学习的前提下等。

综上所述，我们在推动大学资助事业发展的过程中，完全可以对西方国家的成功经验进行借鉴，但也不可忽视中国的独特社会背景。由于我国是在国际上影响力最大的发展中国家，中国本身面临着十分复杂的国际环境，且国内的发展也表现出十分复杂的局面，在这样的时代背景下，我们必须要坚定不移地走中国特色道路。只有找到适合中国当代社会发展规律的道路，才能够真正实现高校教育的大众化发展，为更多的青年创造良好的学习机会。在具体的实践中，我们尤其需要关注公共政策的内生化问题。公共政策的内生化可以看成是公共政策的本土化、乡土化，这一问题的核心是如何根据本民族的特点来确定自己的政策模式。由于教育与社会的政治、经济、文化、历史之间有着密切的联系，因此，教育政策内生化过程中的价值基础问题就显得非常突出。宏观环境中的政治的、经济的、文化的、历史的、传统的价值标准都会通过某种途径转化为教育政策的价值标准，进而使教育政策本土化、乡土化。

六、我国贫困大学生扶助政策改革的关键

高校贫困大学生资助政策改革是一项重大的系统工程。我们很难在许多方面做到齐头并进。因此，必须抓住主要矛盾，解决主要问题。当前，以下问题是改革的重点领域，这些问题的解决将直接影响到整个政策的落实效果：

（一）统一管理

应在中央和地方建立相对统一的高校学生救助管理机构，集中制定政策，分配资金，收集信息。

（二）明确标准

进一步明确贫困大学生标准，要逐步建立家庭收入统计信息系统，真

实了解学生的家庭经济情况。同时在学校建立自律和他律相结合的识别体系。

（三）促进社会化运作

政府应出台相关的激励措施，调动广大社会力量的积极性，形成对贫困大学生多元救助的局面。

（四）促进市场化运作

在学生贷款、勤工助学等方面推动市场化运作方式，提高资金的利用率。

（五）解决资助不平衡问题

针对贫困大学生“扶贫”存在的“贫富分化”现象，要加强调查和研究，以满足学生基本要求为标准，调整相关政策，对相关地区、学校及学生要给予重点倾斜。

综上所述，我国城市贫困大学生资助政策虽然已经取得了一定的成就，但依然与西方发达国家有着相当的差距。这为我们进一步推动改革与创新提出了更高的要求。这要求我们必须设定长远目标和近期目标。其中，长远的目标是我们最终要建立起具有社会主义市场经济特征的中国高校学生资助政策体系，这一过程是相当漫长的，需要根据我国市场经济体制的改革情况进行不断调整。同时，社会信用体系是否完善也在一定程度上影响着中国高校学生资助政策体系的完善程度。而近期目标是依靠现有的体系继续发挥作用并继续加以调整和创新，依靠政府的力量继续推动改革，逐渐解决现存体系中的诸多问题；发挥中央和地方的积极性，将中央政策的原则性和地方政策的创造性结合起来，推进政策的进一步发展；发挥政府和社会以及市场的积极性，凝聚社会中关注城市贫困大学生的所有资源，把自救与他救有机结合，使城市贫困大学生问题得到更好的解决。

第三节　探索新时期贫困大学生社会支持模式

在目前阶段，经费不足是贫困大学生资助事业中最为重要的问题，而诚信缺失则是助学贷款事业发展过程中很难快速突破的瓶颈，贫困大学生心理障碍问题则是影响他们心理健康的掣肘之忧。从技术操作层面来看，应当尽早建立起以政府为主体，以高校为支撑，以社会为补充的大学生资助体系，成立教育银行、发行教育彩票、发行教育公债、成立高校教育基金会以消除卡脖之痛，解决经费问题；建立全国联网的个人资信系统、为助学贷款购买保险以突破瓶颈之困，提高贫困大学生诚信意识，降低金融机构信贷风险；加强心理教育、推行弹性学制、提升勤工助学层级以削减掣肘之忧，强化“助学育人”功效，促进贫困大学生“以工养学”、健康成长、顺利成才。

一、发行教育公债

（一）教育公债的含义及其特点

1. 教育公债的含义

教育公债是国家以教育发展的需要为目的，以发放债券的形式向国内外广泛吸纳资金，以解决短期内教育发展资金短缺问题的资金筹集方式。

2. 教育公债的特点

和彩票、股票相比，投资教育公债安全可靠，风险为零；和银行存款相比，投资教育公债收益较高；可以流通，便于交换，具有运用灵活、针对性强的特点，具有还本付息和按计划分配等一般信用的特点。

（二）发行教育公债的可行性研究

1. 优势明显，更具吸引力

教育公债具有众多优势，例如收益较高、回报稳定、风险为零、可以流通、便于交换等，因此教育公债往往能够对广大人民群众产生较大的吸引力。通常情况下，发行债券的利率是高于普通存款利率的，有时甚至还高于其他产业的投资回报率，正因为此，人们才愿意拿出存款来购买教育债券。近几年，银行利率下调，房地产行业疲软，股票市场风险难测，投资者希望参与投资活动，但却始终在观望，不敢轻易做出选择。在这样的环境下，广大投资者普遍希望找到一种获利性高而风险性又相对较小的新的投资途径。发行教育公债，将为投资者提供高回报、零风险的投资选择，能够激发民众的投资热情，具有较大的磁吸效应。

2. 本息偿还没有问题

教育公债不同于教育彩票的一个明显之处是其需要偿还本金和利息，民众的信心来源于其偿还能力的有无。高等教育的快速发展，为债券本金和利息的归还提供了有力保证。高等教育与其他教育形式一样，是一种全局性、战略性的基础产业，但它与基础教育相比，又是一种非义务教育，所以，受教育者应该承担一部分教育成本。随着社会的进步和国家经济的繁荣，高校的管理越来越科学和高效，高校后勤管理的社会化，高等院校科研成果向生产力的加速转化，这些都为高校本身的经济实力的提升奠定了基础。当高校有一定经济实力后，便可进一步发展优势专业，并拿出一定的收入用于归还其所使用的公债资金。近几年，我国一些高校把握住社会人才需求发展的方向，并积极与银行或其他社会组织展开合作，从银行贷款或向社会筹资，以此来扩大优势专业的招生规模、更新教学设备、升级教学资源、建立教学实践基地，在为社会培养出符合社会发展需求的人才的同时，也获得了更多的经济效益。高等教育事业发展的连续性和稳定性，使投资者对教育公债有信任感，提高了他们投资的积极性。

3. 发行市场成熟顺畅

国债市场机制完善、管理成熟、经验丰富，为教育公债的发行奠定了良好的基础。中国政府自 1998 年以来实施积极的财政政策，通过大量发行国债筹集资金以投入基础设施建设等。近年来的国债发行量呈不断上升趋势，2000 年发行国债 4 657 亿元，2001 年为 4 884 亿元，2002 年为 5 934 亿元，2003 年为 6 280. 1 亿元，2004 年为 6 876 亿元，2005 年为 7 042 亿元，2006 年达到 8 883. 3 亿元，同比增长 26. 15%，其发放的情况相当顺利，市场需求显得非常旺盛。这在相当程度上说明了我国政府金融信誉良好，民众对国家的经济有信心，市场成熟，潜力巨大，空间广阔，为教育公债乘势而上、成功发行奠定了扎实的基础。

4. 借债资本雄厚宽裕

借债资本的存在为发行教育公债提供了可行性。从社会大环境看，改革开放近30年来，我国经济增长一直保持着较快的速度，GDP增长率连续多年保持在10%以上，社会财富持续增加，人民的生活水平有了很大提高，突出表现是城乡居民储蓄存款额稳步上升，国内消费市场需求旺盛，是发行教育公债的有利时机。2006年全年GDP为209 407亿元，比上年增长10.7%。年末，我国全部金融机构各项存款余额348 065亿元，比上年增加16.0%；其中，城乡居民储蓄存款余额161 587亿元，比上年增加14.6%。全年农村居民人均纯收入3 587元，扣除价格上涨因素，比上年实际增长7.4%；城镇居民人均可支配收入11 759元，实际增长10.4%。即便从1999年11月1日开始对居民储蓄存款利息所得征收20%的个人所得税，储蓄下降幅度也没有预期大，表现出一定的应债能力。如果运营良好，将其中的一部分转化为发展高等教育事业的资金是完全可能的。早在1999年，我国就明确提出，要将教育作为拉动消费的一项重要措施。但对于普通人民群众而言，在物质生活尚不丰富时，如果投入大量的教育消费，必然导致家庭经济压力过大。而购买教育公债则是一种投资行为，虽然购买者也将个人财产投入教育事业，但这一过程既是一项投资活动，又是一项公益活动，投资者能够从中获取收益，更能够为中国教育事业的发展作出贡献。

（三）教育公债发行建议

1. 内外并举

充分利用国内、国外两大资本市场发行教育公债，内外并举，拓宽融资渠道，提高融资效率。目前内债是政府公债的主要构成部分，但随着教育公债的发行，我们要积极吸引外国投资，辅助内债的发行。

对外发行债券指的是一国政府、企业、银行等机构，在国际债券市场上以外国货币或境外货币为面值发行债券融资；对我国而言，它是顺应国际金融市场一体化、证券化及国际资本市场融资债券化趋势的利用外资的新渠道。发行国际债券融资的好处是期限长，筹资金额大，而且发行和筹集资金的运用比较自由，但也要适应其发行环境和发行程序复杂、利率和汇率风险较高等特点。自从 1982 年中国国际信托投资公司在日本发行第一笔 100 亿日元国际债券以来，国际债券融资在中国利用外资中所占比重越来越大，其间也积累了不少经验，为教育公债海外融资提供了可能。

2. 上下联合

正是因为中央政府和地方政府采取上下联合的方式进行举债，才为我国教育事业的发展筹集了充足的资金。就目前而言，从原则上讲，在我国只有中央政府才能够发行国债，那么中央肩负的责任便十分重大。其实，在我国市场上已经出现了不少地方政府发行项目债、企业债的情况，但地方政府毕竟能力有限，因此也无法真正在教育事业改革上发挥重要作用。为此，上下联合举债的模式就成为解决该问题的重要方法。作为地方政府，应在信息较为完全的基础上做出比较正确的投资决策，地方债务的发行面向本地居民，条件好的地方也可向全社会发行教育债券。

3. 调节发行期限

为控制债息费用，减轻利息负担，举债主体要选择合适的期限结构。教育公债的期限结构应以 5—10 年为主，不宜过于集中，同时附设 2—5 年的券种。由于教育公债的用途是培养人的事业，如果发行期限太长，则不利于安排财政收支预算，债务压力太大。因而，期限结构要多样化，主张短期、中期和长期并存。至于每年采取何种期限，不仅要考虑到资金流通的稳定性，而且要考虑政府偿还能力的限度。地方可以中长期为主，但也要结构大致相当，避免增加政府负担。

4. 浮动发行利率

利率的确定与期限结构有关。通常情况下，长期公债利率相对较高，短期公债的利率则相对较低，但利率又同时受到市场利率的整体影响。为了降低投资风险，可以考虑利率弹性化。教育公债的利率最好是要高于同期银行存款利率，否则这种公债便没有市场竞争力。此外，由于一般的投资者会根据利率的高低来选择投资的方向，因此必须充分考虑教育公债的利率问题。尤其是在我国国债市场还不成熟的当下，如果忽视了利率的作用，必然导致最终达不到理想的发行效果。至于利率大小的最终确定，还必须以金融市场中政策性存款利率为重要参考。现在其他债券多采用浮动利率制，建议教育公债也一样。考虑到教育债券相对于其他国债来说，在资信度上有一定差距，中央政府可以在政策方面给教育债券提供一定的优惠和照顾，可以考虑教育债券利率略高于其他国债。

5. 预告偿还途径

公债偿还是国家根据国债制度的规定对到期国债支付本金和利息的过程。教育公债的偿还也可分成两种：一种方式是靠政府解决；另一种方式是靠教育公债自身解决。依靠政府解决教育公债的偿还方式，取决于长期债务资金的来源方式，与发行的其他国债一样，政府采取一切办法偿还教育公债债务。依靠教育公债自身解决，可以在原有债务的基础上发行新债。要把握新债发行的程度，避免形成新的政府债务危机。要及时优化债务结构，形成“以债养债”的良性循环。由于我国教育经费短缺，新债筹集的资金应作为教育部门的专项资金。学校科研成果税要纳入有关部门，设立专项偿还资金。资金来源可包括校企税、民间捐赠、民间资本等，同时还款率应控制在10%左右，不得出现“借新债还旧债”的尴尬局面。

6. 控制发行数量

教育债券的发行应由债务主体根据需要和动态平衡原则进行，与此同时，还必须结合地方经济发展趋势和教育中长期发展战略来进行综合考量。因为现在的债务主要用于经济建设，教育债券的发行量既不能太大，也不能太少。建议发行量应具有一定规模。

二、发行教育彩票

跨入21世纪，“科教兴国”战略已深入人心。教育在经济和社会发展中的作用比以往任何时候都更加重要。在国际竞争日益激烈的当今时代，国家间的竞争本质上都可归结为人才的竞争。因此，教育事业的发展是提升国家综合实力之根本，是我国各行各业发展的动力源泉。在人们对教育事业的作用有了充分的认识后，越来越多的人愿意在教育事业上贡献一份自己的力量，教育彩票的发行为广大普通人民参与并推动教育事业发展提供了重要途径。

（一）发行教育彩票的必要性和意义

众所周知，我国走的是穷国办大教育的路线，教育资源紧张，特别是教育经费投入严重不足。在这种情况下，我们需要通过多种渠道筹集教育资金。随着我国彩票市场的发展，发行教育彩票是缓解我国教育经费压力的有效措施之一，对解决教育经费短缺问题具有重要意义。

1. 发行教育彩票是势在必行的不二选择

尽管自改革开放以后，我国的经济得到了快速发展，但各行各业普遍存在着资金储备不足、资金使用效率不高等问题，教育事业的发展更是如此。在这里需要特别说明两点：一是一些学者将这种社会现状归咎于“投入主体”的政府未尽其责。事实上，如果仅仅抱有这样的看法，未免太过偏颇。在改革开放的初期阶段，我国政府一直坚持“放权于基层，让利于百姓”的基本原则，导致政府财政能力在一定程度上不断下降。政府教育拨款占 GDP 总量百分比的增长速度相当缓慢，个别年份甚至出现负增长，没有达到国际标准 4%的水平，但教育经费占财政收入比重连年上升说明了政府财政对于高等教育投资的努力和热情并未减退。“巧妇难为无米之炊”，政府的难言之隐在于有心无力，我们应该客观地看到这一点。二是现行的高校收费标准已经超出了大多数城乡居民的支付能力，高校中的贫困大学生比例越来越高，规模越来越大，数量居高不下。近些年来，我国居民的教育支出，尤其是随着高等教育收费政策的实施上涨很快，超出了大多数家庭的承受能力，贫困家庭子女上学难、上学后生活更难，已经引发了新的教育不公。那么，对于缓解教育经费压力而言，政府投入加大的空间已经不多，学费增加也是有限度的，几无潜力可挖，直面现实，只有依靠社会力量，拓宽和建立稳固、有效的民间筹资渠道，才是长久之策。可以预期的是，开拓新的融资渠道，发行教育彩票，将社会闲散资金筹集到一起，缓解教育经费紧张局面，保障贫困大学生能够接受高等教育，维护教育公平，势在必行。

2. 教育彩票有“汇流成河、积沙成塔”之功效

彩票业本身就有娱乐性质，广大人民群众购买彩票并非为了从中获取多少收益，更多时候是希望通过买彩票来获得精神上的愉悦，一张彩票只需几元到几十元，人人都可购买。随着人们对教育的重视日益提高，许多

家长都希望自己的孩子能够获得更好的教育，也自然愿意为国家的教育事业发展贡献力量。在这样的思想影响下，人们会心平气和地购买彩票，即使没有中奖，也不会有多少损失。时间一长，蔚然成风，就能集腋成裘、聚少成多，把不起眼的几元、十几元钱汇集成上千亿元的庞大数目，投入到教育事业，促进教育的发展。从中国福利彩票发行管理中心获悉，截至2007年11月2日，中国福利彩票销量超过500亿元，为国家筹集福利公益金172亿多元，就是最好的明示。教育彩票具有的集资迅速、效果明显、方便快捷等特点，可以在相当程度上弥补我国教育经费的不足，成为我国教育事业的有力支撑。

3. 教育彩票能“东资西调、平衡发展”

改革开放以来，东部沿海地区凭借其独特的地理位置和国家的优惠政策迅速发展，而西部地区则相对发展缓慢，许多方面落后于东部。发行教育彩票，便可以调用东部资金来支持西部教育的大开发。对于经济收入较高的东部地区家庭来说，花几元、几十元、几百元买几张彩票是平常消费，因为他们的货币边际效用（指每消费一元时获得的满足程度）很低；当这些边际效用很低的货币因购买彩票而被用于落后地区的教育时，意义便不同寻常，它或许是西部地区诸多失学儿童一个学期或者一年的学费。这样，利用教育彩票的发行把在东部地区筹集起来的资金的若干部分调用于西部教育，能办许多以前想办而无力为之的事情。利用东部地区的“剩余资金”，通过发行教育彩票，促进落后西部地区的教育发展，为西部地区的发展作出贡献，具有重大的政治意义和社会意义。

4. 与其他的融资渠道相比，发行教育彩票带来的社会影响较小

现行税制中的相关税种为贯彻政府促进教育发展意图而规定的税收优惠措施，在形式与种类上比较单一，缺少应有的系统性与前瞻性，税收优惠的适用与受益范围比较窄，对鼓励社会投资办学没有多大的激励作用。

与此同时，在一定的国民收入水平条件下，增加税收在一定程度上会挤占人们的消费资金，这会影响社会的消费需求，并对生产领域的发展产生影响。在这样的情况下，很有可能形成不良的社会连锁反应，最终严重影响国民经济的健康与稳定发展。相比较来看，发行教育彩票既能够募集社会资金，又能够避免上述种种不良影响。彩票作为一种特殊的金融工具，从其本质来看，它所筹集的资金是“取之于民，用之于民”，具有较强的娱乐性，而不像股票、债券等具有较强的政策性、商业性和社会影响力。综观世界各国，彩票的发行管理权都是高度集中在政府手中的，彩票也就不会对社会经济领域产生太大的负面影响。

（二）发行教育彩票的具体措施

如何发行教育彩票将成为人们关注的焦点，也是教育彩票能否顺利发行并达到预期效果的关键环节。借鉴我国发行福利彩票和体育彩票的成功经验，同时也借鉴国外的一些先进做法，对发行教育彩票的具体措施提出如下建议。

1. 广泛宣传

要促进广大人民群众购买教育彩票，首先要让人们认识这种彩票，因此，做好宣传工作是首要任务。教育彩票是一种全新的彩票品种，其进入中国的彩票市场是需要政府的大力推动的。通过多种渠道的宣传活动，广大人民群众能够真正了解到我国目前教育事业发展的基本状态，认识到目前我国教育事业存在的问题和面临的困难，并清晰地了解到发行教育彩票所带来的价值。当人们认识到购买这种彩票是一种既有经济价值又有社会意义的投资行为后，人们对该彩票的误解和疑虑便会自然消除，从而逐渐在全社会营造购买教育彩票的氛围。在发行宣传上，一定要突出教育彩票的特色，着重体现道德因素，强化公众的责任意识，树立良好的公益形象，既要净化社会道德风气，又要普及道德意识，使人们真正地重视教育、关心教育、关爱莘莘学子。首先，在教育彩票的宣传上品位要高，突出中华民族尊师重教的文化传统和悠久历史；创意要新，突出其“取之于民，用之于民，尊师重教，功载千秋”的意境。例如，“两元钱圆您一个大学梦”“科教兴国，我兴科教”“再穷不能穷教育”这类的广告词都是可以考虑的。

2. 制定法规

目前中国彩票业至少存在三大问题。第一，彩票无法可循，政策代替法律，对策压倒政策，人治高于一切；第二，内部管理混乱，省市不服从中央，领导只关心自己的彩票销量和收益，存在浑水摸鱼现象；第三，缺乏外部监督，自己监督自己，等于没有监督。面对以上提到的这三点问题，我们有必要进行深刻的反思。在发行教育彩票之前，首先要对国内彩票市场进行调研，在发现存在的不合理因素后，对整个市场进行整顿。同时，应当不断完善相关的法律法规，为教育彩票的发行创造良好的社会环境。具体的措施包括：对彩票各级管理机构的职责权限、从业人员的资格要求、彩票零售商的许可条件和职责、彩票基金的使用管理办法和公示制度、检查监督办法以及其他发行彩票的相关辅助保障工作等细节做出详细的规定和解释，从制度上保证依法行事。

3. 成立教育银行专管教育彩票发行

在西方发达国家，政府往往不会直接对彩票的发行和运营进行管理，而是委派专门的管理委员会负责相应事务。例如在英国，政府通过文化传媒体育部组建全英国家彩票管理委员会。依据《全英国家彩票发行条例》的规定，确保彩票经营正当合法；确保彩票游戏参与者的利益得到保护。通过对国外彩票发行经验进行借鉴，可以为我国的教育彩票发行拓宽思路。就目前我国国情而言，可以由国务院、教育部和财政部三方联合组建中国教育银行，由该银行负责教育彩票的发行和管理工作。其主要职能包括教育彩票发行总额度的集中控制、发行额度地区分配、发行收入使用办法的制定等。

4. 教育彩票的发行和销售措施

推动教育彩票的广泛销售是保证彩票发行成效的重要措施。但在引导广大人民群众进行投资购买时，也要注意帮助人们形成正确的彩票投资观念。从本质上讲，教育彩票的发行目的，是吸引更多的人来购买该彩票，从而调动全社会的力量来促进我国教育事业的发展，而不是仅仅针对某一特定人群，企图引导特定人群大量购买彩票。为此，彩票的运营方有必要将正确的彩票投资观念在宣传过程中进行渗透，避免刺激人们的投机动机，误导人们形成不良的赌博行为。

教育彩票具体的发行销售由经过教育彩票管理委员会审批认可的、专业的教育彩票发行公司具体实施，实行教育彩票发行销售的企业化、专业化运作。具体到采取何种发行方式，教育彩票发行公司应进行深入的市场调研，对于不同地区，如发达与欠发达地区，采取不同的销售策略和发行方式。需要指出的是，应尽可能地采用电脑型彩票这一发行方式，它操作规范、透明，可有效减少舞弊现象，具有较高的社会信任度，效果也非常明显。从中国福利彩票发行管理中心获悉，中福在线即开票是一种视频彩票，与其他彩票品种相比，具有在线投兑、玩法多样、趣味互动、管理规范、安全可靠等特点，已经成为彩民新宠。截至2007年11月2日，中福在线即开票2007年销量已突破100亿元，与去年同期相比增幅达201%，成为福利彩票新的增长点。

5. 教育彩票发行收入的使用和监管

教育彩票发行收入的35%将投向教育，以弥补教育经费不足。发行彩票的收入是全国人民共同支持的成果，这份收入是来之不易的，因此在具体利用时，一定要坚持科学、有效、透明的基本原则。

在英国，为了保证彩票资金真正落实在特殊公益项目上，国家特别成立了彩票分配基金委员会。建议在我国设立教育发展基金，将教育彩票发行收入的35%全部注入这一专门设立的基金，统一管理、统一调用，有效保证发行教育彩票筹措的资金投入教育事业中。为进一步增加教育基金投向的明晰度，可根据我国教育发展的实际情况建立一些固定的资助项目，如“高校贫困大学生专项资助项目”“普及九年义务教育工程”“国家基础学科人才培养和科学研究基地项目”等，有针对性地进行资金资助。这样便于公众对各个项目的实际进展情况进行了解和追踪，从而更好地发挥公众对彩票收入资金使用情况的监督作用。与此同时，还必须建立财务管理公开和信息披露制度，并要求有关部门定期向公众公布基金的使用情况，积极接受来自社会各界人士的监督，广泛听取学者们的建议，并注意严格审查财务管理制度和审计制度，确保制度完善，与现实情况相适应。此外，随着教育彩票的发行，该教育发展基金的资金规模必将不断扩大，所以要重视、加强基金管理，确保基金保值、增值。

6. 做好发行教育彩票的试点工作

发行教育彩票是一种新的尝试，发行的成功与否将影响深远。因此，我们可先在小范围内选择条件成熟的地方先行试点。当前强烈要求率先发行教育彩票的省份是经济发达的广东省，该省教育厅负责人曾多次申请国家有关部门允许其通过发行教育彩票来增加教育经费。我们可以考虑把北京、上海、广东、浙江、福建等经济发达省（市）作为教育彩票的试点地区，让它们成为“第一个吃螃蟹”的地方，看其效果如何，然后考虑在全国范围内推广教育彩票的发行。

三、成立教育银行

教育权是一种基本的人权，世界上大多数国家在发展教育中都遵循美国总统杰斐逊的著名教育理念：衡量教育是否造福于社会，主要不是看它造就了多少杰出人物，而是是否使大多数人能够享受到必要的教育。教育的基本作用，应该是使所有的社会成员能站到同一个起跑线上，得到一个平等的机会。“现代人力资本之父”西奥多·W·舒尔茨曾经明确地指出：“发展人力资本最重要的途径就是进行教育。”

教育是国家发展的基础，是民族延续的重要保障。只有每一代人都重视教育，才能使中华民族悠久的历史文化不断传承。教育的进步会对之后几代人的成长产生重要影响，教育的退步则会使国家在很短时间内走向衰亡。所以，对于一个国家而言，如果不能坚持科学的教育发展方针，不能在教育事业发展上始终保持一定的投入，必将导致整个国家面临危机。中国正处于社会主义初级阶段，我们的政治目标尚未达成，只有不断提升国民的整体素质，提高国家的综合国力，才能为接下来的社会主义建设提供必要支持，而这一切都离不开教育事业的发展。目前中国的教育几经改革，已经呈现出形式多样的局面，义务教育走向了人性化、法治化，职业教育如雨后春笋般地迅速发展，高等教育也从精英教育走向了大众化。虽然形势喜人，但是个中不足也显而易见。随着教育改革的推进，收费也在快速增长、居高不下，教育支出占到了许多普通工人、农民家庭总收入的全部或一半以上。国家所承诺的奖学金、助学金在高额的学费面前只是杯水车薪，助学贷款政策也是一波三折，在推行过程中阻力重重、步履维艰。尽管这些政策在一定程度上缓解了我国贫困大学生的受教育问题，帮助许多学生圆了大学之梦，但依然有不少学生由于家庭经济困难而中途辍学。在各级政府的长期努力下，我国的基础教育事业已经得到了相当的发展，但仅仅保证人民群众拥有接受基础教育的机会，已经不能满足当代社会对人民素质的需求，如何满足人们接受更高层次教育的需求，是目前我国教育事业发展过程中亟待突破的问题。

（一）成立教育银行的必要性

1. 成立教育银行是教育全面发展的大势所趋

穷国办大教育，是我国今后相当长一个时期内的形式特征。教育要发展，没钱不行。政府财力有限，花钱的地方又很多，靠政府的充足投入不太现实。那么，拓展融资渠道，挖掘民间潜力，筹集教育经费就成了我们的必由之路。因此，发行教育彩票和教育公债是一条可行的、不可多得的集资途径，其筹资功能十分强大，能够解决教育发展的瓶颈之困。而教育彩票和教育公债发行是一项系统工程，从它们的发行、管理、使用、偿还等方面来看，都需要一家专业的金融机构来经营、运作。同时，高校贫困大学生资助体系的运转，尤其是众多贫困大学生急需的国家助学贷款的办理也需要一家政策性银行来负责。这些现实的需要为教育银行应运而生提供了法理基础，因此成立教育银行是我国教育全面发展的大势所趋。

2. 历史的经验昭示成立教育银行的必要性

多年来，在国家助学贷款的实行过程中，贷款的政策性和商业银行的盈利目的之间出现了一些矛盾，致使国家助学贷款业务量日渐萎缩、乏善可陈。

第一，发展教育的公益性与贷款银行的商业目标难以统一。商业银行作为市场竞争的主体，追求利润最大化，即成本与收益的最佳比例。对于国家助学贷款这样的非营利性贷款项目，一方面要落实国家发展战略和国家政策，另一方面要投入大量的经营资源，且实际收益很小。因此，商业银行放贷热情不高、谨慎惜贷，甚至还会出现抵制行为。

第二，风险逐步显现，控制措施乏力。国家助学贷款期限长，单笔金额小，涉及人数、次数、环节多、催收难度大、管理成本高，其风险已逐步显性化。一是还款来源无法保证，不确定性很大；二是国家助学贷款属于信用贷款，商业银行没有可执行的抵押担保；三是贷款催收手段有限，学生毕业后居住地不稳定，就业流动性强，缺乏约束机制。

第三，违约率高，补偿机制缺位。虽然我国现已出台不少支持银行放贷的政策，例如对国家助学贷款实行贴息，免征国家助学贷款利息收入营业税，对符合有关规定的国家助学贷款呆坏账可以用商业的利润来进行核销等，但由于在具体的实践操作中，违约率较高，违约损失严重，这些损失只能由商业银行自己承担，因此，各个银行依然对该项目毫无兴趣。

第四，诚信缺位，征信系统不健全。尽管我国社会各界已经对个人征信问题有了更多的关注，但由于个人征信体系尚未完全建立起来，因此在学生贷款方面，主要还是依靠贷款学生的道德自律。但这显然是不切合实际的，必须要有可靠的外部约束力，即征信系统的信用记录，才能促进我国形成良好的社会信用环境，从而规范大学生贷款行为。

从以上存在的问题可以看出，要想从根本上解决我国目前在国家助学贷款方面存在的矛盾，成立专门的政策性教育银行非常必要。

（二）成立教育银行的设想

要建立以商业银行为主，政策性金融、合作金融为辅，多种金融机构并存的金融组织体系。适应金融体制改革的要求，就要逐步改变全国性银行分支机构承担政策性金融服务的现状，建立独立的政策性银行，形成业务分离与经营、分工与合作相结合的商业性金融体系——教育性金融组织合作体系，并对相关的法律法规进行不断完善。

1. 教育银行定位为政策性银行

教育银行属于政策性银行，因此其一切经营活动应当以服务国家为先，应当始终坚持“以人为本”的基本原则，从而将国家的科教兴国和人才强国战略落到实处。在这样的指导思想下，教育银行应当承担起统筹教育彩票和教育公债的设计、发行、使用、偿还，负责高校贫困大学生资助体系的正常运转，办理国家助学贷款业务等多方面的工作，尽全力满足广大贫困青年的读书愿望，为提升全民文化修养做出贡献。

2. 教育银行的业务内容

教育金融具有较强政策性，离不开国家的调节。一般认为，政府的教育政策目标有三：一是保障每个公民接受教育的权利和获得这种权利的公平性；二是全面推进素质教育；三是均衡配置教育资源，缩小不同阶层的教育差距。政策性的教育银行就应紧紧围绕着这三个政策目标，来开展自身的业务活动。

3. 以外汇储备作为教育银行的启动资金

用外汇储备设立政策性的中国教育银行，具有两个方面的优势，首先，这样的方式能够在一定程度上降低外汇储备过多带来的压力，从而减少风险；其次，这样的方式也符合我国的社会发展趋势，是从全国人民的根本利益和长远利益角度出发进行考虑的产物。虽然国家在助学贷款发放方面已经作出了不小的努力，但依然存在贷款条件苛刻、资金短缺等问题，导致大量贫困大学生贷不到款。在国家教育银行资金充足的情况下，其覆盖范围不仅包括所有高校贫困大学生，还可以扩大到中等教育贷款和职业教育贷款，以及其他方面的教育发展。

4. 教育银行的资金来源渠道应多样化

教育银行的资金来源渠道主要包括以下几个方面：国家前期投入的外汇资金，发行教育彩票所筹资金，发行教育公债所筹资金，各级各类学校的存款，居民个人的教育储蓄，其他各项拨款、捐款或国际性金融机构的贷款等。通过有效管理、有序运作，这些资金会将我国的教育行业带入一个良性循环的发展轨道。

5. 教育银行应突出对贷款学生的信用管理

教育银行要注重社会效益和经济效益的统一，努力避免重蹈近年来违约严重的覆辙，使教育银行的资金健康发展、持续增长，支持越来越多的人享受更高水平的教育。因此，有必要加强助学贷款的信用管理，将违约率降到最低。具体思路是，银行可以在使用贷款的同时为每个申请贷款的学生建立信用档案，并以身份证号作为用户名进行登记。用人单位可在特定网站上查询学生贷款的偿还情况。

6. 教育银行宜采用理事会领导下的行长负责制

教育银行在组织结构上可以采取董事会领导下的行长负责制，设立监事会。理事会成员可由中央有关部门委派，方便教育银行的运作和管理工作，体现中央的政策意图。理事会是教育银行的最高权力机构，其主要职责是确定教育银行的经营目标和经营策略，聘任或者解聘教育银行行长，根据行长的提名聘任或者解聘副行长。监事会由董事会选举产生，对教育银行的经营活动进行监督检查。理事会决定、组织教育银行的业务活动。

四、推行弹性学习制度

（一）推行弹性学习制度有利于贫困大学生完成学业

目前，我国高校的学籍管理制度还不是很灵活。虽然也可以为学生办理休学或留级，但最多只能办理一次，办理原因大多是学生健康状况不良或学习成绩太差。在这方面，我国高校可适当借鉴西方发达国家高校的管理制度，即实行弹性学制、全学分制和选课制相结合的模式，在学分、课程及毕业年限等方面作出一些较为宽松的限制，充分显示出学籍和选课的弹性，这样一来，那些贫困的学生便可根据自己的计划调整学习时间，在不影响自身学业的情况下进行勤工俭学。

①实行弹性学制。在读期限专科可伸缩为2—6年，本科可伸缩为3—8年，硕士可伸缩为2—6年，博士可伸缩为2—8年，或者更为宽松。学生可视情况选择自己的学习时间和毕业时间。在规定的学习年限内，贫困大学生可以出去从事各种合法劳务，特别是从事科技创新活动，赚够学费后再回来读书，以自我救助的方式解决大学期间的学费和生活费问题。

②积极推行完全学分制。学分制的目的是为学生提供一个更为自主和灵活的学习环境，因此该制度也能够运用在为贫困大学生提供宽松的学习环境上。

③鼓励休学创业。对于那些有创业方案和创业精神且经济确有困难的贫困大学生，可允许他们先休学创业，待有一定的经济实力后再复学，继续完成学业。

通过各种弹性学习制度的实施，学生能够根据自己的需要对学习时间进行安排，在保证他们有足够的时间进行全日制学习的同时，也能够为他们展开社会实践创造机会。这种包容性的教学制度为学习者创造了更多的学习机会，提高了学习效益。学生可以先工作再学习或边工作边学习，等他们有一定支付学费的经济能力后，再进入学校完成学业。这样，对于支付能力弱的贫困大学生，可以安排好积累学分和赚取学费的关系。在尽可能节省教育成本的情况下，学习者获得了高等教育服务的效用最大化。据调查显示，美国有将近40%的大学生没有能力支付全日制大学学习所需费用，许多学生需要贷款才能支付学费，且他们必须花费更多的时间去工作，以此来偿还贷款。因此，他们的教学制度允许学生在部分时间的基础上积累起某一学位所需的教育和学分。故美国大多数学生要获得本科学位，通常需要花费5年或以上的时间。

弹性学习制度的实行，将使得学习者在把握学习时间、空间和学习费用等方面更具有主动选择权，显得更为人性化。它使学习者的学习机会更加广泛多样化，学习的自由度和满意度更高，支付能力增强，从而超越了由传统学年制的高等教育形式所带来的效用。高校收费制度下，弹性学分制将为学习者以更低的费用、更少的时间获得相同或更大效用的高等教育服务提供了可能性，为贫困大学生完成学业创造了有利条件。这样做不但能大量节省国家对高校贫困大学生的资助经费，而且对提高大学生的素质和高等教育的质量也很有好处。对国家来说这是不需投入就能获益良多的大好事，而且这一措施不需要其他部门的参与，在教育系统内部就可以解决。

（二）传统高等教育体制的局限性

综观当今世界高等教育体制，普遍存在“刚性”色彩，在迎接与顺应全球化趋势的潮流中弊病日益凸显。

1. 传统的人才培养模式与市场经济体制尚不能完全适应

我国高等教育的成型是在计划经济时期完成的，因此，虽然社会主义市场经济已经在我国实践了许多年，但高等教育办学体制中依然存在计划经济时期流行的因素。长期以来，“千人一面”的培养目标、“万人一书”的教学传统对今天的高校教学依然产生了不可忽视的影响。随着市场经济的不断发展，社会对高校提出了新的要求，因此高校必须转变教学思路，改革教学体系，优化人才培养模式，否则很难对区域经济的发展做出真正的贡献。

2. “刚性”学习制度培养不出高素质的创新人才

“刚性”学习制度在学校里表现为，教师成为专家并按资格形成等级；学生按班、组编排；知识被分成科目，课程由简单到复杂编排；学生由低年级到高年级进行线性的提升，直到毕业。虽然我国部分高校实行了学分制，以消除这种刚性体制的弊端。但事实上，这样的学分制是有名无实的，其实只是强调了教学的同步性，在一定程度上说，学分仅仅是衡量学生学习量的标准，只能对学生学习成绩的评价起到辅助作用，其本质上并没有改变学制僵化的问题。因此，高校的标准化的学习制度依然存在，而这样的制度在一定程度上会影响学生的自由发展，与培养个性鲜明、具有独特才能的新时代人才培养目标背道而驰。

3. 传统的教育模式无法适应终身学习型社会的需要

在竞争日益激烈的知识经济时代，人们只有不断更新知识才能适应社会的发展。传统教育模式的一个最基本的理论前提是，同一层次的所有人都应该接受相同的培训计划、相同的教学计划、相同的学习要求，拥有相同或大致相同的知识和能力。而弹性学习正是要打破此种限制，促使高等教育职能或功能的转变。正如克拉克·克尔所言："高等教育较少的是社会内部的一个一元成分；第三级教育更多的是全社会的一个方面。学习的社会正在到来，而且在这个过程中，学习将更加全面分布在整个一生和很多高等学校。旧时的学习机构在数量上变得比较不那么重要，虽然它们在社会中质量上的地位可能提高到作为生产新的思想和培养最高层次的专业人员的中心。"

4. 传统的教学方式忽视了学生的学习自主权

"学校以学生为本"在中国教育界长期以来只是一种流于形式的口号，名不副实。在传统教学中，教师控制着教育过程或学习过程，学生处于被动的地位。市场条件下，"用户支付"和"用户至上"的基本原则应该得到遵守。因为学生有权决定学什么，什么时候学，怎么学，在哪里学，这将从根本上改变传统的教学模式。由于不同的学生有着不同的学习需求，因此高校要满足学生的多样化的学习需求，就必须构建起一个多样化、具有包容性的教学体系，在为每位学生创造一个平等的发展机会的同时，有针对性地为学生提供多元化的教育服务，从而真正实现因材施教的教学思想。

（三）推行弹性学习制度是高教改革的必然选择

推动高校教育改革是我国教育事业发展的时代使命，而构建培养具有创造力的青年人才，则是当代高校教育的核心任务。事实上，从改革开放以来，在信息技术革命和经济全球化的浪潮中，中国高校教育已经进行了一系列的改革，因此探索新的高校教学模式，一直以来都是高校教职人员的重要人物。如何使现行高等教育制度具有更大的灵活性、适应性和开放性，并实现人的终身学习和终身发展，已成为世界各国高等教育共同关心的问题。正是在这种背景下，发达国家以及一些发展中国家，先后开展了对弹性学习制度的研究与实验，并逐步推广到高等教育、教师教育、继续教育、远程与网络教育等诸多领域，这已成为21世纪世界高等教育发展的重要趋势。在构建社会化、开放式、全民性的终身学习体系过程中，弹性学习制度体现的是高等教育在全球化和后工业语境下对于知识经济与人类数字化生存的一种积极的反应，富有鲜明的时代特征。在新时期，社会的发展对高校教学提出了更高的要求，因为传统的、单一的培养模式已经无法满足社会对人才的需求，产业的发展需要更多综合素质高、专业能力强、具有创新意识和创造能力的人才的大量加入，需要具有宽阔的眼界和开放的思想的青年贡献力量。而这便成为当代高校人才培养的重要参考标准。高校是社会文化之高地，高校服务社会是一直以来我国高校的基本宗旨。但当我们发现高校毕业生的能力无法满足社会对人才的需求时，就必须将更多的精力放在关注学生的发展上；在注重学习者的主动性和个体差异的基础上，强调学习者对学习行为和学习计划的灵活安排与自主选择；强调教育、学习不是一次完成的，打破了教育与就业之间的鸿沟，是实现终身教育体系和建立学习化社会的有效途径。应当说，弹性学习制度属于高等教育领域中的前沿性问题，我们只有站在与时俱进的高度，才能深刻而全面地理解其作为一种全新类型的学习、教育方式和制度安排对于中国高等教育改革与发展的重要意义。

判断任何一种制度优劣的标准都是看它是否能够满足当下社会发展的需求，是否能够解决现存的问题，并推动社会向好的方向发展。因此，我们不要因为弹性学习制度是外来制度，是背离中国传统教学理念而排斥它。自然，在中国，我们不能完全照搬照抄西方发达国家的高校弹性学习制度。因为这种制度也存在一些尚未解决的问题。例如，间断性的学习会导致学生对已学过的知识越来越生疏，学生在参与工作一年或几年之后再回到学校，可能已经无法跟上同年级的其他学生。需要明确的是，任何一门学科的学习都是建立在长期坚持的基础上的，所谓学习如“逆水行舟，不进则退”，“三天不练手生”，如果学生在离开学校后不能坚持复习自己的学业，养成勤阅读、勤思考的习惯，这样的学习方式充其量只是帮助学生获得一纸文凭，对学生的真正能力和素质的提升帮助不大，甚至有降低我国本科文凭含金量之嫌。与此同时，在良好的文化氛围中接受长期的、连续不断的熏陶，也对帮助学生形成良好的气质和文化思维有着重要作用。断断续续的学习也有可能导致学生由于长期无法收获良好的学习成果，而逐渐丧失信心，认为学习不如挣钱来得实惠，并误以为读书无用而放弃继续完成学业，等等。由此看来，弹性学习制度既有其优势，也有其缺陷。因此，在推动当代高校教育改革的过程中，广大高校教育工作者必须从制度上吸收弹性教学制度的优势，降低高等教育的制度性门槛，为贫困大学生进入高校学习创造更多便利条件。但与此同时也要注意制度的确立要以提高毕业生整体素质和专业水平为重要任务，不能顾此失彼。

五、成立高校教育基金会

（一）成立高校教育基金会的意义

1. 弥补高校经费不足

高等学校的经费来源主要有三个渠道：政府拨款、学费收入和学校自筹经费。学校自筹经费称为第三筹资渠道，主要由科研收入、社会捐赠、经营和服务收入等组成。由于财政性教育拨款和学费收入受到财政预算及学费政策的限制，不可能有大的变化，相比之下，第三渠道资金有相当大的伸缩性和扩展空间，因而成为高校普遍追求的热点。而成立教育基金会，加大吸引社会捐赠的力度则是拓展第三筹资渠道的主要途径，为弥补高校经费的严重不足开辟了一片新天地。实际上，捐赠已成高校经费的重要来源，在教学、科研、鼓励优秀学生发展、帮助贫困大学生解决生活困难等方面发挥着巨大的作用。在很多高校，以捐赠者或捐赠机构名称冠名的各具特色的建筑，已经成为校园里一道亮丽的风景。在清华大学，有梁球琚楼、逸夫馆、富士康纳米科技研究中心；在北京大学，有光华管理学院大楼、英杰交流中心、北京大学图书馆新馆；等等。目前，中国高校大多采取设立教育基金会的形式，统一管理和接受社会各界的捐赠。从清华大学于1994年成立全国第一家教育基金会开始，各高校纷纷跟进。近几年，国内高校接受社会捐赠数额有了很大增长，最高金额不断攀升。

2. 促使高校在竞争中发展壮大

筹资募捐活动受到高校实力的影响，由于社会募捐资源有限，因此只有那些有较高名气的、已经成功完成许多重大科研项目并培养出著名人士的高校，才能够获得募捐资金。同时，捐赠人往往会十分关注其所捐赠资金的实际用途，因此捐赠人会作为社会监督的核心力量对高校的工作进行监督，这也在一定程度上增加了高校进行教学制度改革的动力。所以，提升社会捐赠在高等教育投入中的比例，有利于形成竞争机制和约束机制，提高资金的使用效率，促进高校把增强学科水平与综合实力放在非常重要的地位，并围绕学科建设，积极汇聚学术队伍、构筑学科基地，争取发展资金，努力提升大学的核心竞争力。

3. 打开了社会资金流向教育的通道

基金会是由捐助者委托的一种民间非营利公益组织，能够有效地管理、运作、增值和使用捐赠资金。由于其管理规范、制度透明、操作科学等特点，能够更好地体现捐赠者的意愿，因此得到捐赠者的普遍认可，成为大多数捐赠者首选的捐赠渠道。建立良好的渠道是吸引社会捐赠的重要保障。教育基金会是吸收、管理和使用社会教育捐赠的有效途径，因此有必要大力支持，积极发展。

4. 激活了社会支持教育的巨大潜力

通过各种渠道向企业、社会团体、基金会、慈善机构、社会自然人等募捐是各国大学的普遍做法，同时也反映出一个国家全社会重视教育的程度。随着我国经济的快速发展，社会资本市场迅速扩大，城乡居民储蓄存款余额已达到8.7万亿元，其中私营企业主、外资企业高级雇员、国有企业高层管理人员和部分高科技人才在存款余额中占有较大比重，高收入和富裕人群逐步扩大，一个潜在的捐赠群体已经形成，只要捐赠科学立法，这个市场将会释放出巨大的能量，为高教事业的发展提供一条重要的资金来源。

（二）高校教育基金会的运作规程

基金会必须根据宪法制定自己的章程和活动规程。因此，宪法是基金会任何活动的法律基础。章程的制定和修改必须经基金理事会审议通过，并经省级教育行政主管部门审查批准，同时报省级民政部门核准才生效。章程在执行中也只能由基金理事会进行解释，其他机构无权进行解释。根据我国有关规定和一些大学的做法，基金会的资金来源主要有：一是国内外自然人、法人、非法人机构的捐赠；二是校友的捐赠；三是上级主管部门和学校拨入的资金；四是基金本金所产生的利息、股息等收益；等等。一些高校还设立了以捐赠者个人姓名或单位名称冠名的奖励基金或奖助学金，一并交由关联大学的基金会托管。一些基金会规定捐赠者可在大学下属院、系、所等教学科研机构设立基金，并由基金会委托专业人士协助制定基金章程和基金管理办法，确定基金管理委员会组成人员等，实际上也是履行代管职能。

参考文献

[1]邱伟光、张耀灿:《思想政治教育学原理》,高等教育出版社 1999 年版。

[2]张耀灿、郑永廷、吴潜涛:《现代思想政治教育学》,人民出版社 2001 年版。

[3]张耀灿、陈万柏:《思想政治教育学原理》,高等教育出版社 2001 年版。

[4]马克思、恩格斯:《马克思恩格斯选集 》(第 1 卷), 人民出版社 1995 年版。

[5]孔祥云、李逸龙:《大学生发展指导研究》,山东大学出版社 2007 年版。

[6]马明华:《现代大学学生工作的特色与创新》, 中国社会科学出版社 2007 年版。

[7]中山大学学生处:《大学文化视野下的学生工作》,中山大学出版社 2008 年版。

[8]程刚:《大学生思想政治教育的实践与创新》,浙江大学出版社 2008 年版。

[9]时容华:《 现代社会心理学》,华东师范大学出版社 1995 年版。

[10]杨昌勇、郑淮:《教育社会学》,广东人民出版社 2005 年版。

[11]吕建国:《大学生心理健康教育》,四川大学出版社 2005 年版。

[12]中共中央宣传部:《科学发展观学习读本》,学习出版社 2009 年版。

[13]宋专茂:《职业规划与就业创业指导》,暨南大学出版社 2009 年版。

[14]王国纯:《大学生就业指南》,对外经济贸易大学出版社 2005 年版。

[15]宦平:《职业指导》,中国劳动社会保障出版社 2005 年版。

[16]张彦、陈晓强:《劳动与就业》,社会科学文献出版社 2002 年版。

[17]杨广耀、李建宁:《大学生就业指导实用教程》,机械工业出版社2002年版。

[18]赵居礼:《大学生就业与创业指导教程》,机械工业出版社2001年版。

[19]李家华、黄天贵:《职业指导》,高等教育出版社2005年版。

[20]河南省教育厅学生处:《大中专毕业生就业导论》,郑州大学出版社2004年版。

[21]黄才华:《就业指导与创业教育》,教育科学出版社2011年版。

[22]朱启臻:《职业指导理论与方法》,人民教育出版社1996年版。

[23]周翔、陈成文:《就业宝典》,时事出版社2000年版。

[24]中国就业培训技术指导中心:《创办你的企业(农村劳动力版)》,中国劳动社会保障出版社2009年版。

[25]江俊文:《大学生就业与创业指导》,高等教育出版社2008年版。

[26]李军峰:《中国非正规就业研究》,河南人民出版社2005年版。

[27]北京大学青年研究中心:《实践与探索:北京大学学生思想政治教育研究论文选编》,北京大学出版社2009年版。

[28]谷成久:《大学生学习与就业指导教程》,安徽教育出版社2008年版。

[29]李海洲、边和平:《挫折教育论》,江苏教育出版社1995年版。

[30]王宏、陈小申、张星剑:《数字技术与新媒体传播》,中国传媒大学出版社2010年版。

[31]樊富珉:《大学生心理健康与发展》,清华大学出版社1997年版。

[32]徐冰旸:《高校贫困大学生资助育人现状及模式创新》,《产业与科技论坛》2020年第18期。

[33]陈欣欣:《新时代高校教育扶贫创新路径探析》,《中国管理信息化》2020年第15期。

[34]代海燕:《提高贫困大学生就业能力的对策研究》,《戏剧之家》2020年第16期。

[35]韩梦雪:《高校贫困大学生资助育人新模式研究》,《教育教学论坛》2020年第12期。

[36]殷蜀秀:《高校贫困生资助工作的开展探究》,《智库时代》2020年

第 11 期。

[37]赵燕:《新时代高校贫困大学生心理障碍与调适》,《鄂州大学学报》2020 年第 2 期。

[38]池晶、杨梅娜:《精准扶贫视域下地方高校贫困大学生创新创业教育》,《智库时代》2020 年第 9 期。

[39]刘明敏、曹方正、罗希:《地方高校贫困大学生心理资本调查研究》,《现代医药卫生》2020 年 36 卷第 4 期。

[40]汪毅刚、苗军、赵炜:《精准扶贫视域下建档立卡贫困家庭大学生的就业特点及帮扶对策——以甘肃省高校为例》,《西部素质教育》2020 年第 4 期。

[41]赵欣媛、奚玲:《高校贫困大学生思想政治教育问题对策研究》,《锦州医科大学学报(社会科学版)》2020 年第 1 期。

[42]韩昕葵:《高校贫困大学生心理问题与干预措施研究》,《科教导刊》(中旬刊)2020 年第 5 期。

[43]李咏波:《贫困大学生心理健康服务的意义、问题与对策》,《智库时代》2020 年第 5 期。

[44]李松楠、李杰、李甜:《高校贫困生认定方式的不足及对策》,《中国农村教育》2020 年第 3 期。

[45]刘锐:《高校贫困大学生社会责任意识现状及问题调查研究》,《顺德职业技术学院学报》2020 年第 1 期。

[46]潘锡杨:《精准扶贫视域下农村贫困大学生群体正能量培育机制研究》,《高等农业教育》2019 年第 5 期。

[47]刘丽芳:《高校资助体系贫困大学生的廉洁教育研究》,《佳木斯职业学院学报》2019 年第 10 期。

[48]黄月:《高校贫困生心理健康的教育管理》,《经济师》2019 年第 9 期。